KB261933

실업사회

실업사회

국립중앙도서관 출판시도서목록 (CIP)

실업사회 / 김만수 지음. -- 서울 : 갈무리, 2004
  p. ; cm. -- (카이로스총서 ; 1)

참고문헌과 색인수록
ISBN 89-86114-64-X 04300 : \13000
ISBN 89-86114-63-1(세트)

336.25-KDC4
331.137-DDC21   CIP2004000423

64 POTENTIA 카이로스총서 1

실업사회 The Society of Unemployment

지은이 김만수
펴낸이 조정환 장민성
책임운영 신은주 편집부 이택진 마케팅 오주형
용지 화인페이퍼 인쇄 한영문화사 제본 영신사

펴낸곳 도서출판 갈무리 등록일 1994. 3. 3. 등록번호 제17-0161호
초판인쇄 2004년 2월 28일 초판발행 2004년 3월 31일

주소 서울 마포구 서교동 467-1호 파빌리온 오피스텔 304호 (121-842)
전화 02-325-1485 팩스 02-325-1407
website http://galmuri.co.kr e-mail galmuri@galmuri.co.kr

ISBN 89-86114-64-X / 89-86114-63-1 (세트) 04300
값 13,000원

실업사회

김만수 지음

2004

하나의 유령이 한국을 배회하고 있다,
실업이라는 유령이.

'취업대란'?

'새천년'이 시작되는 2000년부터 나의 관심사는 단연 실업이다. '취업대란'과 '취업전쟁'이란 말이 난무하고 있다. 실업의 일상화다. 21세기 한국 사회는 (고도?)산업사회이면서 (고도!)실업사회이며, 앞으로 더욱 그렇게 될 것으로 보인다.

정부가 발표하는 공식 실업률은 늘(?) 2~3퍼센트 수준인데, 왜 취업을 난리요 전쟁이라고 하는 걸까? 실업률에 뭔가 문제가 있는 걸까? 대체 취업은 무엇이고 실업은 무엇일까? 앞으로 실업률은 감소할까 증가할까? 증가한다면 왜 증가할까? 앞으로 일자리는 줄어들까 늘어날까? 어떤 형태의 일자리가 줄어드는 걸까? 늘어난다면 그건 어떤 형태의 일자리일까? 실업으로 고통 받는 사람들은 어떻게 살아가고 있을까? 그들과 반대로 부를 누리는 사람은 없는가? 그들은 누구이고 무엇을 하며 어떻게 살고 있을까? 그들은 어떻게 그렇게 많은 돈을 모았을까? '난리'와 '전쟁'은 끝날까 계속될까? 계속된다면 우리는 무엇을 어떻게 해야 할까? 이러한 물음에 내 나름대로 답을 구해보았다. 이 책은 그러한 시도의 결과로 태어났다.

책의 구성은 이러한 구상을 실현하기 위해 짜여졌다. 1부에서는 '실업률'에 문제를 제기하고, 공식 실업률의 근거가 되는 취업과 실업의 개념을 설명하고 분석하였다. 우리나라 통계청의 개념뿐만 아니라, 국제적 표준개념과 선진국의 개념도 살펴보았다. 또한 IMF 경제위기 이후 급속히 증가하고 있는 고용형태인 불완전취업(비정규직)에 대해서도 알아보았다.

2부에서는 실업률의 증가 및 감소를 객관적·법칙적으로 살펴보기 위해 자본의 개념을 다시 도입했다. 그리고 한 소기업의 예를 통해 이를 구체화하였다. 대기업의 실업률 운동방향을 알아보기 위해, 회계학을 이용해 재무제표를 분석하였다. 그리고 이 분석결과를 토대로 한국의 산업별 실업과 한국사회 전체에 대한 실업의 증가 및 감소 추세를 알아보았다. 이러한 연구결과를 토대로 실업률의 추이에 나타나는 법칙성을 찾아냈다.

3부에서는 이러한 법칙이 인간에게 어떠한 영향을 끼치는지 쉽게 서술하였다. 일상생활에서 많은 예를 취했다.

끝으로 간략히 대안을 논하고 함께 생각하는 시간을 마련하였다.

2부의 6~8장은 회계학을 이용해 '자본의 유기적 구성의 고도화' 경향을 실증적으로 분석한 (세계)최초의 시도라고 생각한다. 해당 전공자나 전문가의 아낌없는 비판을 기다린다. 3부는 일상적이며 쉬운 부분이다. 실업의 사회적 결과와 현상을 서술하기 위해 누구나 알 수 있는 예를 들었기 때문이다. 1부에서 한 개념설명도 크게 어렵지 않을 것이다.

나는 이 모든 부분이 '실업사회'를 서술하기 위해 필요하며 서로 유기적 연관성을 갖고 있다고 생각한다. 하지만 이 책의 체계에 동의하지 않을 독자도 있을 것이다. 독자가 판단할 몫이다.

전체적으로, 구체적이고 재미있는 글이 되도록 노력했다. 취업난, 취업,

실업, 비정규직, 불완전취업, 자본, 구조조정과 정리해고, 신자유주의, 소득 등은 객관적이지만 '무감각한' 개념들이다. 독자에게 실감나게 와 닿지 않는다. 해서 그러한 개념을 담고 있는 사람들의 사회적 삶을 구체적으로 표현하기 위해 애썼다. 그렇게 해서 사회학이 일반 독자에게 좀더 가까이 다가갈 수 있으면 좋겠다. 〈부록〉을 만든 것도 그런 이유 때문이다.

이 책에는 맑스와 이외수가 동시에(!?) 나온다. 적지 않은 통계자료는 물론 신문만화도 보인다. 책의 성격이 이렇게 애매하게 된 것은 첫째, 내가 좀 애매한(?) 성격의 소유자이고 둘째, 실업사회 자체가 모호하기 때문일 것이다. 그냥 그렇게 생각하고 넘어가 주면 고맙겠다.

한 가지 지적해둘 것이 있다. 이 책에 나오는 인명, 기업명, 기관명, 심지어 나라의 이름 등은 모두 예를 들기 위해 공개된 자료에서 인용한 것들이다. 그들을 홍보하기 위해서 또는 반대로 그들의 명예를 고의로 훼손하기 위해 끌어들인 것이 아니다. 또한 한 집단이나 사회에 대한 언급이 그 구성원 전체에 대한 일반화를 의미하지도 않는다. 역사를 왜곡하는 일본을 비판한다고 해서 일본인 전부를 비판하는 것은 아니라는 말이다.

대전대학교 김준호 교수는 책의 내용이 풍부하게 되도록 많은 자극을 주었다. 주정립 박사는 원고를 읽고 유익한 지적을 해주었다. 출판인 이명수 학형은 원고를 읽고 귀중한 조언을 해주었을 뿐만 아니라, 내게 항상 '현장'의 소리를 전해주었다. 정연택 학형은 원고에서 잘못된 문장을 바르게 고쳐 주었다. 이들에게 진심으로 감사드린다.

자료를 구하는 데 도움을 준 한국은행 국제국의 정광원 씨와 통계청 사회통계국의 심원보 씨에게도 감사드린다. 신문의 만화를 싣도록 허락해준 김을호 님과 박주선 님에게도 감사를 드린다.

끝으로, 출판계의 형편이 좋지 않은데도 불구하고 '돈 안되는' 책을 출판하기로 선뜻 결정한 갈무리출판사에 깊은 감사를 드린다. 까다로운 편집 작업을 깔끔하게 처리한 갈무리 출판사 편집부장 및 사원들의 솜씨와 마음씨에도 감사드린다.

그들에게서 받은 감사만큼 책의 내용이 충실하지 못한 것은 앞으로 더 공부해 차차 고쳐 나가도록 하겠다.

이 책이 실업자나 취업준비생들이, 특히 청년실업자들이 취업하는 데 그리고 자신의 '직업'을 선택하고 사회를 보는 눈을 넓히는 데 조그만 보탬이라도 된다면 더 바랄 것이 없겠다. 이 책을 그들에게 바친다.

2004년 2월

한밭에서

차례

책머리에 : '취업대란'？ ㅣ 7

1부 취업과 실업

제1장 실업의 실상과 공식 실업률

1. 실업의 실상 ㅣ17

2. 정부의 실업률 통계 ㅣ22

제2장 경제활동인구

1. 개념정의 ㅣ25

2. 국제기준 ㅣ30

2-1. 경제활동 ㅣ31

2-2. 취업 ㅣ36

2-3. 실업 ㅣ37

3. '선진국'의 개념규정 ㅣ39

4. 국제기준의 문제점 ㅣ42

제3장 불완전취업

1. 국제기준 ㅣ49

2. 비정규직 ㅣ53

2부 실업과 자본

제4장 자본과 가변자본

1. 자본의 개념과 분류 | 59

2. 자본의 유기적 구성 | 62

제5장 중소기업의 가변자본

1. 중소기업의 자본과 자본구성 | 65

2. 가변자본의 증가와 감소 | 67

제6장 가변자본과 재무회계

1. 재무제표 | 72

2. 대차대조표 | 73

3. 손익계산서 | 77

4. 제조원가명세서 | 84

5. 재무회계의 문제점 | 90

6. 가변자본의 정의 | 92

제7장 대기업의 가변자본

1. 대기업의 가변자본과 자본구성 | 98

2. 가변자본의 증가와 감소 | 102

3. 가변자본과 고용의 관계 | 105

제8장 한국사회의 가변자본

1. 『기업경영분석』 | 110

2. 산업별 가변자본 | 112

3. 대기업과 중소기업의 가변자본 | 153

4. 한국사회의 가변자본 | 156

제9장 실업률 증가경향의 법칙

1. 자본의 축적과 실업 | 165

2. 자본의 집중과 실업 | 167

3. 자본의 구성과 실업 | 169

4. 상대적 과잉인구 | 174

5. 자본축적의 적대적 성격 | 178

실업
사회

3부 실업사회의 모습

제10장 상대적 과잉인구의 삶

1. 고통과 참사(慘死) | 185

2. 인간관계의 파괴와 범죄 | 188

3. 얼어죽고 굶어죽다! | 190

제11장 '상대적 과소인구'의 삶

1. '사회 지도층인사' | 193

2. 재벌의 축재와 경영 | 200

3. '가진자' 들과 그 후예들의 삶 | 204

맺음말—대안? | 213

참고문헌 | 227

부록 희망이 길이다 | 233

찾아보기 | 285

취업과 실업

제1장 실업의 실상과 공식 실업률

제2장 경제활동인구

제3장 불완전취업

한국사회는 실업사회다. 언론은 2001년 겨울이 '사상 최악의 취업대란'이라고 말했다. 2002년 겨울에는 '유례없는 취업전쟁'이라고 썼다. 취업이 그새 난리에서 전쟁으로 격상(?)했다. '광복 이후 최악'이라는 말도 들린다. 2003년 겨울은 '살인적인 취업한파'라고 한다.

자본주의가 '현실 사회주의'를 평정하며 '역사의 종언'을 외치고 신자유주의가 '적이 사라진 민주주의'를 구가할 때, 시민으로 탈바꿈한 민중은 실업으로 질식한다.

실업사회는 실업 자체를 '직업'으로 삼는 사람들, 비정규직 노동자 그리고 온갖 형태의 불완전취업자들이 사회의 다수를 이루는 사회다. 실업사회에서는 사회의 소수만이 정규직에 취업하고 극소수만이 매우 높은 소득을 올리게 된다. 부와 빈곤의 극심한 편중현상이 심화된다. 실업사회는 사회의 다수에게는 고통스러운 사회이고, (극)소수에게는 '신나는' 사회다.

제1장 실업의 실상과 공식 실업률

1. 실업의 실상

실업이, '살인'이나 '전쟁'에 비유될 수 있다면 그러한 실업은 실제로 어느 정도나 될까?

몇 년 전에 민주노총이 통계청의 각종 보조지표를 활용하여 객관적인 절차로 조사한 뒤에, '현실적인' 실업률 통계를 작성하여 발표한 적이 있다. 당시(1999년 4월 현재) 통계청은 실업자 수 155만 명에 실업률을 7.2퍼센트라고 발표하였다. 하지만 민주노총은 실업자 수 3,815,000명에 실업률을 16.6퍼센트로 추정하였다. 정부 발표의 두 배를 훨씬 넘는다. 민주노총은 나아가, 실업자 수를 최대로 잡을 경우 실업 규모는 600만 명을 상회할 것으로(정확히 6,115,000명) 추정하였다.[1] 이렇게 되면 실업률은 26.1퍼센

---

[1] 이에 관한 자세한 내용은 민주노총 1999, 민주노총 1998a, 민주노총 1998b의 세 보고서 참조

트가 된다. 경제활동인구의 1/4이 실업자라는 말이다. 몇 년 전 자료이지만, '유례없는 취업전쟁'을 실감하는 데 모자람이 없다.

교육부가 전국 145개 4년제 대학의 취업현황을 조사한 결과, 군입대자와 대학원 진학자를 제외한 순수 취업률이 53.8퍼센트(2003년 2월 기준)로 나타났다(조선일보, 2003.11.28). 이 숫자를 그대로 받아들이면 대졸자의 실업률은 약 46퍼센트(!)라는 말이 된다.

특히 IMF 외환위기 이후, 매년 겨울 취업시즌이 다가오면 대학가에는 '비상'이 걸린다. 여학생과 취업재수생들의 취업은 '복권당첨'에, 취업문은 '바늘구멍'에 비유될 정도다. 한국사회의 특성상, 이른바 '지방대'의 상황은 더욱 참담하다.

* 한겨레, 2002.2.25

대졸자만이 아니다. 고졸자의 실업률은 대졸자보다 더 높다. 노동부가 학력별 실업률과 실업자 추이를 분석한 결과를 보면, 고졸자의 실업률은 1996년에 2.5퍼센트(대졸자 2.6 %, 이하 괄호 안의 수치는 대졸자), 1997년에 3.3퍼센트(3.0 %), 1998년에 8.2퍼센트(5.7 %), 1999년에 7.6퍼센트(5.3 %), 2000년에 4.7퍼센트(3.9 %)로, 5년간 대졸자의 실업률보다 높았다. 실업자 수도 2001년 10월 현재 고졸자가 354,000명, 대졸자가 187,000명, 중졸자가 160,000명으로 고졸자 실업자 수가 대졸자 실업자 수의 약 두 배에 달하는 것으로 나타났다(한국경제신문, 2001.11.26). 실업은 이제 학력을 가리지 않는다.

청년실업률은 전체 실업률을 압도하고 있다.

2002년의 실업률 통계를 보면, 연령별로 15~9세 실업률은 11.1퍼센트에 달했고, 20대의 실업률도 6.3퍼센트를 기록했다. 이는 30대(2.8 %), 40대(1.9 %), 50대(1.8 %), 60세 이상(1.0 %)의 실업률에 비해 적게는 두 배에서 부터 많게는 열 배 이상 높은 수치다.[2] 2003년 말에도 청년실업률은 줄어들 기미를 보이지 않는다. 2003년 11월에 15~29세 사이의 청년실업률이 다시 8퍼센트대로 상승했다고 한다(한겨레, 2003.12.12).

한국노동연구원은 〈청년층 노동시장의 구조변화와 대응방안〉이라는 보고서에서, 대졸자의 취업난이 대학 진학률 상승에 따른 대졸인력 증가, 대졸자가 선호하는 30대 그룹·금융기관·공기업의 채용 축소, IMF 외환위기 이후 관행이 되고 있는 경력자 위주의 채용관행에서 비롯됐다고 분석했다(조선일보, 2001.12.27). 또한 이 보고서는 노동시장의 특성을 분석해, 채용 축소의 규모를 구체적으로 제시하고 있다. 이에 따르면 30대 재벌기업과 공기업, 금융산업 등 주로 대졸자의 일자리가 1997년에 1,526,000개에서 2001년에 1,237,000개로 289,000개나 줄었다. 이 중 30대 재벌기업의 일자리는 903,000개에서 702,000개로 201,000개나 줄었다(한겨레, 2002.1.28). 실제로 노동부가 조사한 바에 따르면, 이들 3개 부문은 전체 고용의 81.8퍼센트를 경력자 채용으로 충당하고 있다. 이는 IMF 외환위기가 닥친 1997년 말의 40.7퍼센트에 비하면 무려 두 배 이상 늘어난 수치다(한겨레, 2003.12.18). 신규채용이 감소하니 청년실업은 증가하고, 청년취업난이 통계수치보다 훨씬 심각할 것은 뻔한 이치다.

내년 취업전망은 올해보다 어두울 것이라는 말도 지난 몇 년째 계속 들리는 말이다. 실제로 한국개발연구원(KDI)은 2002년 2월에, 청년실업이

---

2. 통계청(http://www.nso.go.kr)의 연령별 실업률 참조.

기술 및 노동력 수급구조의 변화에 노동시장의 신속한 조정이 이루어지지 못해서 생겨난 '구조적 실업'의 성격을 띠고 있다고 지적했다(한겨레, 2002.2.23). LG경제연구원은 최근의 대졸자 취업난은 시작에 불과하며, 취업난은 적어도 2007년까지 계속될 것이라고 전망했다(한국경제신문, 2001.11.12). 한국은행은 2003년 12월 7일에 펴낸 〈최근 노동시장의 구조변화가 유연성에 미친 영향〉이란 보고서에서, 청년실업자들은 경기가 좋아져도 취업을 하지 못하고 있으며 이런 현상은 앞으로도 계속될 것이라고 분석했다(한겨레, 2003.12.8).

상황이 이러하니, 취업경쟁률도 천문학적인 수치를 보여준다. 100대 1의 경쟁률은 '명함'도 못 내민다. 300대 1의 경쟁률도 드물지 않다(한국경제신문, 2001.10.31). 장래가 안정적이기 때문에 선호하는 공무원 시험의 경우, 중앙과 지방을 가리지 않고 평균 300대 1의 경쟁률을 보이고 있다(한겨레, 2002.2.5). 환경미화원을 공개로 채용하는 데 전문대졸 이상의 고학력자가 대거 몰리는 현상도 어제오늘 일이 아니다. 서울 구로구가 18명의 환경미화원을 모집하는 데 전문대 이상의 졸업자만 34명이 지원했다(중앙일보, 2003.12.13).

이러한 청년실업자들을 부르는 말로 '백수'와 '백조' 외에 '이태백'이 생겨났다. 이는 중국 당나라 때 시인인 이태백(李太白, 701~62년)을 뜻하는 게 아니고, '이십대 태반이 백수'라는 말이라고 한다.

그리고 '기생족(寄生族)'이라는 말도 생겨났다. 기생족은 나이가 찼는데도 결혼을 하지 않고 부모의 그늘에서 부모의 돈으로 지내는 부류를 말한다. '엎혀살기족', '의존형 독신자', '부모동거 독신자'로도 불리는 이들은 경제적으로 완전히 독립하지 못해 부모에게 의존하고 있다. LG경제연구원은 만 20세에서 만 34세 사이의 미혼자 가운데 부모와 함께 살고 있는 기생족이 우리나라에 무려 460만 명이나 되는 것으로 추산했다(SBS 8시뉴스, 2001.3.25). 호기심이 발동하여 이들을 같은 해(2001년) 한국의 총인구(47,343,000명)와 같은 연령대의 인구(12,463,000명)로 나누어 보았다. 그 결과 기생족이 총인구에서 차지하는 비중은 약 9.7퍼센트, 같은 연령 대에서 차지하는 비중은 무려 37퍼센트나 되었다. 같은 연령 대에서 보면 10명 중 약 4명이 기생족이라는 말이다. 일본에는 이러한 의존형 독신자가 1,000만 명을 넘어섰다고 한다.

실업은 사회문제이기 이전에 무엇보다 먼저 실업자 개인의 문제로 다가온다. 그 개인에게 실업은 말로 표현하기 어려운 심적 부담을 준다. 장기간 계속되는 실업상태는 엄청난 심리적 고통과 좌절감으로 이어진다. 심할 경우 자포자기의 심정으로 진행되기도, 죽음에 이르기도 한다. 인터넷 취업사이트 인크루트(http://www.incruit.com)가 취업준비생 2,590명을 대상으로 실시한 온라인 설문조사에 따르면, 이들 가운데 46퍼센트가 우울증이나 대인기피증에 시달리고 있다. 두통이나 소화불량을 호소한 경우는 28퍼센트, 불면증에 시달린다는 응답도 16퍼센트나 됐다. 취업 스트레스를 견디다 못해 정신과를 찾는 젊은이도 늘어나고 있다는 해설도 들린다(SBS 8시뉴스, 2001.12.13). 이른바 'IMF 세대 증후군'이라 불리는 이들 20대의 증상은 그동안 중년층 이상의 전유물로 여겨온 탈모, 거식증 등 정신적 질환부터 뇌졸증, 반신마비, 심지어 돌연사까지 다양하다고 한다.

1999년에 전남의 한 대학을 졸업한 뒤 공인회계사 시험에 도전해온 조 아무개(28세) 씨가 갑자기 쓰러져 병원으로 옮겨졌으나 곧 숨졌다. 병원 측이 밝힌 사망원인은 스트레스성 심장마비라고 한다(중앙일보, 2002.2.8). 자포자기의 끝에는 자살이 자리 잡고 있다. 실제로 광주의 대학생 길 아무개(20세) 씨는 "가정형편이 어려운데 취업이 안돼 괴로웠다.", "부모님께 죄송하다.”는 말을 남기고 자살하였다(한겨레, 2001.12.15). 그 스트레스는 취업준비생에게만 국한되지 않는다. 취업을 하고 있다가 실직을 당한 사람에게 실업의 충격은 더욱 클 수밖에 없다. 한 중년 가장이 실직을 비관하여 자살하였다(한겨레, 2001.9.30). 취업하든가 스트레스로 죽든가, 취업하든가 자살하든가, 이것이 문제인 세상이 되었다. 그들이 실업자 없는 세상에서 편히 잠들기를 바랄 뿐이다.

2. 정부의 실업률 통계

그런데 통계청의 공식 실업률 통계는 이 모든 사실을 간단히 뒤집는다. 통계청은 2003년 12월 현재 우리나라의 실업자 수를 82만 5천 명, 실업률을 3.6퍼센트라고 발표하였다. 이는 ‘취업대란’이나 ‘취업전쟁’과 전혀 걸맞지 않은, 극히 낮은 실업률이다.

우리나라의 실업률은 1960년대 후반부터 현재까지 ‘전통적으로’ 2~4퍼센트의 낮은 수치를 보여주고 있다. 〈표 1−1〉을 보면 분명히 알 수 있다. 오른쪽의 〈표 1−1〉을 보면, 1960년대 초반과 중반(1963~6년)의 실업률은 7.6퍼센트로 대단히 높다. 이 때의 실업률은 IMF 경제위기를 겪은 직후인 1998년보다 더 높다. 1960년대 초·중반에 한국의 경제가 고용을 창출할 수 없을 만큼 규모가 영세했음을 보여준다고 하겠다. ‘5개년 경제개발계획’으로 경제가 양적으로 성장하기 시작하는 1960년대 말부터 실업률은 감소하기 시작한다. 그리고 실업률은 이후 약 20여 년간(1968~87년) 3~4퍼센트 수준을 유지하고 있다. 특히 1988년부터 1997년까지 실업률은 평균 2.5퍼센트로 거의 완전고용에 가까운 실업률을 보여준다. 이는 이 시기의 ‘올림픽 특수’와 ‘3저 호황’으로 인한 경제성장의 효과가 반영되었다고

<표 1-1> 1960년대 이후 한국의 실업률

연도	실업률	연도	실업률	연도	실업률	연도	실업률	연도	실업률
		1970	4.4	1980	5.2	1990	2.4	2000	4.1
		1971	4.4	1981	4.5	1991	2.4	2001	3.8
		1972	4.5	1982	4.4	1992	2.5	2002	3.1
1963	8.1	1973	3.9	1983	4.1	1993	2.9	2003	3.4
1964	7.7	1974	4.0	1984	3.8	1994	2.5		
1965	7.3	1975	4.1	1985	4.0	1995	2.1		
1966	7.1	1976	3.9	1986	3.8	1996	2.0		
1967	6.1	1977	3.8	1987	3.1	1997	2.6		
1968	5.0	1978	3.2	1988	2.5	1998	7.0		
1969	4.7	1979	3.8	1989	2.6	1999	6.3		

* 단위 : %

* 자료출처 : 통계청, http://www.nso.go.kr

볼 수 있다. 그러나 IMF의 신탁통치를 받은 직후 2년간(1998~9년)의 평균 실업률은 6.7퍼센트로 올라, 다시 1960년대 초·중반과 비슷한 실업률을 보이고 있다. 그리고 2000년부터 실업률이 다소 감소추세로 돌아서서 2001년의 실업률은 1970~80년대의 평균 수준으로 내려갔다.

지난 40여 년간 몇 번의 예외를 제외하고 나타나는 2~4퍼센트대의 공식 실업률과 전쟁을 방불케 하는 현실 사이의 격차는 너무나 크다. 결과는 실업 통계에 대한 불신으로 나타난다. 실제로, 통계청의 '향후 바람직한 국가통계제도' 게시판에는 통계청의 실업률 통계에 대한 불만들이 적지 않게 올라와 있다.[3]

---

3. 통계청, http://www.nso.go.kr/newcms/participation/forum.htm 참조. 여기서 하나만 인용하면 다음과 같다.

제목: 실업률 3.1 % 통계 순엉터리

성명 : 통계청바라미, 날짜 : 2001.11.26

과거 IMF 사태 이후 최저수준의 실업률을 보이고 있는 통계청의 통계. 그러나 최악의 취업난. 이런 식으로 통계를 내서 국민을 우롱하는 이유는 무엇인가. 정부의 정책실패를 감추기 위한 객관적 근거자료의 확보로밖에는 안 보인다. 국민들은 바보가 아니다.

시민이 그리고 많은 실업자들이 이러한 생각을 갖게 되는 데는 언론의 (무)책임이 크다. 언론은 특히 2000년부터, 매년 각급 학교의 졸업과 취업 시즌이 찾아오는 겨울마다 정부와 통계청에 대한 무차별 선제공격에 나선다. 미국이나 일본은 실업률이 높은데 한국만 낮다거나, 현재 체감 경기는 IMF 때와 비슷한데 실업률은 그 절반도 안 되며, 통계청의 통계조사가 주먹구구식이라는 것이다. 그런데 이러한 언론의 공격은 대개 '시한부' 공격이며, 또한 매우 선정적이다. 시한부라는 사실은 각급 학교가 개학하는 3월이 되면 실업과 관련된 보도가 눈에 띄게 줄어들고 4월이 되면 아예 자취를 감추는 데서 알 수 있다. 선정적인 것은 실업자도 신문의 구독자라는 사실을 고려한 언론의 '배려'로 보인다.

문제가 간단해졌다. 현재 한국은 실제로 '취업전쟁'의 상황인가? 아니면 언론이 쓸데없이 혼자 '난리'를 치고 있는 건가? 문제는 간단하지만 이에 대한 답은 그리 간단하지 않다. 지금부터 그 답을 찾는 긴 '여행'을 시작하겠다.

일주일에 1시간 이상 일하면 취업? 그러면 한 달에 4시간 일하면 취업상태군. 한 달에 1만 원의 수입이 있으면 취업상태란 말이고
제발 선진국의 정확한 통계원리를 적용하여 주길 바란다.

제2장 경제활동인구

통계청의 실업률을 비판적으로 검토하기 위해서는 통계청이 어떻게 실업률을 계산하는지 알아야 한다. 그리고 실업률의 개념과 계산방법을 알기 위해서는 취업과 실업의 개념을 먼저 알아야 한다. 그리고 취업과 실업을 포함한 경제활동인구의 개념을 알아야 한다. 그런데 이 개념은 우리가 일상적으로 이해하고 있는 개념과 상당히 다르다. 문제는 여기서부터 시작된다.

1. 개념정의

취업의 일상적이고 사전적인 의미는 '어떤 직장에서 일할 자리를 얻게 되는 것'이라든가, '어떤 직업을 택하여 생계를 잇는 일'이다. 실업은 '일할 기회를 얻지 못하거나 일자리를 잃는 것'을 의미한다. 아래는 '원성'의 대상이 되고 있는 통계청의 개념정의다.

취업자(Employed person)는,

① 조사대상주간에 소득, 이익, 봉급, 임금 등의 수입을 목적으로 1시간 이상 일한 자,

② 자기에게 직접적으로는 이득이나 수입이 오지 않더라도 가구단위에서 경영하는 농장이나 사업체의 수입을 높이는 데 도와준 가족종사자로서 주당 18시간 이상 일한 자,

③ 직업 또는 사업체를 가지고 있으나 조사대상주간에 일시적인 병, 일기불순, 휴가 또는 연가, 노동쟁의 등의 이유로 일하지 못한 일시휴직자를 말한다.

조사주간은 통상 1주일간(6일)을 의미하기 때문에 위의 정의에서 부차적인 정의를 빼고 ①만 예로 들면, 수입을 목적으로 1주일에 1시간만 일하면 취업자가 되는 셈이다. 그리고 바로 이 개념정의가 많은 사람들이 현실적으로 느끼고 있는 취업 또는 취직의 개념과 한참 거리가 먼 개념이다.

실업자(Unemployed person)는,

① 만 15세 이상 인구 중 조사대상기간에 일할 의사와 능력을 가지고 있으면서도 전혀 일을 하지 못하였으며,

② 일자리를 찾아 적극적으로 구직활동을 하였던 사람으로서,

③ 즉시 취업이 가능한 사람을 말한다.

취업자와 실업자를 합쳐 경제활동인구라고 한다.

경제활동인구(Economically active population)는,

① 만 15세 이상 인구 중 조사대상주간에 상품이나 서비스를 생산하기 위하여

② 실제로 수입이 있는 일을 한 취업자와

③ 일을 하지 않았으나 구직활동을 한 실업자를 말한다.

경제활동인구가 있으니 비경제활동인구도 있다.

비경제활동인구(Not economically active population)는,
① 만 15세 이상 인구 중 조사대상주간에 취업도 실업도 아닌 상태에 있는
사람을 말하는데
② 이들은 주된 활동상태에 따라 가사, 통학, 연로, 심신장애, 기타로 구분된다.

마지막으로 실업률(Unemployment rate)은 실업자가 경제활동인구(취업
자＋실업자)에서 차지하는 비율을 말한다. 따라서,

$$실업률 = \frac{실업자}{경제활동인구} \times 100 \text{ 으로 정의된다.}[1]$$

이를 그림으로 나타내면 다음과 같다.

<그림 2-1> 노동가능인구의 구성

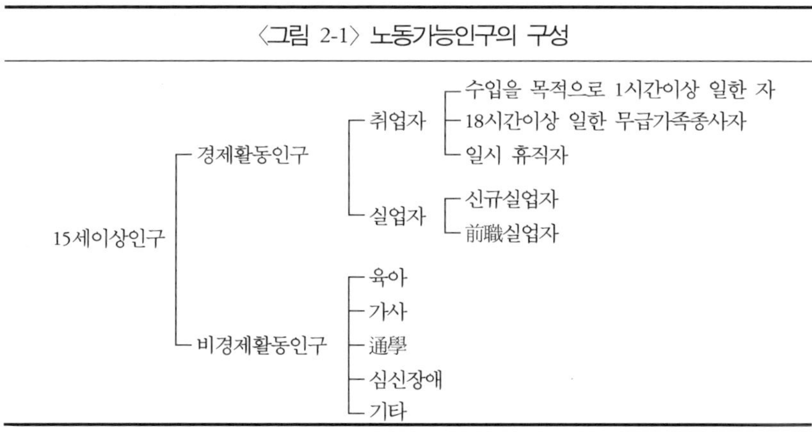

---

1. 이러한 개념정의는 통계청의 통계자료실에 있는 주요용어와 통계청 2000 참조

이러한 개념정의를 한번 응용해 보겠다. 2003년 12월 기준으로,

취업자는 22,096,000명이고

실업자는 825,000명이니

경제활동인구는 22,922,000명이고, 여기에

비경제활동인구 14,584,000명을 더하면

만 15세 이상 인구는 37,506,000명이 된다.

따라서 만 15세 이상 인구 중 경제활동인구의 비율을 나타내는 경제활동참가율은 61.1퍼센트가 된다. 위의 실업률 정의에 따른 우리나라의 실업률은 3.6퍼센트다. 이는 OECD 국가의 실업률 3.8퍼센트와 거의 같다. 만 15세 이상 인구 중에서 군인, 전투경찰, 공익근무요원, 형이 확정된 수감자, 외국인 등은 통계에서 제외된다.

여기에 덧붙여, 통계청이 발표한 2003년 한국의 총인구를 보면 47,925,000명으로 총인구에서 15세 이상의 인구를 뺀 15세 미만 인구는 10,419,000명[2]이 된다.

총인구 중 15세 미만의 인구가 22퍼센트로 1/5이 조금 넘는다.

이 취업 및 실업의 개념정의와 실업률 통계는 통계에 대한 불신을 갖고 있는 사람들이나 언론이 생각하는 것처럼 기준 자체가 이상한 것도, 통계조사가 주먹구구식이거나 엉터리인 것도 아니다.

그렇다고 해서 문제가 전혀 없다는 말은 아니다. 실업률의 개념정의가 실업자 수에서 경제활동인구수를 나누는 것이기 때문에, 다시 말해 비경제활동인구는 실업률 계산에서 제외되기 때문에 실업률 통계의 신축성(?)은 생각보다 크다. 예를 들면, 실업의 개념정의에서 일할 의사가 있는지

---

2 이 수치는 모두 통계청(http://www.nso.go.kr)에서 참고했다. 2003년의 총인구는 추계인구다.

없는지, 일할 의사는 구체적으로 어떻게 측정하는지, 구직활동을 소극적으로 하는지 적극적으로 하는지, 무엇이 적극적인 것이고 소극적인 것인지, '즉시'가 당장 내일부터인지 아니면 일주일 후부터인지, 규정하기가 애매하다. 따라서 실업자와 비경제활동인구에 대한 분류기준 또한 모호하다.

실업자와 비경제활동인구의 이동이 활발하고 빈번하기 때문에 사실상 실업자를 비경제활동인구로 분류하게 되면 그만큼 실업자 수는 적게 나타난다. 실업률을 정의하는 분수에서 분모가 불변일 때(다소 감소할 때) 분자가 감소하니(크게 감소하니) 실업률은 낮게 나타날 수밖에 없다.

결론적으로 말하면, 위의 정의에 따를 경우 취업자가 되는 것은 상당히 쉽다. 1주일에 1시간만 일하면 되기 때문이다. 반면 실업자가 되기는 상당히 어렵다. 실업자의 개념정의를 형식논리로 뒤집어 말하면,

첫째, 실업자 중에서도 일할 의사가 없거나

둘째, '전혀'가 아니고 조금이라도 일을 하고 있으며

셋째, 구직활동을 소극적으로 하거나 또는 아예 하지 않고 있다면

넷째, '즉시'가 아니고 나중에 취업이 가능하다면

즉 이 네 가지 중에서 어느 하나라도 해당되면 그 사람은 사실상 실업자인데도 통계상 실업자가 될 수 없다. 실업자 통계에서 제외된다. 실업자 되기가 이토록 어려운 줄 처음 알았을 것이다.

한국의 경제활동인구에 관한 개념규정은 취업자 수는 높게, 실업자 수는 낮게 나타나도록 하고 있는 것처럼 보인다. 따라서 통계청이 발표하는 실업률은 사람들이 실제로 체감하는 실업률보다 훨씬 낮을 수밖에 없다.

그래서 통계청이 언론의 공격을 받는지도 모른다. 하지만 그렇다고 통계청이 언론의 공격을 매번 그냥 받기만 하는 것은 아니다. 언론에서 보도를 하지 않아서 그렇지, 사실 통계청은 거의 매번 '반격'을 한다.[3] 그 반격

중에 유독 눈길을 끄는 부분이 통계청의 실업 통계는 국제기준에 따라 작성되고 있다는 말과, 미국이나 일본 등 통계 선진국도 예외 없이 이 기준을 채택하고 있다는 답변이다. 매우 관심이 가는 대목이다. 위에서 보았듯이, 한 네티즌도 통계청에 선진국의 통계를 따르라고 충고한 바 있다. 시민도 통계청도 우리나라 실업 통계의 권위를 모두 선진국에 두고 있는 셈이다. 모두 '사대적'이다. 따라서 나도 덩달아 사대주의자(?)가 되어야겠다. 이제부터 우리나라의 개념정의에 만족하지 않고 국제기준과 선진국의 개념을 모두 살펴볼 것이다.

2. 국제기준

결론부터 말하면, 우리나라 통계청에서 사용하는 경제활동인구에 관한 개념정의는 국제노동기구(ILO, International Labor Organization)가 마련한 국제적 표준을 받아들이고 있다. 그 표준은 랄프 후스만즈, 파하드 마흐란, 비제이 베르마 세 사람이 집필하여 ILO의 명의로 1990년에 제네바에서 발행된 『경제활동인구, 취업, 실업, 불완전취업 조사 – 개념과 방법에 관한 ILO 안내서』에 토대를 두고 있다.[4] 그리고 이 ILO 안내서가 통계청의 설명대로 국제표준으로서 선진국에도 사용되는 기준이다.

---

3. 언론과 통계청의 '공방'을 보면 문제의 핵심이 실업 자체가 아니고 실업률, 즉 통계와 숫자인 것 같은 인상을 받는다. 또한 고용을 창출하는(또는 축소하는) 기업(자본)이 아니고 통계청이 관심의 대상이고 실업의 원인이며 또한 그 '해결사'인 것 같은 느낌을 받는다.

4. Ralf Hussmanns, Farhad Mahran, Vijay Verma, *Survey of economically active population, employment, unemployment and underemployment: An ILO manual on concepts and methods*, Geneva 1990. 아래에서 이 책을 인용할 때는 'ILO 안내서'로 부른다.

2.1 경제활동

취업과 실업에 관한 국제표준을 정확히 이해하기 위해서는 우선 '경제활동'의 개념을 명확히 이해해야 한다. 거꾸로 말하면, 경제활동의 개념과 경계를 명확히 파악하는 것은 취업, 실업, 경제활동인구 등의 개념을 올바르게 이해하고 적용하기 위한 근본 전제다(ILO 안내서, 14 쪽).

1982년 제13차 국제노동통계전문가회의에서 경제활동인구의 측정을 위해 채택한 경제활동의 개념은 유엔의 국민계정체계(SNA, System of national accounts)[5]가 규정한 재화와 서비스의 생산으로 정의된다. 따라서 유엔 국민계정체계의 범주에 드는 재화와 서비스의 생산에 기여하거나 기여하는 데 이용될 수 있는 사람은 경제적으로 활동하는 것으로 간주해야 한다. 경제활동에 대해 이러한 단일한 정의를 사용함으로써 취업통계와 생산통계에서 활동의 개념이 일치하게 된다(ILO 안내서, 14 쪽).

SNA가 규정한 재화와 서비스의 생산은 다음과 같다.

a) 생산비용 이상의 가격으로 정상적으로 시장에 팔기 위한 재화와 서비스의 생산,

b) 생산비용 이상의 가격으로 팔리지 않는 여타 재화와 서비스의 생산. 여기에는 가구(家口)에 대한 정부의 서비스 및 비영리의 사적 서비스부터 한 가구가 다른 가구에 행한 가사노동까지 다양하게 포함된다.

c) 자가소비를 위한 특정 유형의 생산과 자가 사용을 위한 고정자본의 형성,

  c1) 농업, 수렵, 어업, 임업, 벌목, 광업, 채석 등에서 자가소비를 위한 모든

---

5. 국민계정체계란 국민경제 전체를 종합적으로 분석하는 국가의 재무제표다. 그동안 소득지표로 사용해왔던 실질 국민총생산(GNP)은 물량변화를 반영하는 생산지표와 소득지표가 혼합되어 있어 그 성격이 불분명했다. 따라서 국제연합과 국제통화기금(IMF) 등 국제기구가 1993년 개정 국민계정체계를 제정하였다.

1차 생산물의 생산,

c2) 1차 상품의 생산자가 자가소비를 위한 버터, 치즈, 밀가루, 포도주, 기름, 천, 가구 등을 만들기 위해 그것을 가공하는 것. 이 때 가공물의 여분을 시장에 파는지 팔지 않는지 하는 것은 관계없다.

c3) 어떤 가구가 여타 상품을 자가소비와 동시에 시장에 팔기 위해서도 생산하는 것,

c4) 자가사용을 위한 고정자산의 생산. 구체적으로 말하면 자기 자신이 사용하기 위해 사용수명이 1년 이상일 것으로 예상되는 공구, 기구, 용기, 나아가 건물, 도로 등을 만드는 것,

c5) 소유주가 점유하고 있는 집의 총 임대가(ILO 안내서, 15 쪽).

경제활동인구를 측정하기 위한 경제활동의 개념은 c5)를 제외하고 a), b), c)에 해당하는 모든 활동을 포괄한다. c5)는 활동이 아니라 전환된 통화가치를 대표한다. 그리고 여타 모든 활동은 비경제활동으로 분류된다(ILO 안내서, 15 쪽).

이러한 명확한 개념정의에도 불구하고 현실에서는 어떠한 유형의 활동을 경제활동으로 간주해야 하는지 해서는 안 되는지, 그러한 활동에 종사하는 사람들을 경제활동인구로 봐야 하는지 그렇지 않은지, 명확하지 않은 경우도 많다. 먼저 SNA의 정의에 따라 경제활동으로 간주해야 하는 사례들을 보면 다음과 같다.

1. 길거리에서 신문이나 복권을 파는 행위, 자동차가 교통신호등 앞에 서 있을 때 팁을 바라고 자동차의 유리를 닦아주는 행위,

2. 가족기업에서 무급으로 노동하지만 그 기업의 수입 중 일정 부분을 나눠 가지는 경우,

3. 한 집에 사는 친척이 운영하는 기업에서 무급으로 노동하는 행위(예를 들

어 환금작물을 씻고 분류하는 행위),

4. 물물교환을 위해 재화나 서비스를 생산하는 행위(예를 들어 유목가구들 간에 양젖, 버터, 기타 집에서 만든 제품과 옷이나 신발을 바꾸는 관행),

5. 채무노동, 즉 어떤 의무(보통 채무)를 청산할 때까지 무보수 혹은 정상보다 적은 보수로 취업주, 지주, 금융업자를 위해 노동하는 경우,

6. 유급가사노동(예를 들어 현금급료 또는 숙식, 옷 등의 현물급료를 받고 타인의 가정에서 애를 봐주거나 교육시키는 경우),

7. 자신의 농장에서 일하는 노동자에게 임금의 일부로서 음식을 요리해 주는 경우,

8. 보수는 없더라도 기업의 생산적 활동과 관련하여 견습이나 현장훈련을 받는 경우(ILO 안내서, 20~1 쪽).

그리고 경제활동으로 간주해서는 안 되는 경우, 즉 SNA의 생산활동의 범위 밖에 있는 사례들을 몇 개 골라보면 다음과 같다.

1. 법률회사에 취업한 변호사 배우자를 위해 타이핑을 해주는 경우처럼 임금을 받는 취업자인 가구구성원을 위해 무보수로 일하는 경우,

2. 세든 사람의 식료품 가게에서 일하는 경우처럼 한 가구에 살지만 친척이 아닌 사람을 위해 무보수로 일하는 경우,

3. 한 가구에 살지 않는 친척을 위해 무보수로 일하는 경우(예를 들어 다른 가구에 사는 삼촌의 찻집에서 일을 거들어 주는 경우, 하지만 이러한 행위가 관습인 곳에서는 그러한 활동을 경제활동으로 볼 수도 있다),

4. 집안일, 잔디깎기, 페인트칠하기 등 무급 가사활동,

5. 간호실습생이나 연구학생처럼 비록 훈련수당은 지급하더라도 기업의 생산활동과는 무관한 훈련,

6. 지역의 병원, 학부모회 등의 조직을 통한 자원봉사, 지역의 도로포장을 위한 무보수 공동체노동,

7. 보상이 따르더라도 교도소의 농장이나 작업장에서 하는 노동(SNA에 따르면 죄수에게 지급하는 보수나 의식주 관련 비용은 생산이 아니라 정부의 중간소비로 간주한다),

8. 어떤 기업의 주식을 단지 보유만 하고 있는 것처럼 기업에 투자는 하지만 경영이나 실제 운영에는 참여하지 않는 경우(ILO 안내서, 21 쪽).

경제활동에 관한 국제정의를 보면 '경제활동 = 생산활동'임을 알 수 있다. 따라서 국제표준에 의한 경제활동인구도 특정한 조사대상기간에 유엔의 SNA가 규정한 재화와 서비스의 생산에 자신의 노동을 제공하는 모든 남녀로 구성된다. 재화와 서비스의 생산에는 모든 1차 생산물의 생산·가공과 여타 재화와 서비스의 생산이 포함된다(ILO 안내서, 11 쪽).

15세 이상 인구인 노동가능인구의 구성에는 인구를 세 가지 기본범주(취업, 실업, 비경제활동인구)로 분류하는 국제표준의 규칙이 들어있다. 이 규칙은 세 개의 중요한 특징을 갖고 있다. 첫 번째 특징은 조사대상기간의 개념으로서, 조사대상기간은 특정 시점의 노동공급상황을 반영할 수 있도록 충분히 짧아야 한다는 것이다. 두 번째 특징은 활동상태의 개념이고, 세 번째 특징은 일련의 우선성의 원칙을 사용하여 모든 개인을 세 개의 기본범주 중 하나의 범주로만 분류한다는 것이다(ILO 안내서, 36 쪽).

첫째, 노동인구구조는 취업과 실업 상황의 경상적 변화(current changes)를 탐구하기 위해 설계한 것이다. 이는 취업과 실업의 개념이 상대적으로 단기간의 시간에 결부되어야 하며, 측정이 충분히 빈번하게 이루어져야 한다는 것을 의미한다(ILO 안내서, 40 쪽). 다시 말해, 취업과 실업은 정태적 개념(stock concepts)이기(ILO 안내서, 40 쪽) 때문에 그 측정과 통계는 물론, 통계결과도 정확한 한 순간에 귀속되어야 한다. 순간적 상태를 반영하기에 가장 현실적인 시간범위는 하루 혹은 일주일이기 때문에, 국제표준에서는 일주일과 하루의 두 가지 조사대상기간을 적절한 것으로 보고 있다. 나아가 이러한 권고에는 측정의 실용성과 여타 자료와 갖는 일관성이 고려되었고, 직업이나 인구특성의 변화, 인구이동에서 오는 통계적 문제들을 줄일 수 있으며, 조사대상기간을 짧게 함으로써 기억에 의존하는 응답에서 오류를 최소화할 수 있다는 점도 참작되었다(ILO 안내서, 40 쪽). 조사대상기간은 1925년 제2차 국제노동통계전문가회의로부터 1947년 제6차 회의를 거쳐 1982년 제13차 회의에서 마침내 "일주일 혹은 하루와 같은 단기의 조사대상기간"(ILO 안내서, 41 쪽)으로 규정되었다.

둘째, 활동규정의 원칙이란 한 개인의 노동인구 상태는 조사대상기간에 그 사람이 실제로 무엇을 했는지에 따라 결정되어야 한다는 것이다. 따라서 경제활동에 종사하고 있거나 구직 중에 있거나 그러한 활동에 이용될 수 있는 사람만이 노동인구에 포함된다(ILO 안내서, 38 쪽).

셋째, 우선성의 원칙이란 취업은 실업에 우선하며, 실업은 비경제활동에 우선한다는 원칙이다(ILO 안내서, 38 쪽). 수학적으로 표현하면, "어떠한 하위 취업범주도 모든 하위 실업범주에 우선한다"(ILO 안내서, 40 쪽). 이 우선성의 원칙 때문에 조사대상기간에 노동에 종사한 시간에 관계없이 취업은 필연적으로 다른 모든 활동에 우선한다. 따라서 조사대상기간에 한 시간만 노동에 종사했을 뿐, 나머지 시간에는 다른 구직활동을 벌이거나 학교에 다닌 사람도 취업으로 분류된다(ILO 안내서, 38 쪽). 1940년에 미국에서 처음으로 도입된 우선성의 원칙은 복수의 활동에 종사하는 상태를 구분하기 위한 명확한 기준을 제공한다. 각각의 사람을 오직 하나의 노동인구 상태로 귀속시키기 때문에 세 개(취업, 실업, 비경제활동)의 노동인구 범주는 서로 중복되지 않는다(ILO 안내서, 40 쪽).

2.2 취업

노동인구구조와 일치하도록, '취업'에 관한 국제적 표준정의는 조사대상기간에 일정한 경제활동에 종사해야 한다는 원리에 의거하여(ILO 안내서, 71 쪽), 경제활동인구 측정의 특정 연령한계 이상의 사람들 중에서 임금노동과 자영업의 범주에 특정한 짧은 기간(일주일 혹은 하루) 이상 일정한 일에 종사한 모든 사람들로 구성된다(ILO 안내서, 70 쪽). 국제정의는 "일정한 노동"을 조사대상기간 중 최소한 한 시간 이상의 노동으로 해석할 수 있다고 규정하고 있다. 이는 경제활동에서 적어도 한 시간 동안의 노동이면 취업자로 분류하기에 충분하다는 것을 의미한다. 또한 이 규정은 취업활동이 다른 어떤 활동에 대해서도 우선한다는 노동인구구조의 우선성의 원칙과도 일치한다(ILO 안내서, 71 쪽).

취업에 대한 개념정의에서 한 시간 기준을 채택하는 것은 단기노동, 일시노동, 대기노동, 기타 다양한 비정규직을 포함하여 모든 나라에 존재할 수 있는 모든 유형의 취업을 포괄하기 위해서다. 이는 또한 총 취업을 총생산에 대응시키기 위해서도 필요한 기준이다. 원칙적으로 생산범위 내에 속하는 모든 유형의 생산은 SNA 총계에 포함되기 때문에 그에 상응하는 노동투입은 아무리 적은 노동시간이라도 취업통계에 포함되어야 한다. 취업의 정의에서 최소 노동시간을 증가시키면 이러한 분석이 왜곡된다(ILO 안내서, 71 쪽).

사람들은 실제로 많은 종류의 일에 취업한다. 유급취업자, 자영업자, 무급가족종사자, 견습노동자, 정규직 혹은 규칙적인 시간직으로 노동하거나 계절노동자, 임시일용노동자, 학생, 주부, 연금수령자 등과 같이 때때로 일정의 유급노동을 한다든지 애봐주기, 전단배부, 개인교습 등을 하는 사람도 있고, 자기가 사용할 목적으로 집을 짓는 사람처럼 그 활동은 무보수이지만 노동으로 간주해야 하는 경우도 있다. 이러한 다양한 유형의 노동을 포괄하기 위해 취업측정을 위한 노동의 개념은 폭넓게 정의된다. 그리고 이는 SNA가 정의한 생산의 개념과도 연결된다. 즉, SNA의 생산범위에 속하는 모든 활동은 취업측정에서 노동으로 간주한다는 것을 의미한다(ILO 안내서, 70 쪽).

결국, 우선성의 원칙과 SNA와의 연계성 등으로 해서 취업개념을 이렇게 폭넓게 정의하게 된다. 그 때문에 조사대상기간에 한 시간이라도 일하고 있는 사람과 일시휴직중인 사람을 취업자에 포함시키게 되는 것이다(ILO 안내서, 69 쪽).

2.3 실업

실업의 국제적 표준정의를 보기 전에 위의 취업의 개념정의를 토대로 실업개념을 유추해 보자. 세 개(취업, 실업, 비경제활동)의 노동인구범주들이 서로 중복되지 않고 우선성의 원칙에 따라 취업이 실업에 우선하며 조사대상기간에 한 시간이라도 일하는 것을 취업이라고 정의하면, 실업개념은 형식논리로 보더라도 당연히 노동이 전무(全無)한 상태(total lack of work)라는(ILO 안내서, 40, 71, 121 쪽) 극단적인 상황으로 규정될 수밖에 없다. 하지만 국제적 기준에서 정의하는 실업개념은 이보다 더 엄격하다.

실업에 대한 국제적 표준정의는 일이 없고, 즉시 일이 가능하며, 구직활동을 하고 있다는 세 가지 기준을 동시에 만족시키는 데 근거를 두고 있다. 이 세 기준은 아래의 원칙에 근거하고 있다(ILO 안내서, 97 쪽).

첫째, '일이 없음'(without work)은 취업에 관한 국제적 정의에 명시된 대로 임금노동자 또는 자영업자가 아닌 상태이다(우선성 원칙).

둘째, '즉시 일이 가능'(currently available for work)하다는 말은 조사대상

기간에 임금노동자 또는 자영업자로서 이용될 수 있는 상태를 말한다(가능성 기준).

셋째, '구직활동'(seeking work)은 최근 특정 기간에 임금노동자 또는 자영업자의 일자리를 구하기 위해 특정한 조치를 위한 상태다(구직활동 기준).

첫째 규정은 취업과 실업을 구분하기 위한 규정이며, 둘째와 셋째는 실업과 비경제활동을 구별하기 위한 규정이다.

첫째 규정은 명백하다. 어떤 사람이 취업하지 않았다는 것이 명백한 경우에만, 조사대상기간에 한 시간도 일을 하지 않은 경우에만 '일이 없음'으로 간주한다. '일이 없음'은 취업과 실업 사이의 구분을 명확히 하며 취업에 우선권을 준 상태에서 취업과 실업이 상호 배타적으로 작용하도록 보장한다(ILO 안내서, 97~8 쪽). 따라서 어떤 사람이 약간이라도 일을 하고 있으면서 동시에 구직활동을 하는 경우 우선성의 원칙에 따라 취업으로 분류한다.

둘째, 국제표준에 따라 실업자로 간주되려면 조사대상기간에 취업가능성이 있어야 한다. 여기서 말하는 취업가능성이란 취업의 기회가 주어지면 일을 할 수 있어야 하고, 일할 자세가 되어 있어야 한다는 뜻이다(ILO 안내서, 100 쪽). 이러한 가능성 기준에서 볼 때, 학업을 마친 후 일할 직장을 구하는 학생의 경우와 같이, 장래에 일할 직장을 구하는 사람은 실업자 범주에서 제외된다. 이들은 학업을 계속하고 있는 동안에는 비경제활동인구로 분류되어 실업 통계에서 제외되지만, 만일 방학 중에 일할 의사가 있어 일자리를 구하고 있고 즉시 일이 가능하다면 실업자가 되고, (아르바이트) 일자리를 구해 일을 하고 있다면 취업자가 된다.

셋째, 국제표준에 따르면 실업으로 분류되기 위해서는 구직활동을 해야 한다. 구직이란 최근 일정한 기간에 임금을 받는 고용이나 자영업을 구하기 위해 특정한 행동을 취하는 것으로 정의된다. 구직개념은 자영업, 시간제 고용, 임시직, 계절별 직업이나 단순작업 뿐만 아니라 일반적으로 국제적 표준에 의해 경제활동으로 간주되는 작업형태 모두를 포함한다(ILO 안내서, 98 쪽). 구직활동 기준에 따르면 현재 전혀 일을 하고 있지 않은데도 구직활동을 하지 않을 경우 실업자가 아니라 비경제활동인구의 범주에 속하게 된다는 것을 의미한다.

결론적으로, 취업과 실업에 관한 국제적인 표준정의를 개발하기 위한 ILO의 50여 년에 걸친 국제회의와 노력은 현재 국제적 기준으로 통용되는 개념정의와 통계에서 취업개념은 대단히 넓게, 실업개념은 대단히 좁게 정의하는 결과를 낳았다. 이러한 결과는 경제활동인구조사에서 조사대상 기간의 개념, 우선성의 원칙 및 취업개념과 유엔 SNA의 생산개념의 일치, 즉 총 취업과 총 생산의 대응과 이에 따른 취업통계와 생산통계의 일치와 대응에 따른 필요 때문이다.

3. '선진국'의 개념규정

통계청의 통계를 불신하는 언론이나 네티즌들의 통념과는 달리 대부분의 '통계 선진국'들은 우리나라도 받아들이고 있는 ILO의 국제적 표준정의를 적용하고 있다.

미국의 취업개념을 보면, 취업자는

(1) 조사주간에 유급종사자나 자영업자로서, 전문직이나 자신이 소유하고 있는 농장에서 일한 사람이니 기족에서 경영하는 사업체에서 무급으로 15시간 이상 일한 모든 사람,

(2) 일을 하지는 않았지만 직업이나 사업체에서 질병, 날씨 불순, 휴가,

노동쟁의, 기타 다양한 개인적 이유로 일시적으로 일을 하지 못한―휴직 기간에 고용주에게 임금을 받았든 못받았든, 다른 직업을 찾고 있든 아니든―모든 사람을 포함한다.

미국의 실업개념을 보면, 실업자는 조사주간에 전혀 일을 않고 적극적으로 일을 찾고 있으며 조사기간에(일시적 질병 제외) 즉시 일을 할 수 있는 사람을 포함한다. 지난 4주 내에 일을 구하기 위해 특별한 노력을―노동관청이나 직업소개소에 등록한다든지 지원서를 작성하거나 일자리를 부탁하는 것과 같은 일 등―기울인 자는 구직으로 간주된다. 휴직 후에 다시 일자리로 돌아가기 위해 기다리고 있는 자나 30일 내에 새로운 일자리에 대한 통보를 예상하는 지원자는 실업자로 분류하기 위한 구직으로 보지 않는다(BLS, 1992, 4 쪽).

일본은 취업자를 종업자(從業者; Employed, at work)와 휴업자(休業者; Employed, not at work)로 구분하고 있다. 종업자는 임금이나 이윤을 목적으로 조사기간에 최소한 1시간 이상 일한 자이다. 무급일지라도 가족종사자 또한 이 범주에 포함된다. 휴업자는 조사기간에 일을 하지는 않았지만 임금이나 급료를 받거나 받으리라고 기대되는 종업원을 말하며 조사기간에 일을 하지 않았지만 결근(부재)이 30일을 초과하지 않은 자영업자도 휴업자에 포함된다.

또한 일본의 실업자 개념을 보면, 실업자는 조사주간에 전혀 일을 하지 않은 사람으로서, 즉시 일을 할 수 있고 적극적으로 구직활동을 하고 있거나 지난 구직활동의 결과를 기다리고 있는 자로 규정된다(勞動力調査報告, 44 쪽).

미국과 일본의 개념 역시 ILO 및 한국의 개념정의와 같다. 개념정의에서 발견되는 차이점이라면 한국과 미국의 취업자 규정에서 무급가족종사자에 관한 정의뿐이다. 한국은 취업자로 분류하는 무급가족종사자의 주당 노동시간을 18시간 이상으로 규정하고 있는 데 비해, 미국은 15시간 이상으로 규정하고 있다. 하지만 이것도 주당 노동시간의 차이일 뿐이다. 주당 18시간과 15시간을 주6일 근무의 한국과 주5일 근무의 미국에서 하루 기준으로 바꾸면 결국 무급가족종사자의 하루기준 노동시간은 3시간으로 한국과 미국의 규정은 같다.[6] 일본은 이 시간규정이 아예 없다. ILO와 한국, 미국, 일본 사이에 개념규정상 다른 차이는 보이지 않는다.

국제기준과 선진국의 예를 검토한 결과, 한국 통계청의 취업과 실업의 개념정의와 실업률 통계는 전적으로 국제적 표준 및 선진국의 통계원칙을 따르고 있음이 분명해졌다. 통계청의 실업 통계가 엉터리라거나 통계청의 통계에 대한 정부 내 불신 운운은 또 한 번 언론의 '소설'임이 분명해졌다. 네티즌과 백수들도 오해를 씻었으리라 생각한다.

하지만 반대로 생각하면, 취업과 실업의 개념이 국제적으로 위와 같이 규정되어 있기 때문에 통계청은 취업과 실업에 관한 한, 그리고 적어도 실업률에 관한 한 거의 모든 비판으로부터 자유로워질 수 있다. 다시 말해 '1주일 1시간 원칙'이 바뀌지 않는 한, 실업률에 관한 다른 통계는 불가능하다. 이렇게 되면 통계청은 실업 통계에 관한 한 '만병통치약'을 갖고 있는 셈이다. 어떠한 공격도 모두 방어해낼 수 있기 때문이다. 일반인들은 통계청의 통계를 믿든지 말든지 둘 중의 하나를 선택할 수밖에 없다. 쉽게 말해, 안 믿으면 그만이라는 얘기다.

---

6. 우리나라에서 주5일제가 정착되어 무급가족종사자에 관한 기준이 주당 18시간에서 15시간으로 축소될지 앞으로 통계청의 개념정의를 기다려봐야겠다.

4. 국제기준의 문제점

우리나라 통계청의 통계가 국제적 기준에 따라 작성되고 있다고 해서, 이것이 국제기준을 무조건 신뢰해도 된다는 말도, 실업률 통계의 문제가 완전히 해결되었다는 말도 아니다.

우리나라의 실업 통계든 미국이나 일본과 같은 선진국의 실업 통계든 국제기준으로 통용되는 실업 통계의 가장 큰 문제점은, 역설적이든 필연적이든 그것이 '통계'라는 바로 그 점이다. 여기서 우리는 처칠(Winston L. S. Churchill, 1874~965년)의 말을 상기해볼 필요가 있다. 처칠은, "나는 내가 만든 통계만 믿는다."는 명언(?)을 남겼다.[7] 통계를 잘 믿지 않는다는 말이다. 즉 실업 통계에서(실업 통계뿐만이 아니지만) 가장 먼저 분명히 해 두어야 할 것은 통계와 현실은 엄연히 다르다는 사실이다. 통계는 사실이 아니라 해석이며, 사실이라고 해도 해석된 사실일 뿐이다.

둘째, 통계에서 표본의 대표성 문제를 지적할 수 있다. 통계를 내기 위한 절차는 조사설계, 표본설계, 조사표 설계, 자료수집, 자료측정 및 처리, 자료평가로 이루어진다. 여기서 가장 먼저 문제되는 것이 통계의 근본적 문제점인 모집단과 표본간의 관계, 즉 표본추출의 문제다. ILO 안내서도 밝히고 있듯이 군인이나 군사시설, 교도소와 형법시설, 기숙사, 종교시설, 병원 등의 시설에 거주하는 사람들, 다시 말해 이른바 '시설인구'(institutional population)는 경제활동인구조사에서 제외하고 있다(ILO 안내서, 13~4 쪽). 이들을 제외하는 이유는 기본적으로 이들에 대한 표본추출이 어렵기 때문이다.[8] 따라서 경제활동인구조사의 범위는 시설인구가 아닌 민간인으로

---

7. 영어원문을 갖고 있지 않지만 다른 언어로 번역된 문장을 우리말로 직역하면, "나는 내 자신이 스스로 조작한 통계만 믿는다."는 것이다.

한정되는데, 여러 가지 현실적인 이유 때문에 민간인에서도 제외되는 인구집단이 있다. 예를 들면 외국인, 유랑자, 소수민족, 계절적 이주노동자, 부랑자, 이동주택에 사는 사람, 오지나 접근이 불가능한 지역에 사는 사람, 바다에 나가 있는 상선의 선원과 어부 등을 들 수 있다. IMF 체제 이후 한국에서 많이 발생한 '노숙자'도 경제활동인구조사에서 제외될 수밖에 없다. 그리고 표본추출의 문제와 관련하여 비용과 시간의 문제가 있다. 시간문제를 비용문제로 환원하거나 비용으로 해결할 수 있다고 가정하면, 이는 결국 비용의 문제가 된다. 이는 통계의 근본적인 한계이기도 하다.

셋째, 측정 가능성과 관련된 개념규정 자체의 문제가 있다. 통계를 내기 위해서는 그 결과가 수치로 제시되어야 하고 그러기 위해서는 개념이 측정할 수 있도록 규정되어야 한다. 취업이 취업 그 자체가 아니라 취업으로 간주되고 정의되고 규정되어야 한다는 말이다. 개념규정에서 가장 중요한 측면의 하나가 바로 측정 가능성이기 때문이다. 사실 따지고 보면 경제활동인구조사에서 시설인구를 제외하는 것도 바로 측정 불가능성 때문이다. 여기서, 내가 무엇을 취업으로 여기느냐 하는 것과 통계에서 취업의 개념을 규정하는 것과는 상당한 괴리가 생기게 된다. 내가 노동을 하느냐 하지 않느냐, 취업하고 있느냐 아니냐 하는 것이 중요한 것이 아니라, 그 노동과 취업을 측정할 수 있느냐 없느냐 하는 것이 중요하다고 하겠다. 통계에서는 측정할 수 없는 취업은 취업이 아니다.

넷째, 개념규정과 관련하여 또 한 가지 문제가 있다. 처음부터 엄격하고 정확한 정의가 만들어져 취업 및 실업 통계를 작성한 것이 아니라 나라마

---

8. 표본추출이 어렵다는 것은 그들의 경제활동을 측정하기 어렵다는 말로 바꿀 수 있다. 표본추출은 측정가능성과 밀접한 관련을 갖는다.

다 또는 사회의 관행에 따라 개념이 다소 달리 규정된다는 사실이다. 예를 들어, 1주일 1시간 기준을 보면 ILO 안내서가 지적하고 있듯이 몇몇 나라의 경제활동인구조사에서는 다른 최소시간기준을 제안하거나 사용해 왔다. 즉 다음과 같다.

1. 취업으로 간주하기 위해서는 조사대상기간의 대다수 시간 동안 일해야 한다는 과반수기준(시리아의 노동인구 표본조사),
2. 취업으로 간주하기 위해서는 조사대상기간 중 최소 하루 이상 일해야 한다는 하루기준(말레이시아),
3. 고용으로 간주하기 위해서는 조사대상기간 중 최소 ×시간 이상을 일해야 한다는 ×시간기준(오스트리아의 상세인구조사에서는 13시간기준 채택) 등 (ILO 안내서, 71 쪽).

무급가족종사자를 취업자로 규정하는 시간기준도 대다수의 나라에서 1시간 이상일 뿐만 아니라 나라마다 차이를 보이고 있다. 그리고 ILO 안내서 어디에도 이에 대한 논리적이고 합리적인 설명이 보이지 않는다. 이는 나라나 사회마다 달리 발전되고 굳어진 관습과 관행을 사후에 구체적으로 개념화한 것이라고 볼 수 있다. 선의로 해석하면, 그 사회에 가장 적절한 시간을 채택하여 무급가족종사자의 취업자 기준으로 삼은 것이다. 하지만 이러한 논리를 발전시킨다면 그 사회에 맞는, 그리고 그 사회의 현실에 가장 근접한 취업자 개념을 개발할 가능성이 있다는 말이 된다. 취업이나 실업에 관한 개념규정에서 현실에 가까운 개념화가 가능하고 또 필요한 근거가 바로 여기에 있다. 우리나라의 통계청이 이러한 노력을 기울였다는 증거는 보이지 않는다.

다섯째, 법적인 문제가 있는데 유엔 SNA의 경제활동개념은 그 활동이 합법인지 불법인지 구분하지 않는다는 점이다. 하지만 유엔 SNA는 다음의 두 가지 종류의 불법적 활동은 구분하여 설명하고 있다.

첫 번째, 그 자체는 합법적이지만 수행되는 방식이 불법인 활동이 있다. 예를 들어, 불법이민자들이 감귤농장에서 일하는 경우, 허가 없이 건설업에 종사하는 경우, 면허 없이 상품을 파는 경우, 탈세를 위해서 혹은 실업보험 혜택을 잃고 싶지 않아서 또는 고용주가 사회보장비 지급이나 기타 노동법의 요구사항을 회피하기 위해서 취업사실을 숨기고 노동하는 경우 등을 들 수 있다. 이런 활동은 원칙적으로는 경제활동으로 간주해야 하지만 그러한 활동에 대한 측정이 현실적으로 어렵기 때문에 결과적으로 이러한 활동이 취업과 실업 통계에 미치는 영향을 파악하기란 거의 불가능하다(ILO 안내서, 22 쪽). 우리나라의 경우 노점상이나 길거리의 '포장마차'가 이에 해당하는데 결국 이러한 활동은 측정이 어렵기 때문에 취업 및 실업 통계에서 제외된다. 측정할 수 없는 취업은 취업이 아니라는 통계상의 제약이 여기서도 그대로 적용되고 있다. 극단적으로 말하면, 취업과 실업의 통계에서 중요한 것은 '통계'이지 취업이나 실업 자체가 아니라는 말이다.

두 번째, 그 자체로서 불법인 활동이 있다. 예를 들어, 몇 나라에서 귀찮게 졸라대는 방식으로 이루어지는 매매춘이나 고리대금업, 그리고 마약거래를 들 수 있다. 이런 활동에 대한 적절한 통계처리는 개념적으로 명확하지 않으며 일반적인 권고도 있을 수 없다. 유엔 SNA가 합법과 불법을 구분하지 않는 것과 마찬가지로, 어떤 활동이 총 산출에 포함되어야 하는지 여부를 결정하는 데 그 활동의 합법성 여부는 언급하지 않고 있다. 최근의 결론은 "원칙적으로 불법적인 재화와 서비스의 생산은 총 산출에 포함되지만, 현실적으로 어떤 나라에서 어떤 특정 유형의 불법적 생산을 포함해야 하는지 여부는 그것의 상대적 중요성과 측정 가능성에 달려 있다."(ILO

안내서, 22 쪽)는 것이다. 뒤집어 말하면, 불법적 활동도 그것이 상대적으로 중요하고 측정 가능하다면 경제활동에 포함된다는 것이다. 측정할 수 없는 취업은 취업이 아니지만 측정할 수만 있다면 매매춘이나 조직폭력배의 활동도 경제활동으로 간주되고, 따라서 포주나 창녀, 마약밀매업자, '조폭'도 취업자인 셈이다. 통계에서 취업으로 간주하는 경제활동의 개념과 범주가 지극히 가치중립적(?)임을 알 수 있다. 통계이기 때문이다.

여섯째, 최소연령한계로서 아동노동의 문제가 있다. 현재 한국에서는 대부분의 다른 나라들과 마찬가지로 노동가능인구를 만 15세 이상 인구로 규정하고 있다. 실제로 특정 연령 미만의 인구는 노동하기에 육체적으로 너무 어리거나 노동법과 의무교육 때문에 노동이 금지되어 있다. 하지만 이 규정은 만 15세 미만 인구의 경제활동을 불법화하기 위해서(경제활동에서는 그 활동의 합법성이나 불법성은 문제 삼지 않는다), 또는 불법적 노동의 착취로부터 아동을 보호하기 위해서 존재하는 것이 아니다. 최소연령 한계를 설정하는 목적은 노동가능인구를 측정하는 데 만 15세 이상의 (성인이 아닌) 청소년 인구 중에서도 무시할 수 없는 비중으로 경제활동에 참여하고 있는 인구를 확인하고 측정하기 위해서다(ILO 안내서, 12 쪽).

이는 우리나라 경제활동인구연보를 보아도 분명해진다. 통계청에서 발행하는 『2000 경제활동인구연보』의 '조사연혁' 3 쪽을 보면 "국민소득의 향상과 교육시설 확충으로 중학교 진학률이 99 %를 상회하여, 14세 연령층의 경제활동 참가가 극히 저조함에 따라 1987년 1월부터는 조사대상 하한연령을 종전의 14세에서 15세로 상향조정하였다."고 되어 있다. 다시 말해, 현재에도 14세 인구나 그보다 더 어린 나이의 인구의 경제활동이 이루어지고 있으나(이루어지든 말든 통계는 관심이 없다), 이들은 경제활동인구에 포함되지 않을 뿐이다. 우리나라에서 소년소녀가장, '중국집' 배달부로 일하는 소년들, '찌라시'를 돌리는 초등학생들의 경우, 그들의 활동은 명백한 경제활동이지만 통계에 포함되지 않는다. 통계는 그들이 만 15세 미만이라면 배달을 하건 찌라시를 돌리건 문제 삼지도 상관하지도 않는다.

경제활동인구를 측정하기 위해 채택된 최소연령 한계는 나라마다 다소 차이가 난다. 6세(이집트)나 10세(브라질)처럼 낮은 나라도 있고, 16세(스웨덴, 미국)처럼 높은 나라도 있다(ILO 안내서, 12 쪽). 이러한 다양성도 각 나라에 존재하는 아동노동의 관행을 확인하고 측정해 통계를 내기 위한 것이다. 최소연령 한계의 규정이 있다고 해서 그 규정보다 어린 연령의 인구는 노동을 해서는 안 된다는 가치는 최소연령 한계의 규정에 포함되어 있지 않다. 수치는 몰가치적이다.

몰가치성은 최대연령 한계에도 그대로 적용된다. 국제표준에서는 경제활동인구의 측정에서 최대연령 한계에 대해 언급하지 않고 있다. 덴마크, 스웨덴, 노르웨이, 핀란드에서는 75세 미만을, 이집트, 말레이시아, 멕시코에서는 65세 미만을 최대연령 한계로 설정하고 있다(ILO 안내서, 13 쪽). 최대연령 한계가 채택되면 특정 연령을 초과하는 사람들은 경제활동인구의 계산에서 제외된다. 최소연령 한계와 마찬가지로 최대연령 한계도 그들이 경제활동을 해서는 안 된다거나 해도 된다거나 하는 것을 말하는 것이 아니고, 그들이 경제활동을 하든 말든 측정에서 제외되고 통계에 포함되지 않는다는 것을 의미할 뿐이다.

취업과 실업의 국제기준의 문제점을 한마디로 요약하면, 통계는 현실이 아니라는 것이다. 실업률을 나타내는 수치는 감정이 없으며 무감각하고 냉정하다. 어떤 사람이 실업자로서 몇 년간 비참하고 참담한 생활을 하고 있는 현실을 그 수치는 결코 반영하지 못한다. 실업률은 실업자의 삶과는 무관한 수치다. 실업률의 개념정의 때문에 그것은 '실업률'의 잘못만도 아니다.

제3장 불완전취업

요즘과 같은 취업전쟁의 시대에는 취업자인 것 같기도 하고 실업자인 것 같기도 한 애매한 부류의 '중간분자'나 '회색분자'들이 많다. 그들은 실질적으로는 실업자와 별로 차이가 없는데도 공식통계에서는 대개 취업자나 비경제활동인구로 분류된다. IMF 경제위기 이후 한국에서 급격히 증가한 불완전취업자들이 바로 그들이다. 불완전취업자는 한마디로 불충분한 취업상태의 범주에 있는 사람들이다. 현재 한국에서 불완전취업자는 비정규직 노동자와 함께 임금노동자의 '주류'를 형성하면서 급속하게 증가하고 있다.

1. 국제기준

ILO의 국제기준은 불완전취업(Underemployment)에 대해서도 객관적인 개념정의를 하고 있다. 1966년의 국제노동통계전문가회의에 따르면, 불완전취업은 "어떤 사람의 취업이 직업적 기술을 고려하여(훈련과 작업경험), 특정한 기준에서 볼 때 부적당하거나 또는 대안취업일 때 존재하는 것"(ILO 안내서, 121 쪽)이라고 규정하고 있다. 하지만 이러한 개념규정만으로는 불완전취업의 전모를 파악하기가 곤란하다. 이 정의가 추상적이고 포괄적일 뿐만 아니라 불완전취업의 형태가 매우 다양하여 많은 하위 범주들이 존재하기 때문이다. 불완전취업을 정확히 이해하기 위해서는 이 하위범주를 제대로 알아야 한다.

불완전취업은 두 가지 기본적인 형태로 구분한다. 첫째, 취업의 크기로 볼 때 불완전함을 나타내는 가시적인 불완전취업과, 낮은 임금, 기술의 낮은 이용, 낮은 생산성 등과 같은 특징으로 이루어지는 비가시적인 불완전취업이다(ILO 안내서, 121 쪽). 취업의 크기는 시간으로 측정한 노동시간을 말하며, 이것이 정상노동시간보다 적을 경우에는 이를 직접 확인하고 측정할 수 있기 때문에 이러한 불완전취업은 가시적 불완전취업이라고 한다. 이와 달리 취업자가 낮은 임금을 받는지, 그가 사용하는 기술이 그 산업부문의 평균 수준보다 낮은지, 그가 일하는 작업이 그가 수행할 수 있는 생산성의 정도보다 낮은지 하는 것은 눈으로 직접 확인하기가 어렵기 때문에 이러한 요인들로 인해 발생하는 불완전취업은 비가시적 불완전취업이라고 말한다.

국제정의에 따르면, 가시적 불완전취업자들은 "직장이 있든 없든, 활동을 위해 규정된 정상노동시간보다 비자발적으로 적게 일하는 모든 사람을 포함하는데, 이들은 조사대상기간에 추가로 일자리를 구하며 또한 일자리를 구했을 경우 취업이 가능한 사람들"(ILO 안내서, 123 쪽)로 규정된다. 즉, 어떤 사람을 가시적 불완전취업자로 간주하는 데는 세 가지 기준이 필요한데, 첫째 정상시간보다 적게 일할 것, 둘째 비자발적으로 그렇게 할 것, 셋째 조사대상기간 동안 추가적 일자리에 대해 직접 구직활동을 벌이거나 그런 일자리가 생기면 이를 받아들이는 사람이다. 이 중에서 가장 중요한 것이 첫 번째 기준인데, 이 기준에 따르면 어떤 사람이 불완전취업자로 분류되기 위해서는 그가 자신의 특정 노동활동에서 정상노동시간보다 적게 일해야 한다.

문제는 '정상노동시간'이 무엇인지, 정상노동시간을 어떻게 정의해야 하는지, 몇 시간의 노동을 정상노동시간으로 규정할 것인지 하는 점이다. 1982년의 제13차 국제노동통계전문가회의에서 채택된 국제표준도 정상노동시간을 국가의 상황에 따라 그리고 일상적으로 통용되는 관습에 따라 결정해야 한다고(ILO 안내서, 124 쪽) 명시하고 있을 뿐이다.

국제표준에서 제시한 정상노동시간의 규정을 좀더 구체적으로 정의하려는 노력이 1985~6년 스리랑카의 노동인구와 사회경제조사에서 있었다. 이 조사에서 스리랑카는 정상노동시간에 대해 "고용조건이 있다면 그 조건에 따라, 고용조건이 없는 경우 유사한 직업을 위한 법적 규정이 있다면 그 규정에 따라, 그런 규정이 없는 경우 유사한 직종의 일반적 관행에 따라, 그런 관행이 없다면 35시간이라는 임의 기준을 취한다."고(ILO 안내서, 124 쪽) 상당히 구체적으로 규정하였다.[1]

불완전취업의 또 다른 형태인 비가시적 불완전취업은 "노동과 다른 생산요인 사이에 놓인 노동자원의 잘못된 배치 또는 기본적인 불균형을 반영하는 분석적인 개념"(ILO 안내서, 143 쪽)이다. 비가시적 불완전취업에

---

1. 이 35시간 기준은 여러 가지 면에서 정상노동시간으로 규정하기에 타당해 보인다. 주당 35시간이 '정상적'인 노동시간이고 따라서 앞으로 주당 노동시간이 이 정도로 줄어야 한다는 의미에서도 그렇다.

서는 두 가지 측면이 구별되는데, 위장된 불완전취업과 잠재적인 불완전취업이 그것이다. 위장된 불완전취업(위장실업)이란 낮은 수입과 미숙련의 기준과 관련된 것으로, 취업으로 벌어들인 수입이 비정상적으로 낮거나 직업기술이 숙련되지 못한 경우를 말한다. 그리고 잠재적 불완전취업(잠재실업)이란 낮은 생산성 기준의 토대 위에서 분석되는 것이다. 이는 한 개인이 비정상적으로 낮은 생산성을 갖춘 기업이나 회사에 고용된 상태로서(ILO 안내서, 143 쪽), 현실에서 고졸자를 구하는 직장에 대졸자가 취업하는 경우를 예로 들 수 있다.

요약하면, 위장실업은 저임금을 받는 직장에서 일하는 것이고, 잠재실업은 저생산성의 직장에서 일하는 것이다. 위장실업과 잠재실업은 이렇게 개념상으로는 명확히 구분되지만 현실에서는 중첩되어 나타나기 일쑤다. 저임금을 받는 건 생산성이 낮은 곳에서 일하기 때문이고, 반대로 생산성이 낮은 곳에서 일하게 되면 대부분 저임금을 받게 된다. 그래서 일반인들은 그게 그거라고 느낀다. 지금까지 설명한 불완전취업을 알기 쉽게 그림으로 나타내면 아래와 같다.

불완전취업과 구분해야 하는 개념이, 불완전취업 중에서도 특히 잠재실업과 구분해야 하는 개념이, 바로 언론에 자주 등장하는 '잠재적 실업'이

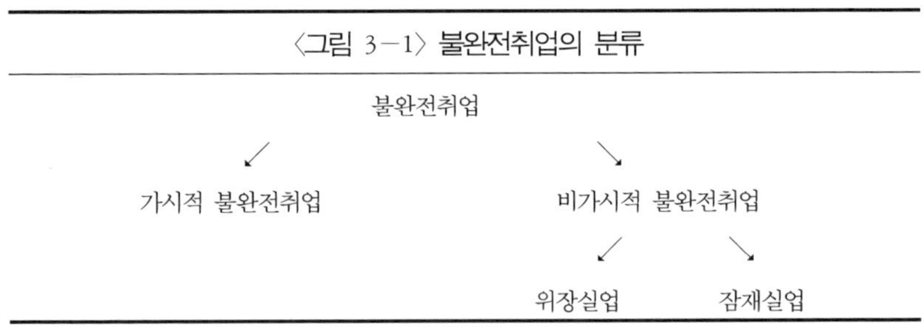

〈그림 3-1〉 불완전취업의 분류

다. 잠재실업은 취업으로 규정되지만 잠재적 실업은 비경제활동으로 분류
된다.

　　잠재적 실업자란 직장을 구할 의사나 능력은 있지만 경제위기나 경기침
체로 직장을 구하기가 어렵다고 보고 구직활동을 아예 포기한 사람으로서
구직포기자 또는 구직단념자를 말한다. 이러한 이유로 잠재적 실업을 '실
망실업'이라고도 한다. 잠재적 실업자는 현실적으로는 실업자이지만 실업
자로 분류되기 위해서는 적극적인 구직활동을 해야 하는데, 바로 이 구직
활동을 하지 않기 때문에 실업자로 분류되지 않는다. 대신 이들은 비경제
활동인구로 분류되어 실업자통계에서 제외되고 따라서 실업률을 낮게 나
타나도록 한다.

2. 비정규직

　　현재 한국에서 불완전취업과 '사이좋게' 함께 증가하고 있는 고용형태
가 바로 비정규직(계약직, 임시직)이다. 비정규직 노동의 개념은 일반적으
로 통상적인 고용관계를 갖는 노동과 대칭되는 개념으로 사용된다. 따라
서 일반적으로,
　　① 고용계약기간이 단기이고 계약갱신(연장)의 보장이 없는 경우,
　　② 통상 노동자에 비해 노동시간이 짧은 경우,
　　③ 사용자의 지배 하에 사용자가 운영하는 작업장에서 사용자로부터 임
금을 받는 조건으로 노동을 제공하지 않는 자가 비정규직 노동자로 규정
된다.
　　이러한 규정으로,
　　① 에는 임시(temporary)노동자와 일용(daily)노동자가,

<표 3-1> 종사상 지위별 취업자

	정규직	비정규직	합계
1998	6,534,000(53.1)	5,762,000(46.9)	12,296,000(100.0)
1999	6,135,000(48.4)	6,529,000(51.6)	12,663,000(100.0)
2000	6,395,000(47.9)	6,965,000(52.1)	13,360,000(100.0)
2001	6,714,000(49.2)	6,944,000(50.8)	13,659,000(100.0)
2002	6,862,000(48.4)	7,319,000(51.6)	14,181,000(100.0)
2003	7,269,000(50.5)	7,134,000(49.5)	14,402,000(100.0)

* 단위 : 명, %
* 자료출처 : 통계청, http://www.nso.go.kr
* 주 : 2003년 수치는 2003년 9월 현재의 수치임.

② 에는 단시간(part-time)노동자,

③ 에는 파견(temporary-help agency)노동자가 해당된다(채구묵, 2002, 146쪽).

이 규정에 따르면 불완전취업과 비정규직은 서로 중복되어 나타난다. 통계청에서 발표한 자료를 토대로 임금노동자 중에서 정규직(상용)노동자와 비정규직(임시 및 일용)노동자의 비율을 보면 위와 같다.

위의 표를 설명하기 전에 말해둘 것이 있다. 취업자 수와 관련된 통계의 문제다. 통계청의 자료에는 『경제활동인구월보』와 『경제활동인구연보』사이에 차이가 보인다. 또한 이 자료와 통계청 홈페이지에 보이는 자료 사이에도 차이가 보인다. 그뿐만이 아니다. 현재 구한 자료를 나중에 다시 검색할 경우에도 이전에 보던 것과 다른 수치가 적혀 있는 경우가 적지 않다. 이에 대해 통계청은 2003년 1월에, 2000년 인구주택총조사 결과를 토대로 작성된 추계인구의 변경과 연령계층별 승수의 적용으로 1991년 1월부터 2002년 12월의 자료를 변경했다고 밝혔다. 따라서 우리도 이에 따라 취업자 수와 실업률을 통계청의 새로운 자료에 따라 변경했다. 이는 아래의 모든 취업종사자에 똑같이 해당하는 말이다.[2]

비정규직에서 특징적인 현상은 비정규직이 1990년대 후반부터 급격히 증가하고 있다는 사실이다. 비정규직 노동자수는 IMF 외환위기를 겪은 1997년부터 급격한 증가추세를 보이기 시작한다. 그리고 1999년에 처음으로 정규직과 비정규직간의 역전현상이 발생하여 비정규직 노동자의 비율이 절반인 50퍼센트를 넘어섰다. 2000년의 비정규직 노동자의 비율 52.1퍼센트는 1993년의 41.1퍼센트(4,911,000명)에 비해 무려 11퍼센트(2,054,000명)나 증가한 수치다. 이러한 증가경향은 노동의 수량적 유연화(정리해고 등)로 앞으로도 계속될 것으로 보인다.

하지만 이는 어디까지나 임시직과 일용직만을 비정규직으로 집계하는 통계청의 공식 발표일 뿐이다. 위에서 본 채구묵의 경제활동인구 분석에 따르면 2000년 기준으로,

①의 임시·일용직은 총 취업자 수 약 2,100만 명 중에서 약 690만 명으로 32.7퍼센트를 차지하며,

②의 단시간 노동자의 경우, 약 200만 명으로 9.8퍼센트를 점하고,

③의 파견직에는 공식·비공식 파견노동자와 합법적·탈법적 파견노동자수(파견근로, 용역근로, 호출근로, 독립도급근로)를 모두 합한 약 183만 명에,

무급가족종사자 192만 명을 더하면,

비정규직으로 분류될 수 있는 범주의 취업자는 총 1,270여만 명으로, 총 취업자의 약 60.3퍼센트에 이른다.[3]

---

2. 이런 이유로 앞의 실업률도 이전의 자료를 통계청 홈페이지에서 확인하는 과정에서 최신의 자료로 다시 수정했다. 여기에 내놓은 자료의 정확성이 나중에 오류로 판명될 수도 있다. 이는 나의 오류라기보다 통계청이 수치를 수정하기 때문이다.
3. 채구묵, 2002, 148~51 쪽에서 계산.

　결론적으로, 정규직은 '비정규적' 현상이 되고 오히려 비정규직이 사회의 '정규적' 현상으로 변화하고 있다.[4]

　이러한 분석과 위의 〈표 3-1〉은 어느 정도 모순된다. 그 표를 보면, 2000년을 기점으로 정점에 달했던 비정규직의 비율이 그 이후 계속 감소하기 때문이다. 2002년에는 아직 전체 임금노동자의 절반을 넘었으나(51.6 %), 2003년부터는 절반 아래로 떨어져 뚜렷한 감소추세를 보이고 있다. IMF 위기를 전후한 비정규직의 급격한 증가현상이 통계청의 분석대로 앞으로 계속 감소할 것인지, 아니면 노동전문가들의 분석대로 60퍼센트까지 또는 그 이상으로 상승할 것인지, 현재로서는 말하기 어렵다. 하지만 통계청의 수치가 현실과 한참 거리가 먼 것만은 틀림없다. 거리에는 비정규직이 흘러넘치고 있기 때문이다.

---

4. 비정규직에 대한 더욱 포괄적이고 자세한 논의는 민주노총, 2001a 참조.

2

실업과 자본

제4장 자본과 가변자본

제5장 중소기업의 가변자본

제6장 가변자본과 재무회계

제7장 대기업의 가변자본

제8장 한국사회의 가변자본

제9장 실업률 증가경향의 법칙

　1부에서는 취업난의 실상을 토대로 취업과 실업의 개념을 살펴보았다. 또한 이를 국제기준 및 선진국의 기준과 비교해 보았다.

　취업난은 말 그대로 취업이 어려운 상황을 말한다. 그런데 앞에서 본 것처럼, 그 이유로 대부분 기업의 (신규)고용의 축소, 경력자 우선 채용, 고용 불안정, 특히 IMF 경제위기 이후 불어닥친 경기불황, 기업의 구조조정과 그에 따른 정리해고(명예퇴직), '세계화'된 국제 시장환경에 적응하기 위한 노동의 유연화 등을 들고 있다.[1] IMF 이듬해 실업문제를 다룬 장상환도 이와 크게 다르지 않다.[2]

　우리는 이러한 것들이 취업난의 근본적 원인이 아니라고 본다. 이것은 취업난을 보여주는 사회적 현상일 뿐이다. 취업난의 근본적 원인은 현상의 차원에서 찾기 어렵다. 좀더 근본적이고 본질적인 차원에서 문제의 원인을 찾아야 한다. 취업난의 원인은 다른 곳에 있다.

　고용에 대해서는 임금을 지불해야 한다. 고용을 통해 취업자에게 임금을 지불하는 건 (크든 작든) 자본뿐이다. 따라서 고용감소와 취업난은 기업이 노동자에게 지불해야 하는 임금과 관련해서 설명해야 한다. 우리는 사회의 총 자본 중에서 임금으로 지불하는 자본 부분의 상대적 감소가 결국 취업난의 근본적 원인이라고 본다.

1. 실업이 아예 '노동자가 선택한 합리적 행위'라는 주류경제학의 입장에 대한 간략하면서도 흥미 있는 최근의 비판으로는 코르도니에 2001 참조.

2. 장상환(1998)은 실업의 원인으로 정부의 신자유주의적 경제정책, 고용유지 방안의 부재, 일자리 창출의 부진을 들고 있다. 고용유지 방안이 없어서 그리고 일자리를 창출하지 못해서 실업이 발생하며 증가한다는 설명은 거의 '동어반복' 수준이다. 논문의 성격상 어쩔 수 없겠지만, 정부의 실업대책에 관해서만 다루고, 실업을 '창출'하는 기업에 관해서는 거의 다루지 않았다는 점도 아쉬움으로 남는다.

제4장 자본과 가변자본

쉽게 설명하면, 자본은 돈이면서 동시에 돈 이상인 것이다. 즉 자본≧돈
이다. 자본은 가능한 한 많은 이윤을 내기 위해 투자하는 돈, '돈 낳는 돈'
이다. 자본의 존재근거와 목적은 이윤을, 가급적 많은 이윤을 창출하는 데
있다.

1. 자본의 개념과 분류

좀더 정확히 정의하면, 자본은 스스로 그리고 자체적으로 증식하는 가
치다(맑스, 1991, 394 쪽). 자본은 가변자본과 불변자본으로 구분할 수 있
고, 불변자본은 다시 고정자본과 유동자본으로 분류할 수 있다.

이윤을 창출할 목적으로 건물, 재료, 원료, 노구 등과 같은 생산수단을
구입하는 데 투입된 자본 부분은 상품 생산에서 그 자본의 가치가 변하지

않고(불변) 생산물로 이전하기만 한다. 따라서 이러한 자본 부분을 불변자본(constant capital)이라고 한다. 불변자본 중에서 상품을 생산하는 데 비교적 장기간 보유되면서 그 가치가 생산물로 점차적으로 이전되는(감가상각) 자본 부분을 고정자본(fixed capital)이라고 한다. 원료나 재료는 한번의 생산과정으로 모든 가치가 생산물로 이전되는데, 이러한 부분에 투입되는 자본을 유동자본(circulating capital)이라고 한다.

자본 중에서 종업원(노동자)의 임금을 지급하는 데, 즉 노동력을 구입하는 데 투입된 자본 부분은 생산과정에서 그 가치가 변화한다. 그 부분은 노동력의 등가물인 임금뿐만 아니라 그 이상의 초과부분을 생산하고 재생산한다. 이 부분에 투입된 자본은 가변적 크기가 된다. 이러한 의미에서 노동력의 구입에 투입된 자본 부분을 가변자본(variable capital)이라고 한다(맑스, 1991, 265 쪽).

물질과 재료의 측면에서 보면, 가변자본을 구성하는 것은 노동력이고 불변자본을 구성하는 것은 생산수단이다. 생산수단은 불변자본의 물질형태이고(맑스, 1991, 272 쪽), 노동력은 살아 있는 인간의 육체에 붙어 존재하면서 노동자가 상품을 생산할 때마다 운동시키는 인간의 정신적이고 육체적인 능력의 총체를 말한다(맑스, 1991, 211 쪽). 그리고 이 노동력을 사용하는 것이 흔히 근로라고 (잘못) 불리고 있는 노동이다(맑스, 1991, 225 쪽).

취업은 노동력의 판매가 실현된 상태를 말한다. 노동력은 시장에서 무수하게 볼 수 있는 다른 모든 상품과 마찬가지로 사고파는, 그리고 사고팔 수 있고 사고팔려야 하는 상품이다. 따라서 임금은 노동력이라는 상품의 가격이다. 노동력은 다른 상품과 달리 대개 늘 제값을 못 받는 상품이다. 사람들이 끊임없이 지식과 기술, 실력을 기르는 것은 대개 자신의 노동력에 대한 상품 값을 제대로 받으려는, 또는 가급적 높게 받으려는 몸부림이다. 노동력을 좀더 비싸게 팔고 싶은 의지의 결과이며, 좀더 비싸게 팔리고 싶은 희망의 표현이다.

노동력이라는 상품은 하루 24시간 내내 일하지 않는다. 하루 중에서 일정한 시간만 노동한다. 나머지 시간에는 집에서 쉰다. 즉 노동력은 자본에게 '시간제'로 팔린다. 하루 8시간 또는 하루 4시간 하는 식으로 말이다. 하루 24시간 내내 팔리고 팔려 있는 노동력은, 그리고 이런 상태가 지속되는 노동력은 사고파는 상품이 아니다. 바로 노예다. 이런 시각에서 보면, 취업자는 '시간제 노예'다.

노동력이 상품이라는 건 객관적인 사실이다. 그런데 취업난은 이를 인간이 주관적으로도 내면화하도록 강요하기 시작했다. 이렇게 되니, 이제 노동력을 넘어서 인간이 그 자체로서 상품화되기 시작했다. 그리고 그 사실이 인간의 의식 깊은 곳까지 침투해 들어가고 있다. '이 세상 최고의 브랜드는 당신'이라는 어느 기업의 광고에서 나는 인간의 노동력이 아니라 인간이 바로 인간 그 자체로서 상품이라는, 21세기 세계화 시대 자본주의의 집약적 표현을 발견한다.[1] 21세기에는 '나는 판다. 고로 존재한다.'는 시대가 되었다.

'여자는 피부가 예쁜 것도 경쟁력'이라는 광고는 인간이 인간 자체로서 상품이 되었음을, 그리고 자본이 인간에게 그러한 가치관을 무차별적으로 침투시키고 있음을, 그래서 인간이 이제는 스스로 그리고 자발적으로 그렇게 생각하고 그러한 가치를 내면화하고 내면화했음을, 내면화하지 않을

---

1. 이제는 대학이 이 광고를 흉내 내기 시작했다. 2003년 겨울 대학의 신입생 모집기간에 어느 대학이 자기 대학을 '나의 브랜드 발전소'라고 광고한 것이다.

* 한겨레, 2003.11.19」

수 없음을 보여주고 있다. 자본과 싸움에서 인간은 패배했고, 인간은 상품과 동의어가 되었다. 결과는? 이제 누가 요구하지 않아도, 자신을 팔기 위해 그리고 팔리기 위해 최선을 다해 성의를 보인다. 그 성의에는 취업에 필요한 '단정한 용모'와 '깨끗한 인상'도 포함된다. 단정한 용모에 '예쁘다'는 개념이 들어가지 말라는 법이 없다. 현재 한국에서는 기형적으로 많은 여성들이 성형수술을 한다. 성형수술의 후유증으로 죽거나 수술결과가 맘에 들지 않아 자살한다. 성형외과를 찾는 여성들이 급증하면서 〈뉴스위크〉지는 한국을 '성형공화국'이라고 꼬집었다고 한다(YTN뉴스, 2002.4.1). 한국의 긴 '공화국' 시리즈에 하나가 더 추가되었다. 취업난이 자본에 대한 '자발적 노예'까지 만들어내고 있는 판이다.

2. 자본의 유기적 구성

우리가 뒤늦게 다시(?) 맑스의 이론에 따라 자본을 가변자본과 불변자본으로 구분해서 살펴보는 것은 앞에서 제기한 주장과 밀접한 관련이 있기 때문이다. 그것은 총 자본에서 임금으로 지불하는 자본 부분의 상대적 감소가 실업의 근본적 원인이라는 주장이다. 그 주장을 증명하기 위해 총 자본에서 가변자본과 불변자본의 비율을 알아보겠다.

이 비율을 물질과 소재의 측면에서 말하면 노동력과 생산수단의 비율, 정확히 말해 노동력의 양과 생산수단의 양의 비율이다. 이를 '자본의 기술적 구성'이라고 한다.[2] 가치의 측면에서 볼 때, 노동력과 생산수단은 곧 가변자본과 불변자본으로 표현된다. 이 가변자본 대 불변자본의 비율, 정확히 말해 노동력의 가치 대 생산수단의 가치의 비율을 '자본의 가치구성'이라고 한다. 자본의 기술적 구성과 자본의 가치구성은 긴밀한 상호관계를 갖는다. 이 관계는 자본의 유기적 구성이라는 개념으로 표현된다. 자본의 가치구성이 자본의 기술적 구성에 의해 결정되고 또 자본의 기술적 구성의 변화를 그대로 반영하는 경우에 이를 '자본의 유기적 구성'이라고 한다(맑스, 1991, 774~5쪽). 그리고 총 자본에서 가변자본의 비율이 불변자본의 비율에 비해 상대적으로 감소하는 경향, 불변자본의 비율이 가변자본의 비율에 비해 상대적으로 증가하는 경향을 '자본의 유기적 구성이 고도화된다.'고 표현한다.[3] 아래는 지금까지 설명한 것을 쉽게 그림으로 나타낸 것이다.

〈그림 4-1〉 자본의 분류와 구성

```
                          자 본
                 ↙                  ↘
        가변자본                 불변자본
                               ↙          ↘
                          고정자본      유동자본

        가변자본      대      불변자본          자본의 가치구성
        노동력        대      생산수단          자본의 기술적 구성
```

---

2. 여기에서 '구성'이라는 표현이 어렵다고 생각하면 구성을 그냥 비율이라고 생각해도 괜찮다.
＊3. 앞으로 달리 표현하지 않고 그냥 자본의 구성 또는 자본구성이라고 줄여서 표현할 경우에, 그것은 바로 자본의 유기적 구성을 가리키는 개념으로 사용한다.

임금으로 지불하는 돈은 총 자본에서 나오는 것도, 불변자본에서 나오는 것도 아니다. 그것은 오로지 가변자본에서 나온다. 위의 개념정의상 달리는 불가능하다.

이러한 개념정의를 토대로 하는 우리의 가설은 다음과 같다. 기업이나 사회가 기계화나 자동화, 효율화나 합리화를 진행하는 정도, 설비투자를 진척시키는 정도, 그리고 산업발전과 경제성장을 이루는 정도에 비례해 일반적으로 자본의 유기적 구성은 고도화된다. 그에 따라 임금으로 지출되는 가변자본 부분은 총 자본에서 상대적으로 감소한다. 자본구성의 고도화는 간접적으로 그리고 장기적으로 (인플레나 노동생산성과 비교한) 실질임금의 감소나 정체, 종업원 수의 절대적 감소나(구조조정과 정리해고) 상대적 감소(정규직의 비정규직화), 따라서 실업의 증가를 의미할 수 있으며, 그렇지 않을 경우라도 직접적으로 노동시간의 증가나 노동강도의 강화로 나타날 수 있다.

자본구성과 실업의 상관관계를 분석하여 자본구성의 변동을 고용의 변화 및 실업의 증가와 관련지어 살펴보는 것이 가변자본과 자본구성의 개념을 도입한 이유다.

제5장 중소기업의 가변자본

이제부터 위에서 설명한 개념을 수량적으로 분석해보도록 하겠다. 중소기업이라고 했지만, 아래에서는 내가 2001년 5월에 직접 조사한 수도권 지역의 한 음식점을 예로 들겠다. 음식점을 든 것은, 그것이 우리 주변에서 가장 흔하게 볼 수 있는 예이기 때문이다.

1. 중소기업의 자본과 자본구성

이 음식점을 운영하는 소자본가는 보증금 3,000만 원에 월세 120만 원인 가게를 2년 계약으로 임차하였다. 월세 120만 원을 (당시) 2부 사채이자로 보고 전세로 환산하면 6,000만 원이 된다. 여기에 보증금 3,000만 원을 합하면 그 가게는 9,000만 원짜리 전세가 된다. 이 전세를 보증금 없는 월세로 간주하면, 즉 2년 계약의 가게에 매월 지불해야 하는 임대료는 180

만 원이 된다. 그 외에 인테리어, 주방시설, 냉장고, 그릇 등도 필요한데 편의상 이 시설이 10년의 수명을 갖고 있고 감가상각 금액이 매월 20만 원이라고 가정하겠다. 즉 이 시설의 가치가 매월 20만 원씩 음식물로 이전된다는 말이고, 초기 시설 투자비용이 2,400만 원이라는(20만 원×12개월×10년) 말이다. 이렇게 가정하면 음식점을 운영하는 데 월 평균 200만 원의 고정자본이 필요하다.

손님에게 음식을 제공하기 위해 필요한 원료와 재료, 물과 전기의 양과 크기는 손님에게 제공하는 음식의 양에 따라 늘거나 줄게 된다. 이 음식점은 이를 위한 비용으로 월 평균 700만 원을 지출하고 있다. 즉 이 자본가는 월 평균 700만 원의 유동자본이 필요하다.

또한 이 자본가는 음식물을 생산하기 위하여 주방장 한 명, 주방보조 한 명, 서빙 직원 한 명, 아르바이트 종업원 한 명을 고용하고 있다. 계산대(카운터)는 주인과 서빙 직원이 시간에 따라 불규칙적으로 교대로 맡고 있으며, 주방보조와 서빙 직원은 경우에 따라 모두 주방 일을 도와주기도 하고 모두 서빙 일을 하기도 한다. 자본가는 총 4명에 대한 임금(인건비)으로 월 평균 600만 원을 지출하고 있다. 즉 음식점을 경영하기 위하여 월 평균 600만 원의 가변자본을 투자하고 있다.

이 음식점의 예를 가지고 위에서 배운 자본의 구성을 응용해 보도록 하겠다. 노동력의 구입에 투자된 자본 부분이 600만 원, 집세(200만 원)와 재료비(700만 원) 등 생산수단의 구입에 투입된 자본 부분이 900만 원이니, 월 평균 자본의 유기적 구성은 600만 원 대 900만 원으로 6대 9, 즉 2대 3의 비율이 된다. 다시 말해 이 자본가는 총 자본을 가변자본 둘에 불변자본 셋의 비율로 투자하고 있다. 자본의 유기적 구성을 백분율로 표현하면 40대 60이 된다. 총 자본을 100이라고 가정할 때 가변자본에 40, 불변자본

<그림 5-1> 소기업의 자본구성

		1,500만원	
600만원	대	900만원	
6/15	대	9/15	
2	대	3	자본의 유기적 구성
40	대	60	백분율
100	대	150	가변자본을 100으로 볼 때
67	대	100	불변자본을 100으로 볼 때

에 60만큼 투자하는 것이다. 이는 가변자본을 100으로 보았을 때 불변자본이 150임을 말하고, 불변자본을 100으로 보았을 때 가변자본은 67임을 의미한다. 이를 그림으로 나타내면 위와 같다.

2. 가변자본의 증가와 감소

이 소기업(음식점)의 가변자본의 비율은 비교적 높은 수준이다. 이러한 자본구성은 자본과 기업의 규모가 작다는 것을 의미하기도 한다. 이러한 규모의 기업의 경우, 자본가는 총 자본에서 직원을 고용해야 할 필요성과 가능성, 즉 직원에 대한 기업의 의존도가 40퍼센트다.

여기서 이 음식점의 규모가 열 배로 확대되었을 경우에 몇 가지 변화의 경우의 수가 생긴다. 가변자본의 비율이 불변, 증가, 감소하는 세 가지 경우의 수를 가정할 수 있다.

첫째, 가변자본의 비율이 불변이라면 자본구성도 불변인데 음식점의 전체 규모만 열 배로 증가하였다. 그렇다면 월 평균 가변자본에는 6,000만 원, 불변자본에는 9,000만 원을 투자해야 한다. 종업원 수는 처음에 4명이었으니 이제 40명이 되어야 한다. 종업원 수가 꼭 열 배로 증가하지 않더라도 다른 조건이 불변이고 총 자본만 열 배 증가했으니, 가변자본도 열 배 증가하며 따라서 임금으로 투자되어야 하는 자본 부분도 열 배 증가해야 한다. 즉 종업원의 임금이 상승할 경우에는 40명까지 취업하지 않을 수도 있다. 어쨌든 이런 경우에는 자본의 규모가 확대되는 비율만큼(10배) 고용의 기회가 확대되거나 아니면 임금이 상승할 것이다.

둘째, 가변자본의 비율이 증가하는 경우가 있다. 이 경우는 총 자본이 열 배 증가하는 속도보다 임금에 투자되는 자본 부분이 더 빨리 그리고 더 많이 증가하고, 종업원을 더 많이 고용하거나 임금이 급격히 상승하는 경우다. 이런 경우 자본의 유기적 구성은 낮아지게 된다. 이러한 예는 지금까지 기계가 하던 일을 사람이 대신할 때 가능한 경우로서, 노동생산성의 퇴보를 의미한다. 일반적으로 볼 수 없는 경우다.

셋째, 가변자본의 비율이 감소하는 경우가 있다. 가변자본의 비율이 감소하면 총 자본이 열 배로 증가했다고 해서 가변자본에 6,000만 원, 불변자본에 9,000만 원을 투자하지 않아도 된다. 예를 들면 가변자본에 5,000만 원, 불변자본에 1억 원을 투자하는 경우를 생각할 수 있다. 이 경우 자본의 구성은 2대 3에서 1대 2의 비율로 변화한다. 백분비로 표현하면 가변자본의 비율이 40퍼센트에서 33퍼센트로 감소하였다. 임금으로 투자되는 자본 부분이 총 자본의 증가에 따라 절대적으로는 증가하지만(600만 원에서 5,000만 원으로) 총 자본에서 차지하는 비율은 상대적으로 감소하였다(40 %에서 33 %로). 이는 음식점의 규모가 확대되면서 종업원 수가 증가하거나 임금이 상승하지만 그것이 설비투자만큼 증가하지 않는 경우다.

예를 들면 더 큰 냉장고를 구입한다든지, 더 많은 식탁과 의자, 재료를 구입하는 경우다. 또는 이 음식점을 더 큰 규모의 건물로 이전할 수도 있다. 취업하려는 사람들의 입장에서 생각해보면, 이 경우에도 자본의 규모가 확대됨에 따라 고용의 기회가 절대적으로는 증가하지만 총 자본이 증가하는 비율만큼 증가하지는 않는다. 그리고 이것이 기업규모의 확대에 따른 일반적인 경향이다.

이 음식점의 가변자본과 자본구성의 변동에 대한 분석을 통해 다음과 같은 일반화가 가능하다. 기업의 규모가 확대됨에 따라 설비투자와 경영의 합리화가 진행되면, 그 속도만큼 가변자본이 총 자본에서 차지하는 상대적 비율은 지속적으로 감소하며 자본의 유기적 구성은 고도화된다. 이 경우에 총 자본의 규모가 증가하는 만큼 가변자본의 비율이 증가하는 것이 아니기 때문에, 기업은 총 자본의 증가만큼 새로운 고용을 창출할 수 없다. 따라서 실업은 자본구성이 고도화되는 정도에 (정비례하지는 않을지라도) 비례하여 증가하는 경향을 갖는다. 급격히 또는 정상적으로(?) 증가하지 않을지라도, 실업률은 서서히 증가한다.

제6장 가변자본과 재무회계

　　길거리에서 무수히 보게 되는 음식점 중에서 한 음식점의 가변자본을 파악하여 자본의 유기적 구성을 알아내는 것은 위에서 보듯이 그다지 어렵지 않다. 종업원 수도 적고 종업원에게 지불되는 임금도 비교적 간단하게 알아낼 수 있기 때문이다. 그렇다면 이와 달리 재벌이라고 불리는 대기업의 경우는 가변자본이 어느 정도나 될까?

　　대기업의 경우 총 투하 자본 중에서 가변자본을 알아내는 것은 한 음식점의 가변자본을 파악하는 것보다 훨씬 어렵다. 따라서 대기업의 자본구성을 알아내는 것도 매우 어렵다. 대기업은 종업원 수도 많고 재무제표에도 가변자본이 곧바로 드러나지 않기 때문이다. 대기업의 가변자본을 알아내기 위해서는 기업의 재무회계를 분석하는 절차를 거쳐야 한다.

　　재무회계의 중심에 재무제표가 있고, 이 재무제표를 보면 기업의 자산 및 재무상태와 경영 및 영업활동을 종합적으로 파악할 수 있다. 대기업의 경우에는 공개된 자료를 통해서 가변자본을 파악해야 하는데, 공개된 자료의 한가운데에 바로 재무제표가 자리 잡고 있다.

1. 재무제표

현재 우리나라 '주식회사의 외부감사에 관한 법률'(외감법) 제2조(외부감사의 대상)는 대기업뿐만 아니라 "직전 사업연도 말의 자산총액이 대통령령이 정하는 기준액 이상인 주식회사는 재무제표를 작성하여 감사인에 의한 회계감사를 받아야 한다."고 규정하고 있다.[1] 그리고 1998년 1월 8일에 개정된 외감법 제13조는 회계처리의 기준에 대해 언급하고 있다. 외감법 제13조의 규정에 의하면, 이 법의 적용을 받는 회사의 회계와 감사인의 감사에 통일성과 객관성을 부여하기 위하여 회계처리 및 보고에 관한 기준을 정할 목적으로 마련된 것이 바로 '기업회계기준'이다. 기업회계기준에서 재무제표에 관한 조항을 보면 아래와 같다.[2]

제5조(재무제표 및 부속명세서)
① 재무제표는 대차대조표, 손익계산서, 이익잉여금처분계산서(또는 결손금처리계산서), 현금흐름표, 주기와 주석으로 한다.
② 재무제표는 당해 회계연도분과 직전 회계연도분을 비교하는 형식으로 작성하여야 한다.
③ 재무제표의 양식은 보고식을 원칙으로 하여 표준식 또는 요약식으로 작성한다. 다만, 대차대조표는 계정식으로 할 수 있다.

---

1. 외감법은 1980년 12월 31일에 제정(법률 제3297호)되었고 2001년 3월 28일에 최종 개정(법률 제6427호)되었다. 또한 제2조는 1983년, 1989년, 1993년, 1998년에 걸쳐 네 차례나 개정되었다.
2. 기업회계기준은 금융감독위원회, http://www.fsc.go.kr/laws/main.asp 참조.

④ 잉여금명세서·제조원가명세서 기타 필요한 명세서는 부속명세서로 작성
하여야 한다.

대기업의 가변자본을 파악하기 위해서는, 이 규정에 의해 작성된 몇 개
의 재무제표가 필요하다. 지금부터 그 재무제표를 분석한다.

2. 대차대조표

재무제표를 통해서 기업의 가변자본을 분석하여 가변자본과 불변자본
을 분리해내기 위하여 먼저 대차대조표를 살펴본다. '기업회계기준'의 제2
장 대차대조표를 제10조에서 제33조까지 모두 살펴보는 것은 비경제적이
므로 기업회계기준의 별지서식을 통해 설명한다. 대차대조표의 경우에는
계정식이 보고식보다 기업의 재무상태를 더 일목요연하게 파악할 수 있다.
따라서 아래에서는 표준식인 계정식 대차대조표를 살펴본다.

다음의 〈표 6-1〉 대차대조표를 보면 알 수 있듯이 '자산 = 부채 + 자
본'으로 정의된다. 각 과목별로 구체적으로 분석하기 전에 가장 먼저 문제
가 되는 것이 있다. 바로 자본개념이다. 여기서 유의해야 할 것은 대차대
조표상에 나타나는 자본은 '회계'상의 자본이라는 점이다. 회계학에서는
회계상의 자본을 "소유주 지분(owner's equity)"(권성수·김영준, 2000, 963
쪽)이라고 표현하거나, "수익의 원천으로서의 가치"(선병완·김연수, 1996,
156 쪽)로 규정한다. "기업의 개별자산이나 부채는 독립적으로 정의되고
측정될 수 있는 반면, 자본은 자산과 부채를 통하여 정의되고 측정된다. 자
본은 자산과 부채의 차이로 정의되고, 자본의 금액은 자산과 부채를 측정
한 결과로써 측정되기 때문이다"(권성수·김영준, 2000, 963 쪽). 회계상의

〈표 6-1〉 대차대조표 서식 ①

과 목	제×(당)기		재×(전)기		과 목	제×(당)기		재×(전)기	
	금	액	금	액		금	액	금	액
자 산					부 채				
I. 유 동 자 산		×××		×××	I. 유 동 부 채		×××		×××
(1) 당 좌 자 산					1. 매 입 채 무				
1. 현금및현금등가물					2. 단 기 차 입 금				
2. 단기금융상품					3. 미 지 급 법 인 세				
3. 유 가 증 권					4. 미 지 급 배 당 금				
4. 매 출 채 권					5. 유동성장기부채				
대 손 충 당 금					6. × × 충 당 금				
5. 단 기 대 여 금					7.				
대 손 충 당 금									
6.					II. 고 정 부 채		×××		×××
(2) 재 고 자 산					1. 사 채				
1. 상 품					사 채 발 행 차 금				
2. 제 품					2. 장 기 차 입 금				
3. 반 제 품					3. 장기성매입채무				
4. 재 공 품					현재가치할인차금				
5. 원 재 료					4. × × 충 당 금				
6. 저 장 품					5. 이 연 법 인 세 대				
7.					6.				
II. 고 정 자 산		×××		×××					
(1) 투 자 자 산					부 채 총 계		×××		×××
1. 장 기 금 융 상 품									
2. 투 자 유 가 증 권					자 본				
3. 장 기 대 여 금					I. 자 본 금		×××		×××
대 손 충 당 금					1. 보 통 주 자 본 금				
4. 장기성매출채권					2. 우 선 주 자 본 금				
현재가치할인차금									
대 손 충 당 금					II. 자 본 잉 여 금		×××		×××
5. 투 자 부 동 산					1. 주식발행초과금				
6. 보 증 금					2. 감 자 차 익				
7. 이 연 법 인 세 차					3. 기타자본잉여금				
8.									

* 단위 : 원

〈표 6-1〉 대차대조표 서식 ②

과 목	제×(당)기 금 액		재×(전)기 금 액		과 목	제×(당)기 금 액		재×(전)기 금 액	
(2) 유 형 자 산					Ⅲ. 이 익 잉 여 금	×××		×××	
1. 토 지					(또 는 결 손 금)				
2. 건 물					1. 이 익 준 비 금				
감가상각누계액					2. 기업합리화적립금				
3. 구 축 물					3. 재무구조개선적립 금				
감가상각누계액					4. × × 적 립 금				
4. 기 계 장 치					5. 차기이월이익잉여금				
감가상각누계액					(또는차기이월결손금)				
5. 선 박					(당기순이익또는당기순손실)				
감가상각누계액									
6. 차 량 운 반 구									
감가상각누계액					Ⅳ. 자 본 조 정	×××		×××	
7. 건 설 중 인 자 산					1. 주식할인발행차금				
8.					2. 배 당 건 설 이 자				
(3) 무 형 자 산					3. 자 기 주 식				
1. 영 업 권					4. 미교부주식배당금				
2. 산 업 재 산 권					5. 투자유가증권평가이익				
3. 광 업 권					(또는투자유가증권평가손실)				
4. 어 업 권					6. 해외사업환산대				
5. 차 지 권					(또는해외사업환산차)				
6. 창 업 비					7.				
7. 개 발 비									
8.									
					자 본 총 계	×××		×××	
자 산 총 계	××××		×××		부 채 외 지 본 총 계	×××		×××	

* 단위 : 원

자본개념은 자본을 '금액'으로 이해하고 있다. 즉 회계상으로는 자본이 돈과 구분조차 되지 않는다. 이렇게 규정된 자본개념은 자본이 노동과 갖는 사회적 관계를 전혀 고려하지 않은 '박제된' 자본이다. 따라서 회계상의 자본개념으로 자본과 임노동간의 관계를 파악하기는 것은 거의 불가능하다. 사회적 관계를 모두 거세하고 좁은 의미로 파악된 자본개념으로는 가변자본을 파악하고 가변자본과 불변자본의 상대적 비율을 밝히는 것 역시 대단히 어렵다.

그러한 어려움을 전제로 하고, 이제부터 대차대조표에서 우리가 구하는 '가변자본' 부분이 어디에 숨어있는지 찾아보도록 하자. 대차대조표상의 자산은 크게 유동자산과 고정자산으로 구분되고, 고정자산은 다시 투자자산, 유형자산 그리고 무형자산으로 분류된다. 그런데 무형자산 중 '7. 개발비'에 가변자본적 성격의 자본이 일부 포함되어 있을 가능성이 있다. 개발비용은 크게 나누어 원재료비, 개발활동에 종사한 사람들에 대한 인건비 소비액, 감가상각비, 위탁용역비, 기타의 경비로 구성되어 있기 때문이다(권성수·김영준, 2000, 690 쪽). 물론 개발비에서 개발활동에 종사한 사람들의 인건비가 얼마인지는 대차대조표만으로는 구체적으로 알 수가 없다.

또한 무형자산 중 '6. 창업비'에는 '발기인의 보수'(기업회계기준 제20조 ⑥) 등이 포함되도록 되어 있다. 그 발기인이 우리가 뜻하는 바의 '자본가'가 아니라면 비록 현실적으로는 '발기인의 보수'가 차지하는 비중이 그리 크지 않으리라고 생각되지만, 이 또한 가변자본에 포함시켜야 한다. 물론 대차대조표상에서 '발기인의 보수'의 금액은 구체적으로 알 길이 없다.

이제 부채항목으로 넘어가 보자. 부채 역시 유동부채와 고정부채로 구분되는데, 고정부채 중 ××충당금은 부채성충당금을 말한다. 부채성충당금에는 퇴직급여충당금, 수선충당금, 판매보증충당금 등이 포함된다(기업회계기준 제26조 ②). 이 중에서 퇴직급여충당금은 회계연도 말에 전 임직원이 일시에 퇴직할 경우 지급하여야 할 퇴직금에 상당하는 금액으로 정한다(기업회계기준 제27조). 그리고 퇴직금은 근로기준법(제34조 1항)에, 계속근로연수 1년에 대하여 30일분 이상의 평균임금을 퇴직금으로서 퇴직하는 근로자에게 지급할 수 있는 제도를 설정하여야 한다는 규정에 의해, 고용주가 지급의무를 갖는다. 근로자에게 지급하는 퇴직금은 당연히 가변자본으로 봐야 하기 때문에, 퇴직금을 지급하기 위한 준비금적 성격인 퇴직급여충당금도 가변자본으로 봐야 한다. 다른 항목과 달리 퇴직급여충당금은 대부분의 기업에서 그 금액이 대차대조표상에 분명하게 표시되어 있어 이를 파악하는 데 어려움이 없다.

마지막으로 대차대조표에서 자본 항목을 보도록 하자. 크게 자본금, 자본잉여금, 이익잉여금, 자본조정으로 세분되는 대차대조표상의 '자본' 항목에는 역설적으로 우리가 찾고 있는 가변자본이 조금도 들어 있지 않다.

3. 손익계산서

한 기업의 가변자본에 해당하는 자본 부분이 발기인의 보수나 개발활동에서 차지하는 인건비 그리고 퇴직금뿐이란 말인가? 가장 중요한 임금 항목이 대차대조표에는 보이지 않는다. 그런데 이 임금 과목은 손익계산서를 보아야만 부분적으로나마 알 수 있다. 이제부터 손익계산서(기업회계기준 제3장 제34조~제54조)에서 가변자본을 찾아보도록 하겠다.

표준식 손익계산서는 일반적으로 다음 〈표 6-2〉와 같은 형태를 갖는다. 복잡하게 보이는 손익계산서는 기본적으로 몇 가지의 더하기와 빼기로 구성되어 있다.

〈표 6-2〉 손익계산서 서식 ①

과 목	제×(당) 기		재×(전) 기	
	금	액	금	액
Ⅰ. 매 출 액		×××		×××
Ⅱ. 매 출 원 가		×××		×××
1. 기 초 상 품 (또 는 제 품) 재 고 액				
2. 당 기 매 입 액				
(또 는 제 품 제 조 원 가)				
3. 기 말 상 품 (또 는 제 품) 재 고 액				
Ⅲ. 매 출 총 이 익		×××		×××
(또 는 매 출 총 손 실)				
Ⅳ. 판 매 비 와 관 리 비		×××		×××
1. 급 여				
2. 퇴 직 급 여				
3. 복 리 후 생 비				
4. 임 차 료				
5. 접 대 비				
6. 감 가 상 각 비				
7. 무 형 자 산 상 각 비				
8. 세 금 과 공 과				
9. 광 고 선 전 비				
10. 연 구 비				
11. 경 상 개 발 비				
12. 대 손 상 각 비				
13.				
Ⅴ. 영 업 이 익		×××		×××
(또 는 영 업 손 실)				
Ⅵ. 영 업 외 수 익		×××		×××
1. 이 자 수 익				
2. 배 당 금 수 익				
3. 임 대 료				
4. 유 가 증 권 처 분 이 익				
5. 유 가 증 권 평 가 이 익				
6. 외 환 차 익				
7. 외 화 환 산 이 익				
8. 지 분 법 평 가 이 익				
9. 투 자 유 가 증 권 감 액 손 실 환 입				
10. 투 자 자 산 처 분 이 익				
11. 유 형 자 산 처 분 이 익				
12. 사 채 상 환 이 익				
13 법 인 세 환 급 액				
14.				

* 단위 : 원

<표 6-2> 손익계산서 서식 ②

과　　　　　　　목	제 × (당) 기		재 × (전) 기	
	금	액	금	액
Ⅶ. 영 업 외 비 용 　1. 이 자 비 용 　2. 기 타 의 대 손 상 각 비 　3. 유 가 증 권 처 분 손 실 　4. 유 가 증 권 평 가 손 실 　5. 재 고 자 산 평 가 손 실 　6. 외 환 차 손 　7. 외 환 환 산 손 실 　8. 기 부 금 　9. 지 분 법 평 가 손 실 　10. 투 자 유 가 증 권 감 액 손 실 　11. 투 자 자 산 처 분 손 실 　12. 유 형 자 산 처 분 손 실 　13. 사 채 상 환 손 실 　14. 법 인 세 추 납 액 　15. …………………………………		× × ×		× × ×
Ⅷ. 경 상 이 익 　(또 는 경 상 손 실)		× × ×		× × ×
Ⅸ. 특 별 이 익 　1. 자 산 수 증 이 익 　2. 채 무 면 제 이 익 　3. 보 험 차 익 　4. …………………………………		× × ×		× × ×
Ⅹ. 특 별 손 실 　1. 재 해 손 실 　2. …………………………………		× × ×		× × ×
Ⅺ. 법 인 세 비 용 차 감 전 순 이 익 　(또 는 법 인 세 비 용 차 감 전 순 손 실)		× × ×		× × ×
Ⅻ. 법 인 세 비 용		× × ×		× × ×
ⅩⅢ. 당 기 순 이 익 　(또 는 당 기 순 손 실) 　(주 당 경 상 이 익 : ×××원) 　(주 당 순 이 익 : ×××원)		× × ×		× × ×

* 단위 : 원

위의 복잡한 형태를 기본적인 항목들로 정리해서,

I 매출액 − II 매출원가 = III 매출총이익
III 매출총이익 − IV 판매비와관리비 = V 영업이익
V 영업이익 + VI 영업외수익 − VII 영업외비용 = VIII 경상이익
VIII 경상이익 + IX 특별이익 − X 특별손실 = XI 법인세비용차감전순이익
XI 법인세비용차감전순이익 − XII 법인세비용 = XIII 당기순이익

으로 보면 손익계산서가 간단하게 보일 것이다.

가변자본을 찾고 있는 우리에게 관심을 끄는 항목은 일단 손익계산서상의 IV. 판매비와관리비다.[3] 여기서 '1. 급여'는 의심할 여지없이 가변자본에 속한다고 할 수 있다. 기업회계기준(제43조)은 임원급여, 급료와 임금 및 제수당을 별도의 계정과목으로 구분하지 않고 급여라는 단일과목으로 기재하도록 요구하고 있다.[4] 판매비와관리비에서 급여가 명백히 기재되어 있으므로 급여를 알아내는 것은 전혀 어려운 일이 아니다.

다소 문제가 발생하는 것이 '2. 퇴직급여'이다. 회계상으로 보나 세무상으로 보나, 그리고 우리가 규정한 가변자본의 개념으로 보나 퇴직급여도 인건비에, 그래서 가변자본의 범주에 포함된다. 따라서 손익계산서에 분명히 기재된 퇴직급여를 가변자본으로 파악하면 문제는 간단히 해결된다. 하지만 그렇게 파악할 경우에 문제가 되는 것이 손익계산서와 대차대조표의 관계다. 손익계산서상에 나타나는 퇴직급여는 대차대조표에 퇴직급여

---

3. 다소 오래 되었으나 판매비와관리비의 각 과목에 관한 자세한 설명으로는 김종화, 1991 참조
4. 이 규정은 다소 문제다. 임원의 급여와 노동자의 임금을, 그래서 그것이 전체 급여에서 차지하는 비중을 구분하지 못하게 하려는 회계학의 '배려'로 보인다.

충당금 과목으로 기재된다. 손익계산서상의 퇴직급여가 인건비로서 가변자본에 속하는 것은 분명하지만, 이를 가변자본으로 파악할 경우 손익계산서상의 퇴직급여와 대차대조표상의 퇴직급여충당금을 모두 가변자본으로 잡는 오류를 범할 수 있다. 즉 당해 회계연도에 인건비로서 퇴직금이 두 번 계산되는 셈이다. 더욱 큰 문제점은 두 과목 사이에 얼마나 중복되어 있는지 대차대조표와 손익계산서만을 보아서는 알아내기가 매우 어렵다는 점이다. 우리가 손익계산서상의 퇴직급여를 가변자본으로 잡는 데 주저하게 되는 이유가 바로 여기에 있다. 이러한 문제점을 안고 일단 여기에서는 손익계산서상의 퇴직급여를 가변자본으로 파악할 수 있다는 결론만 내리고 다음 항목으로 넘어가도록 하겠다.

다소 복잡한 항목이 '3. 복리후생비' 과목이다. 회계학 교과서에는 복리후생비를 "근로환경의 개선이나 근로의욕의 향상을 목적으로 모든 종업원에게 일률적으로 적용하는 간접적 형태의 인건비"(권성수·김영준, 2000, 1187 쪽)라고 규정하고 있다.[5] 복리후생비에서 복리후생적 성격의 급여는 급료와 임금 계정과목에, 복리시설의 관리인 인건비도 급료로 잡힌다(권성수·김영준, 2000, 1187 쪽). 이렇게 인건비가 대부분 급여항목에 포함되는데다가 복리시설비, 복리시설의 운영비 등을 제외하고 나면 복리후생비에 가변자본 부분이 어느 정도 포함되어 있는지를 알아내는 것은 대단히 어렵다. 이런 어려움을 감안하고, 일단 여기에서 우리는 그다지 많이 포함되어 있지는 않으리라고 추산할 수 있을 뿐이다.

다음으로 '10. 연구비'를 보도록 하자. 회계학 교과서는 연구비의 예로

---

5. 이러한 규정은 복리후생비를 노동자의 낮은 임금, 임금 중에서도 특히 50퍼센트 수준에 불과한 기본급을 감추고 자본가를 마치 '자선가'처럼 보이게 하는 효과를 갖는다.

서 상설연구소가 설치되어 있을 때 그 연구소의 감가상각비, 연구원 또는
전속직원의 급여 등을 들고 있다(권성수·김영준, 2000, 690 쪽). 이는 연
구소의 감가상각비를 제외하면 연구비에도 급여의 일부가 포함되어 있고,
따라서 연구비의 일부는 가변자본에 포함될 수 있음을 의미한다. 단지 그
금액이 얼마인지는 알 수 없다.

판매비와관리비 중에서 마지막으로 '11. 경상개발비' 부분을 보도록 하
자. 이 부분은 이미 대차대조표에서 살펴보았다. 문제는 대차대조표상의
개발비와 손익계산서상의 경상개발비가 중복되어 있는지, 중복되었다면
어느 정도인지 하는 것이다. 대차대조표와 손익계산서만을 봐서는 알 길
이 없다. 경상개발비에 인건비가 일부 포함되어 있다는 점만 말할 수 있을
뿐이다.

앞서 살펴본 〈표 6-2〉의 손익계산서 서식에는 판매비와관리비 항목이
열두 개 정도로 비교적 간략하게 표시되어 있다. 하지만 대부분의 대기업
의 경우에 그 항목이 30개를 넘는다. 이제 〈표 6-2〉의 손익계산서 서식
에 들어있지 않은 항목 중에서 인건비와 관련된다고 볼 수 있는 판매비와
관리비 과목을 살펴보도록 하겠다.

첫째, 통신비를 들 수 있다. 전화교환원의 급여 등 인건비는 통신비로
처리할 수도 있지만 회계관례는 이를 일반적으로 급료와 임금계정으로 처
리하고 있다(권성수·김영준, 2000, 1187 쪽). 다시 말해, 통신비 항목에는
가변자본이 들어있지 않다고 할 수 있다.

둘째, 보험료가 있다. 여기서 살펴보는 것은 시설과 건물에 대한 보험료
가 아니라, 저축성 보험이나 보장성 보험이다. 일반적으로 회계처리에서는
저축성 보험의 경우 종업원을 보험수익자로 하는 경우 해당 임원 또는 종
업원에 대한 급여로 처리하고, 보장성 보험의 경우에도 보험수익자를 누

구로 하든지 불문하고 해당 임직원에 대한 급여로 처리하는 것이 관례다
(권성수·김영준, 2000, 1259 쪽). 이렇게 보면 보험료에도 가변자본이 없
다고 보는 것이 타당할 것이다.

셋째, 판매장려금 또는 판매수수료로 불리는 과목이 있다. 판매수수료
는 생산된 상품의 판매와 관련하여 지급하는 수수료다. 예를 들면, 자동차
나 책의 세일즈맨 또는 보험모집인, 대리점, 특약판매회사 등에서 판매건
수에 따라 지급하는 수수료가 이에 해당한다. 판매비와관리비 중 판매비
에 속하는 판매수수료는 일반적으로 변동비만 해당된다. 즉, 판매수량에
따라 차등적으로 지급하는 수수료만 이 계정에 계상된다. 판매수량에도
불구하고 고정급으로 지급하는 판매부서의 수당 등은 판매수수료 계정이
아니라 급료와 임금계정에 포함된다. 그리고 변동판매수수료라 해도 외부
인이 아닌 종업원에게 지급하는 수수료는 일반적으로 급료와 임금으로 처
리하고 있다(권성수·김영준, 2000, 1262 쪽). 이렇게 보면 중복계산을 피
하기 위하여 외부인에게 지급하는 변동적 성격의 판매수수료만 가변자본
으로 보는 것이 타당하다. 하지만 일반적으로 그 금액은 손익계산서상에
서 극히 미미할 것으로 추산된다.

그 외에도 판매비와관리비의 항목 중에서 예를 들면 교제비, 접대비, 조
사연구비, 교육훈련비, 회의비, 판촉비 과목에 가변자본적 성격의 자본 부
분이 일부 포함되어 있으리라고 추측할 수 있다. 하지만 이는 추측일 뿐,
더 이상 자세한 언급을 하기는 어렵다. 판매비와관리비명세서(기업회계기
준 별지서식 제26호)를 보아도 정확한 규정을 하기가 어렵기는 마찬가지
다.

4. 제조원가명세서

이상으로 손익계산서의 판매비와관리비를 통해서 가변자본을 추출해보았다. 판매비와관리비상에 보이는 급여, 급료, 임금 등은 기업의 판매활동과 일반관리 사무활동에 종사하는 종업원에 대해 발생한 비용이다(기업회계기준 제43조 및 제44조). 따라서 여기에는 상품의 생산활동에 종사한 노동자들의 임금이 전혀 포함되어 있지 않다.

손익계산서상에는 생산직 노동자들의 임금이 'Ⅱ. 매출원가'에 숨어있다. 손익계산서의 매출원가는 1. 기초재고액, 2. 당기매입액 또는 제조원가, 3. 기말재고액으로 구성되어 있다. 여기에서 2. 제조원가라는 과목을 자세히 기록해놓은 것이 재무제표상의 필수부속명세서인 제조원가명세서다. 따라서 아래에서는 제조원가명세서를 통해서 생산직 노동자의 가변자본을 찾아보도록 하겠다.

다음 〈표 6-3〉의 복잡해 보이는 제조원가명세서도 몇 번의 더하기와 빼기로 구성되어 있다. 아라비아 숫자로 된 하위항목을 제외하고 로마숫자로 된 항목만을 보면, 제조원가명세서는

Ⅰ 재료비 + Ⅱ 노무비 + Ⅲ 경비 = Ⅳ 당기총제조비용
Ⅳ 당기총제조비용 + Ⅴ 기초재공품원가 = Ⅵ 합계
Ⅵ 합계 - Ⅶ 기말재공품원가 - Ⅷ 유형자산(타계정)대체액 = Ⅸ 당기제품제조원가

로 이루어져 있다.

제조원가명세서에서 'Ⅱ. 노무비'는 분명하게 가변자본으로 볼 수 있는 항목이다. 노무비에 대해 비교적 자세하게 설명하고 있는 회계분야가 원가회계

<표 6-3> 제조원가명세서 서식

과　　　　　　목	당　　기		전　　기	
Ⅰ. 재 료 비 　1. 기 초 재 료 재 고 액 　2. 당 기 재 료 매 입 액 　　　　　계 　3. 기 말 재 료 재 고 액 Ⅱ. 노 무 비 　1. 급　　여 　2. 퇴 직 급 여 Ⅲ. 경 비 　1. 전 력 비 　2. 가 스 수 도 비 　3. 운 임 　4. 감 가 상 각 비 　5. 수 선 비 　6. 소 모 품 비 　7. 세 금 과 공 과 　8. 임 차 료 　9. 보 험 료 　10. 복 리 후 생 비 　11. 여 비 교 통 비 　12. 통 신 비 　13. 특 허 권 사 용 료 　14. …………………………………………… 　15. 잡 비				
Ⅳ. 당 기 총 제 조 비 용				
Ⅴ. 기 초 재 공 품 원 가				
Ⅵ. 합　　　　　계				
Ⅶ. 기 말 재 공 품 원 가				
Ⅷ. 유 형 자 산 (또 는 타 계 정)대 체 액				
Ⅸ. 당 기 제 품 제 조 원 가				

* 단위 : 원

다.[6] 원가회계에서는 노무비(labor cost)를 상품이나 서비스를 "생산하기 위하여 소비된 노동력의 대가를 화폐가치로 나타낸 측정치"(안일준 외, 1999, 108 쪽)로 규정하고 있다. 그리고 "임금, 급료라는 것은 제품의 제조에 소비할 목적으로 구입한 노동용역의 대가이고, 노무비란 노동용역이 제품의 제조과정에서 소비되는 가치로서 원가요소이다. 그러나 노동용역은 재료처럼 보관할 수 있는 성질의 것이 아니므로 구입과 동시에 소비되기 때문에, 임금 또는 급료와 그 기간의 노무비가 금액적으로 일치한다"(안일준 외, 1999, 108 쪽). 따라서 지금까지 살펴본 회계상의 여러 개념 중에서 바로 이 노무비가 맑스의 가변자본에 가장 가까운 개념이다. 노무비에서 '1. 급여'와 '2. 퇴직급여'는 생산직 노동자들의 임금으로서 더 이상 설명이 필요 없을 만큼 명백한 가변자본이다. 또한 제조원가명세에는 급여와 퇴직급여가 분명히 기재되어 있어 가변자본을 알아내는 데 전혀 어려움이 없다.

그런데 노무비의 내막을 들여다보면 문제가 그리 간단하지만은 않다. 원가회계에서는 노무비를 일반적으로 다음과 같이 세 가지로 분류하고 있다(안일준 외, 1999, 109 쪽).

① 지급형태에 따른 분류: 임금, 급료, 잡급, 종업원상여수당 등
② 발생형태에 따른 분류: 노무주비, 노무부비
③ 배부절차에 따른 분류: 직접노무비, 간접노무비

---

6. 원가회계에 관해서는 몇 권의 문헌 중에서 안일준 · 유희경 · 정영기, 1999의 책이 가변자본을 찾는 우리의 목적에 적절한 것으로 보여 가장 많이 참고했다. 다른 문헌으로는 김성기, 2000의 책과 박규홍 · 허귀진, 1997의 책도 참고하였다.

이 분류에서 우리에게 중요한, 지급형태에 따른 분류를 좀더 자세히 살펴보도록 하겠다.

먼저 임금을 보면, 임금(wages)은 "주로 공장의 작업현장에서 일하는 종업원에 대하여 지급되는 보수로서 육체적인 노동의 대가"(안일준 외, 1999, 109 쪽)로 규정되고 있다. 그리고 임금에는 기본급 외에 가급금이 있다. 가급금에는 시간외 수당(overtime premium) 또는 특수작업수당 등이 있다. 따라서 임금항목은 그대로 가변자본으로 간주해도 좋을 것이다.

둘째, 급료인데 급료(salaries)는 "주로 정신노동에 대한 대가로서 공장사무 또는 판매관리활동에 종사하는 직원에 대하여 지급하는 보수"(안일준 외, 1999, 109 쪽)로 규정된다. 다시 말하면, 원가회계에서는 노무비 중에서 육체노동에 대한 보수와 정신노동에 대한 보수가 개념상 임금과 급료로 명확히 구분되어 있다. 이렇게 규정될 경우, 노무비 안에 있는 '급료'와 손익계산서상에 있는 판매비와관리비 항목에 있는 '급여'가 어떠한 관계를 갖고 있는가 하는 문제가 생긴다. 즉, 급료와 급여가 제조원가명세서와 손익계산서에 서로 중복되어 있는가 하는 점이다. 다른 예들과 마찬가지로 제조원가명세서와 손익계산서만을 보아서는 급료와 급여가 서로 중복되어 있는지 알 수가 없다. 게다가 제조원가명세서에는 급료로 기재되지 않고 노무비로 뭉뚱그려 기재되기 때문에, 노무비 내에 급료가 얼마만큼 비중을 차지하는지도 알 수 없다.

셋째, 잡급이 있다. 원가회계에서 잡급(miscellaneous wages)은 "공장의 상용근로자가 아닌 사외인부, 일용근로자, 임시직공에 대하여 지급되는 보수"(안일준 외, 1999, 109 쪽)로 규정된다. 따라서 잡급을 가변자본으로 보는 데도 어려움이 없을 것이다.

넷째, 회사의 전 종업원에게 지급되는 보수로서 종업원상여수당(bonus

and allowances)이 있다. 따라서 종업원상여수당도 가변자본으로 처리하는 데 큰 문제는 없으리라 본다. 회계학에서는 상여와 수당이 임금·급료와 함께 생활급적인 성격을 지니는 동시에 능률급적·이익분배적 성격도 지니고 있다고 보고 있다(안일준 외, 1999, 109 쪽). 만일, 정말로 상여와 수당이 생활급적 성격을 갖고 있다면 이는 생활급으로 지급되는 임금이나 급료가 상여와 수당이 지급되기 전에 애초에 너무 적었다는 설명밖에 안 된다. 뒤집어 말하면, 상여와 수당이 존재한다는 것은 임노동자에 대한 착취가 그만큼 심하다는 것이다. 우리나라에서 연 몇백 퍼센트씩 지불되는 과도한(?) 상여와 수당은 임노동에 대한 자본의 착취은폐도구다. 그럼에도 불구하고 상여와 수당이 생활급적 성격과 아울러 '이익분배적' 성격도 갖고 있다고 설명하는 것을 볼 때, 부르주아경제학에 충실한 회계학의 사명을 읽을 수 있다. 이러한 설명은 판매비와관리비에서 복리후생비가 노동자들의 근로환경을 개선하거나 근로의욕을 향상시킬 목적으로 계상되었다는 설명과 일맥상통한다고 하겠다.

다음으로 노무비 중에서 퇴직급여가 있다. 이에 대한 설명은 손익계산서에서 판매비와관리비 항목의 퇴직급여와 같으므로 생략한다. 판매비와관리비 과목의 퇴직급여는 판매 및 관리사무직 종업원의 퇴직금이고, 노무비 과목의 퇴직급여는 생산직 노동자의 퇴직금이니 양자는 서로 중복되지 않을 것으로 판단된다. 다만 회계실무에서는 노무비 과목의 퇴직급여를 대차대조표상의 퇴직급여충당금으로 설정하는데(안일준 외, 1999, 110 쪽), 이렇게 되면 제조원가명세서의 퇴직급여와 대차대조표상의 퇴직급여충당금이 중복될 가능성은 남아 있다. 이러한 중복계산가능성이 손익계산서상의 퇴직급여와 대차대조표상의 퇴직급여충당금에도 있었음은 위에서 보았다.

다음 'III. 경비' 부분을 살펴보자. 이 과목은 손익계산서의 판매비와관리비 과목을 유추해서 생각하면 어렵지 않을 것이다. 따라서 '9. 보험료'와 '10. 복리후생비'에 대한 설명은 생략한다. 복리후생비에 대해 한마디 덧붙이면, 복리후생비는 법정복리비와 후생비로 분류되는데, 법정복리비는 법률에 의해서 기업이 부담하여야 하는 종업원의 사회보장을 위한 비용이고, 후생비는 종업원의 의무, 위생, 보건체육, 문화오락 등에 필요한 비용으로 법정외복리비를 말한다(안일준 외, 1999, 110 쪽). 다시 말하면, 복리후생비에는 우리가 찾는 가변자본이 예상보다 그리 많지 않으리라고 추측할 수 있다.

재무제표를 분석한 결과, 대차대조표와 손익계산서 그리고 제조원가명세서를 통해 가변자본을 추출해내는 일은 생각보다 어렵다는 것을 알게 되었다. 가변자본이 재무제표 여기저기에 숨어 있기 때문이다. 지금까지 헤맨 미로의 여행과정을 간략히 나타내면 아래의 표와 같다.

대체로 재무제표에서는 아래의 과목을 인건비 부분으로, 따라서 우리가 찾고 있는 가변자본 부분으로 파악할 수 있다. 여기에서 첫째 대차대조표상의 개발비와 손익계산서상의 경상개발비에, 둘째 대차대조표의 퇴직급여충당금과 손익계산서의 퇴직급여, 제조원가명세서의 퇴직급여에 중복계

〈표 6-4〉 재무제표상의 가변자본 부분과 중복계산 가능성

	대차대조표	손익계산서	제조원가명세서
중복부분	퇴직급여충당금	급여 퇴직급여 복리후생비(일부)	급여 퇴직급여 복리후생비(일부)
	개발비(인건비)	경상개발비(인건비)	
	창업비(발기인 보수)		
		연구비(일부)	
		판매수수료(외부인)	

산의 가능성이 존재한다. 이 가능성을 배제해야 정확한 가변자본을 구할 수 있을 것이다. 그리고 손익계산서의 급여와 제조원가명세서의 급여 중 급료 부분, 손익계산서의 복리후생비와 제조원가명세서의 복리후생비 사이에도 중복계산 가능성이 존재한다. 하지만 일반적으로 회계학에서는 제조원가명세서의 노무비와 복리후생비는 생산직 노동자에게 지불되는 비용으로, 손익계산서의 판매비와관리비상의 급여와 복리후생비는 판매 및 관리활동에 종사하는 종업원에 대한 비용으로 계상하기 때문에, 제조원가명세서와 손익계산서에서 보이는 인건비 부분은 서로 중복되지 않을 것으로 생각된다.

이상으로 주요 재무제표인 대차대조표와 손익계산서 그리고 재무제표의 필수부속명세서인 제조원가명세서를 분석하여 한 기업의 가변자본을 찾아내는 작업을 마친다. 또 다른 주요 재무제표인 이익잉여금처분계산서와 현금흐름표에서는 가변자본을 찾을 수 없어 이 두 재무제표는 살펴보지 않는다.

5. 재무회계의 문제점

결국 가변자본은 찾지도 못하고 재무제표에 대한 분석을 마친 꼴이 되었다. 물론, 재무제표에 대한 분석이 제대로 이루어졌다고 해도 문제가 해결되는 것은 아니다. 재무제표 자체의 신뢰성 문제가 남아 있기 때문이다. 부실회계와 회계부정은 현재 우리나라뿐 아니라 세계적으로 유행하고 있다.[7] 믿을 만한 재무회계는 세계 어디에도 없다는 말이다. 우리가 기업의 재무회계에 대한 정밀한 분석으로 대차대조표와 손익계산서 그리고 제조원가명세서에서 가변자본 부분을 정확하게 추출해낸다고 하더라도, 그 대차대조표와 손익계산서 자체가 부실할 경우에는 우리의 분석 결과 역시 부실할 수밖에 없다는 결론이 나온다.

두 번째 문제는 관리회계와 재무회계의 차이와 이용에서 보이는 한계다. 가변자본을 알아내기 위해 필요한 자료는 주로 원가회계와 관리회계다(이기현·김영태, 1999). 그런데 이 두 회계는 내부이용자를 위한 회계이기 때문에, 기업이 공개하지 않아도 무방하며 공개하지 않고 있고 따라서 알 수도 없다. 그래서 부득이 외부이용자를 위한 공개된 재무회계만을 이용해야 하는데, 회계자료를 이용하는 한 이는 피할 수 없는 한계다. 즉, '자료상의 제약'이다.

그러나 다른 무엇보다도 재무회계를 통한 분석에서 가장 근본적인 문제점은 가치와 가격개념의 차이와 간격을 극복하기가 어렵다는 사실이다. 맑스는 자본은 물론 가변자본과 불변자본을 가치의 개념으로 이해하고 가치의 차원에서 접근하였다. 이와 반대로 우리는 재무제표에서 가변자본을 찾기 위하여 자본의 개념을 오로지 가격개념으로만 이해하고 접근하였다. 이 점은 재무제표에서 가변자본을 구하는 데 근본적 한계로 작용한다. 재무제표에 가격으로 표현되어 있는 급여, 퇴직급여, 복리후생비 등의 '인건비'를 (정확히 계산해낸다고 해도) 맑스가 사용한 가치개념으로 이해할 수

---

7. 검찰의 공적자금비리 특별수사본부는 2002년 3월 이재관 전 새한그룹 부회장이 분식회계를 통해 시중 네 개 은행에서 1,000억 원대의 사기대출을 받은 혐의를 잡고 소환해 조사한다고 밝혔다(한겨레, 2002.3.9). 미국 제2의 장거리통신업체인 월드컴은 2001년과 2002년 1/4분기에 38억 달러(4조6,000억 원) 규모의 회계부정 사건을 저질렀고(한겨레, 2002.6.27), 복사기 제조업체인 제록스도 지난 5년 동안 60억 달러 이상을 부실하게 처리했을 가능성이 높으며(한겨레, 2002.6.29), 세계 2위 미디어기업인 프랑스의 비방디 유니버설도 15억 유로(1조7,760억 원) 가량의 회계부정을 시도했다고 한다(한겨레, 2002.7.4). 잘 알려지지 않아서 그렇지, 실질적인 회계부정은 이보다 많으면 많았지, 결코 적지 않을 것이다. 2003년 말에 밝혀지고 있는 SK의 100억 원 '쇼핑백'과 그 이후 밝혀지는 일을 모두 종합해보면, 이 말이 결코 거짓이 아님을 알게 된다.

있는가? 그렇게 이해해도 되는가? 해결책은 없어 보인다.

다만 맑스가 가치개념을 사용하면서 『자본론』전3권을 통해 일관되게 평균개념을 사용한 점, 가치를 비례 및 비율을 표현하기 위하여 사용한 점, 따라서 가치를 표현하는 수치가 파운드이건, 프랑이건, 달러이건 중요하지 않다고 한 점을 제무회계 분석에 끌어들일 수 있을 것이다. 이러한 이유로 우리도 급여, 퇴직급여 등에 나타나는 가격개념(몇 원)을 총 자본, 가변자본과 불변자본의 평균적 관점에서 분석하고 비율을 표현하기 위하여 사용하는 것임을 밝혀둔다. 이와 관련해서 위에서 말한 '자료상의 제약'은 여기에도 해당된다. 현재 얻을 수 있는 어떠한 회계자료로도 가치개념의 가변자본을 실증적으로 파악하는 것은 불가능하다. 이것이 우리가 가변자본과 불변자본을 부득이 가격개념으로 접근하는 또 다른 이유다.

6. 가변자본의 정의

이러한 문제점과 한계를 인정한다면 이제 가변자본의 측정문제가 남는다. 그리고 가변자본을 측정하기 위해서는 위의 재무제표에 대한 분석을 토대로 재무제표에 나타나는 여러 인건비 관련 과목들과 관련지어 가변자본의 개념을 정의할 수밖에 없다. 이후부터 우리는 가변자본개념을 다음과 같이 정의할 것이다.

첫째, 상품의 생산활동 영역을 고찰할 경우에는 제조원가명세서만으로 충분하다. 제조원가명세서에는 상품생산을 위하여 투하된 자본 중에서 '노무비'를 명시하도록 되어 있기 때문에 가변자본을 파악하기가 비교적 쉽다. 따라서 제조원가명세서만을 고찰할 경우에는 노무비(급여와 퇴직급여)와 복리후생비의 두 과목을 합쳐 가변자본으로 규정한다. 자본은 당기총제조비용으로 정의한다. 불변자본은 당기총제조비용에서 가변자본으로 규정된 노무비와 복리후생비를 뺀 금액으로 정의한다. 이렇게 정의하면 한 기업이나 사회적 차원에서 볼 때 총 자본의 규모가 다소 적게 나타나는 단점이 있을 수 있으나, 가변자본과 불변자본의 비율과 관계를 다소나마 덜 왜곡된 상태로 볼 수 있다는 장점이 있다.

둘째, 상품생산활동을 생산은 물론 판매 및 관리활동까지 넓게 고찰할 경우에는 제조원가명세서에 대차대조표와 손익계산서를 함께 고려한다. 이 경우에는 제조원가명세서에서 노무비와 복리후생비, 손익계산서의 판매비와관리비에서 급여, 퇴직급여, 복리후생비를 합한 금액을 가변자본으로 정의한다. 가변자본을 이렇게 광범위하게 규정했기 때문에 대차대조표상의 자산을 자본으로 규정한다. 불변자본은 자산에서 이렇게 규정된 가변자본을 뺀 금액으로 정의한다.

이렇게 규정된 가변자본은 〈표 6-4〉에서 짙은 색으로 표시한 부분이다. 달리 말하면, 당기총제조비용을 총 자본으로 규정할 경우에는 제조원가명세서의 '인건비'만을 가변자본으로 정의할 것이고, 자산을 총 자본으로 정의할 경우에는 제조원가명세서와 손익계산서의 '인건비' 항목을 모두 합하여 가변자본으로 규정할 것이다. 각각의 경우에 불변자본은 총 자본에서 가변자본을 뺀 금액으로 규정한다. 이를 알기 쉽게 나타내면 아래와 같다.

〈그림 6-1〉 가변자본의 정의

자 본		가 변 자 본		불변자본
1. 당기총제조비용	=	노무비+복리후생비(제조원가명세서)	+	불변자본
2. 자산	=	노무비+복리후생비(제조원가명세서) + 급여+퇴직급여+복리후생비(손익계산서)	+	불변자본

앞으로 〈그림 6-1〉의 '1. 단기총제조비용'을 A로, '2. 자산'을 B로 표시할 것이다.

가변자본을 이렇게 정의하면 대차대조표상에서 '인건비'와 관련된 과목은 모두 제외한 셈이다. 그 이유는 첫째, 무형자산 중 창업비에서 발기인의 보수는 그 금액이 무시해도 좋을 만큼 미미할 것으로 추정된다. 발기인의 보수를 파악하려고 해도 자료가 없어 알 수가 없다. 둘째, 개발비 중에서 인건비도 손익계산서의 판매비와관리비 항목에 있는 경상개발비의 인건비 부분과 중복되리라고 판단되는데다가, 이 역시 자료상의 한계로 알아낼 수 없어 가변자본 부분에서 제외한다. 셋째, 고정부채 중 퇴직급여충당금도 손익계산서의 판매비와관리비 과목의 퇴직급여, 제조원가명세서의 노무비에서 퇴직급여와 중복되리라고 판단되어 가변자본의 계산에서 제외한다.

손익계산서에서는 판매비와관리비 중 복리후생비, 연구비, 판매수수료 과목에 인건비가 일부 또는 극히 일부 포함되어 있다. 따라서 세 항목에서 자료를 구하는 데 다소 용이한 복리후생비 하나를 인건비로 취급한다. 연구비, 판매수수료에 포함되어 있을 일부의 인건비를 복리후생비로 계산하면, 복리후생비에 포함되어 있는 일부의 인건비와 합쳐 하나의 인건비 항목으로 잡는 것이 크게 무리가 아니라고 판단되기 때문이다. 또한 회계에서는 복리후생비를 전통적으로 인건비로 간주해 왔다는 사실도 고려했다. 손익계산서의 판매비와관리비 중 급여와 퇴직급여는 위에서 언급한 이유로 당연히 가변자본에 포함된다.

같은 이유로 제조원가명세서에서도 노무비와 복리후생비를 인건비로 잡는다. 노무비에 있는 급여 중에서 급료 부분은 이론상으로는 손익계산서의 급여 부분과 중복될 가능성이 있고, 노무비에서 퇴직급여 부분은 손

익계산서상의 판매비와관리비에서 퇴직급여 부분과 중복될 가능성이 있
다. 하지만 위에서 분석한 대로 제조원가명세서와 손익계산서는 생산부문
과 관리부문에 관한 재무제표로 분리되어 있어 그 개연성이 희박하리라고
판단된다. 이상으로 개념정의를 마친다.

제7장 대기업의 가변자본

여기서는 6장의 분석과 개념정의를 토대로 대기업의 예를 통해 가변자본을 구하고 자본의 유기적 구성을 알아보겠다. 그리고 이것이 그 기업의 취업자 수(의 변화)와 갖는 관련성을 장기적 시각에서 살펴보도록 하겠다.

예를 들어 삼성전자나 현대자동차와 같은 대기업의 경우 이 기업의 가변자본과 가치구성은 어느 정도가 될까? 대기업의 가변자본을 알아보기 위해서는 해당 기업의 재무제표를 위에서 분석한 대로 살펴보아야 한다. 이제부터 우리나라에서 가장 큰 대기업의 하나인 삼성전자의 재무제표를 이용해서 대기업의 가변자본과 자본의 유기적 구성을 알아보도록 하겠다.[1]

---

1. 삼성전자, 현대자동차, 한국전력, 포항제철 등 산업별로 몇 개의 대표적인 대기업을 놓고 예를 들기 위해 재무제표를 비교, 분석해 보았다. 다음 장에서 산업별 가변자본과 자본구성을 살펴볼 것이기 때문에 여기에서는 한 개의 대기업만을 살펴보도록 한다. 한전과 포철은 공기업이기 때문에, 앞으로 전자산업이 유망산업이 될 것이기 때문에 여기서는 민간기업으로서 자산규모 1위이고(공기업, 은행업 제외) 시가총액 1위의 대기업인 삼성전자 하나만을 예로 든다. 개인

〈표 7-1〉 삼성전자 A의 자본구성

	총제조	가변자본	불변자본	자본구성		
1985	798,953	40,129	758,824	5.0	:	95.0
1986	1,258,178	58,605	1,199,573	4.7	:	95.3
1987	1,751,287	78,042	1,673,245	4.5	:	95.5
1988	2,295,383	155,576	2,139,807	6.8	:	93.2
1989	3,391,048	274,693	3,116,355	8.1	:	91.9
1990	3,571,394	315,026	3,256,368	8.8	:	91.2
1991	3,866,143	375,485	3,490,658	9.7	:	90.3
1992	4,317,243	388,747	3,928,496	9.0	:	91.0
1993	5,664,879	403,459	5,261,420	7.1	:	92.9
1994	7,010,130	561,093	6,449,037	8.0	:	92.0
1995	9,505,416	751,178	8,754,238	7.9	:	92.1
1996	11,145,191	756,128	10,389,063	6.8	:	93.2
1997	12,131,659	700,539	11,431,120	5.8	:	94.2
1998		888,543*				
1999		761,815*				
2000		1,051,390*				
2001		1,136,337*				
2002		1,531,952*				
평균				7.1	:	92.9

* 단위 : 백만 원, %

* 자료 출처 : '87 한국기업총람, '88 한국기업재무총람, '90~'91 한국기업재무총람, '92~'98 한국기업총람, 2002 한경기업총람 및 http://www.sec.co.kr/index.jsp

* 주 : 별표(*)가 있는 가변자본은 노무비와 복리후생비를 더한 금액임. 다른 가변자본은 자료상의 한계로 노무비만 기재.

1. 대기업의 가변자본과 자본구성

앞으로 자본구성을 알아보는 표에서는 당기총제조비용을 '총제조'로, 퇴직급여를 '퇴직'으로, 복리후생비를 '복리'로 간단히 줄여 적을 것이다.

위 〈표 7-1〉에서 빈칸은 자료상의 한계로 자료를 구할 수 없는 항목들

적으로 삼성전자와 아무런 관련이 없음을 밝혀둔다.

〈표 7-2〉 삼성전자 B의 자본구성

	자산	급여	퇴직	복리	가변자본	불변자본	자본구성		
1985	665,576	19,355	1,134	3,558	64,176	601,400	9.6	:	90.4
1986	872,712	22,370	3,397	4,034	88,406	784,306	10.1	:	89.9
1987	1,137,468	28,280	4,084	4,732	115,138	1,022,330	10.1	:	89.9
1988	2,461,986	45,968	6,030	7,489	215,063	2,246,923	8.7	:	91.3
1989	2,909,542	81,947	11,648	15,462	383,750	2,525,792	13.2	:	86.8
1990	4,057,249	98,372	9,637	16,248	439,283	3,617,966	10.8	:	89.2
1991	5,551,880	119,626	22,798	25,631	543,540	5,008,340	9.8	:	90.2
1992	6,326,672	131,589	15,980	35,925	572,241	5,754,431	9.0	:	91.0
1993	6,659,379	167,626	29,776	32,981	633,842	6,025,537	9.5	:	90.5
1994	9,091,813	209,284	43,060	42,640	856,077	8,235,736	9.4	:	90.6
1995	13,561,817	300,373	64,249	77,497	1,193,297	12,368,520	8.8	:	91.2
1996	15,838,458	330,299	43,093	94,312	1,223,832	14,614,626	7.7	:	92.3
1997	23,065,517	333,248	31,844	91,970	1,157,601	21,907,916	5.0	:	95.0
1998	20,776,081	288,206	74,600	62,214	1,313,563	19,462,518	6.3	:	93.7
1999	24,709,803	248,352	36,743	35,691	1,082,601	23,627,202	4.4	:	95.6
2000	26,895,046	369,567	35,442	54,162	1,510,561	25,384,485	5.6	:	94.4
2001	27,919,406	360,089	49,054	51,561	1,597,041	26,322,365	5.7	:	94.3
2002	34,440,000	536,103	77,776	39,632	2,185,463	32,254,537	6.3	:	93.7
평균							8.4	:	91.6

* 단위 : 백만 원, %

* 자료 출처 : '87 한국기업총람, '88 한국기업재무총람, '90~'91 한국기업재무총람, '92~'98 한국기업총람, 2002 한경기업총람 및 http://www.sec.co.kr/index.jsp

이다. 부언할 점은 1974년부터 1984년까지 자료가 있지만 부분적이고 불충분하여 위의 표에서는 제외하였다. 현재 삼성전자의 홈페이지에는 재무제표상의 필수부속명세서인 제조원가명세서를 볼 수 없다. 그래서 1998년 이후 당기총제조비용을 알 수도 없고, 생산부분에서 가변자본과 자본구성을 알 수도 없다. 위의 A 부분이 1998년 이후 불충분하게 된 이유다. 유감스러운 부분이다.

A의 자본구성을 보면, 1987년까지 감소하던 가변자본의 비중이 이후

1991년까지 계속 증가하고 있다. 1991년에 9.7퍼센트로 가장 높은 비중을 보이던 가변자본의 비중은 이후 뚜렷하게 지속적인 감소경향을 보이고 있다. A 부문에서 자본의 유기적 구성이 고도화되는 경향이 비교적 분명하게 드러나고 있다고 할 수 있다.

가변자본의 비중이 A 부문에서는 평균 약 7퍼센트, B 부문에서는 약 8퍼센트를 보이고 있다. B 부문의 경우 증가와 감소를 반복하던 가변자본의 비중은 A 부문보다 2년 빠른 1989년에 가장 높은 수준인 13.2퍼센트에 달했다. 이후 지속적으로 감소하던 가변자본은 1999년에 최저치인 4.4퍼센트까지 떨어졌다.

1991년 이후 지속적으로 감소하던 가변자본이 IMF 직후인 1998년에 다시 증가했다가, 그 이듬해 2퍼센트까지 다시 급격히 감소한 것이 특이하다. 특히 1998년의 증가는 이 해의 대량실직을 생각하면 의외의 결과다. 이는 주로 자본(자산)의 급격한 감소와, 부분적으로 퇴직급여의 급격한 증가 때문인 것으로 보인다.

경제위기가 오면 자본은 자본의 일부를 파괴함으로써 위기를 극복한다. 기업의 도산은 그 기업에 투자된 자본을 파괴하는 과정이다. 과잉 투자된 자본을 파괴함으로써, 다른 부문에 투자된 자본을 구출하는 방법이 위기에 대한 자본의 대책이다. 이러한 과정이 경제위기와 위기극복 과정을 통해 반복됨으로써, 다수의 소자본은 소수의 대자본으로 흡수되거나 기업인수합병을 통해 자본의 집중현상이 일어난다. '규모의 경제'가 확대되는 과정이다. 따라서 1998년의 가변자본의 증가는 고용의 증가 때문이 아니라, 오히려 해고 및 퇴직과 이로 인한 퇴직급여의 증가, 그리고 자본의 파괴 때문이라고 할 수 있다.

A 부분의 자본구성은 1997년에 약 6대 94를 보인다. B 부문의 자본구성

<그림 7-1> 삼성전자 B의 자본구성

	27,919		
1,597	대	26,322	
1,597/27,919	대	26,322/27,919	
5.7	대	94.3	자본의 유기적 구성
100	대	1,654	가변자본을 100으로 볼 때
6	대	100	불변자본을 100으로 볼 때

* 단위 : 십억 원, %

도 2000~2년의 3년간 평균 약 6대 94를 보이고 있다. 삼성전자의 이 자본구성을 5장에서 본 음식점의 자본구성(40대 60)과 비교해보자. 설명이 필요 없을 만큼, 삼성전자의 가변자본 비중이 음식점에 비해 매우 낮음을 알 수 있다. 삼성전자의 2001년의 자본구성을 음식점의 예에서 사용한 그림으로 나타내면 아래와 같다. 2001년의 수치를 예로 드는 것은 삼성전자와 음식점의 예에서 같은 연도의 수치를 비교하기 위해서다.

5장의 <그림 5-1>에서 본 음식점의 경우 가변자본 100에 불변자본 150의 비율로, 불변자본이 가변자본의 1.5배였다. 그런데 삼성전자의 경우에는 100대 1,654로 불변자본이 가변자본에 비해 약 17배나 된다. 물론 이러한 비교는 소규모의 음식점과 삼성전자라는 대기업을 비교해서 얻은 수치다. 음식점과 삼성전자 사이에 무수히 많은 중소기업과 크고 작은 대기업이 있을 것이다. 그렇다면 그 기업들의 자본구성은 아마도 40대 60과 6대 94의 중간 어디쯤 위치할 것이다.

40대 60과 6대 94의 차이를 어떻게 해석해야 할까? 한마디로 대기업의 가변자본의 비율이 중소기업의 가변자본의 비율에 비해 낮다, 불변자본의 비율이 높다, 따라서 자본의 유기적 구성이 고도화되어 있다고 말할 수 있다.

여기서 두 가지 오해는 피해야 한다. 첫째, 삼성전자의 가변자본의 비율이 음식점의 가변자본의 비율에 비해 상대적으로 낮다는 것이 삼성전자의 인건비 부분까지 음식점에 비해 절대적으로 적다는 것을 의미하는 것은 아니다. 40대 60과 6대 94의 비율만 보면 6의 비율이 차지하는 임금이 40이 차지하는 임금보다 적어 보인다. 하지만 삼성전자가 1년에 인건비로 투자하는 자본 부분은 2001년의 경우에 1조 5,970억 원 가량 된다. 종업원 4명을 고용하고 있는 음식점의 1년 인건비는 7,200만 원(월 평균 600만 원×12개월)이다. 즉, 자본의 구성과 가변자본의 절대금액을 혼동해서는 안 된다.

둘째, 첫째와 관계되는 말인데 가변자본의 비중이 상대적으로 낮다는 것이 삼성전자의 종업원 수까지 음식점의 종업원 수보다 절대적으로 적다는 것을 의미하지는 않는다. 2001년 기준으로 삼성전자의 종업원 수는 48,000명을 조금 넘는다. 위에서 본 음식점의 종업원은 총 4명이었다. 가변자본의 비중이 낮다는 것은 종업원의 인건비로 투자되는 자본 부분이 총 자본에서 차지하는 비중이 상대적으로 낮다는 것을 의미할 뿐이다.

음식점과 삼성전자를 연관지어서 얘기하면, 기업의 규모가 소규모에서 대규모로 커질수록 총 자본에서 인건비가 차지하는 비중이 상대적으로 감소한다는 말이다. 이러한 점은 가변자본의 증가와 감소를 종업원 수의 증감과 비교한 아래의 표를 보면 좀더 분명하게 이해할 수 있다.

2. 가변자본의 증가와 감소

가변자본의 증가와 감소는 자산을 총 자본으로 규정한 B의 경우만을 살펴보도록 하겠다. 종업원 수를 알 수 있는 자료가 대부분 전 종업원(생산

〈표 7-3〉 삼성전자 B의 자본구성의 변화

	종업원	전년대비증감(율)				
		종업원	가변	불변	자본구성	
1985	16,573	70.7				
1986	19,931	20.3	37.8	30.4	0.5	-0.5
1987	22,216	11.5	30.2	30.3	0.0	0.0
1988	39,171	76.3	86.8	119.8	-1.4	1.4
1989	43,180	10.2	78.4	12.4	4.5	-4.5
1990	43,559	0.9	14.5	43.2	-2.4	2.4
1991	45,978	5.6	23.7	38.4	-1.0	1.0
1992	44,508	-3.2	5.3	14.9	-0.7	0.7
1993	47,597	6.9	10.8	4.7	0.5	-0.5
1994	51,926	9.1	35.1	36.7	-0.1	0.1
1995	56,999	9.8	39.4	50.2	-0.6	0.6
1996	59,086	3.7	2.6	18.2	-1.1	1.1
1997	57,870	-2.1	-5.4	49.9	-2.7	2.7
1998			13.5	-11.2	1.3	-1.3
1999			-17.6	21.4	-1.9	1.9
2000			39.5	7.4	1.2	-1.2
2001	48,023	-17.0	5.7	3.7	0.1	-0.1
2002			36.8	22.5	0.6	-0.6
평균		10.1	25.7	29.0		

* 단위 : 명, %
* 자료출처 : '87 한국기업총람, '88 한국기업재무총람, '90~'91 한국기업재무총람, '92~'98 한국기업총람, 2002 한경기업총람 및 http://www.sec.co.kr/index.jsp 에서 계산
* 주 : 종업원 수는 사무직, 기술직, 기능공을 포괄하며 1988년부터는 임원도 포함한 수치임.

직과 사무직)의 수만을 제공하고 있기 때문이다. 그렇다면 생산활동과 사무·관리활동을 모두 살펴보아야 하고, 그럴 경우에 합당한 가변자본은 위에서 정의한 대로 B의 경우다. 자본구성의 변화를 알아보는 곳에서는 가변자본은 '가변'으로, 불변자본은 '불변'으로 줄여 적는다.

위 〈표 7-3〉을 보면, 가변자본은 물론 불변자본의 절대금액도 평균 약 26퍼센트에서 29퍼센트까지 서로 비슷하게 증가하였다. 기간별로 보면 가변자본은 1988~9년에 평균 약 83퍼센트의 높은 성장률을 보여주었다.

1986~91년에도 평균 45퍼센트의 높은 증가율을 보여주어, 가변자본이 1980년대 후반에 급속하게 증가하였음을 알 수 있다. 이후 1994~5년에도 40퍼센트에 육박하는 가변자본의 증가를 보이지만, 1990년대부터는 가변자본의 증가율이 급속히 둔화된다. 특히 1997년과 1999년에는 가변자본이 전년도에 비해 절대적으로 감소하였다.

2000년 이후에는, 2000년과 2002년의 가변자본의 두드러진 증가가 특히 눈에 띈다. 전체 종업원 수가 감소하는데도 가변자본이 증가하는 것은, 종업원의 구성이 고임금 노동자일 것이라는 추측을 가능케 한다. 즉 가변자본의 증가가 반드시 새로운 고용을 다량으로 창출하는 것을 뜻하지 않는다는 말이다.

이에 반해 불변자본은 1993년과 1999~2001년을 제외하면, 줄곧 두 자리 숫자의 증가율을 보여주고 있다. 1998년에 자본의 파괴로 총 자본이 그리고 불변자본이 마이너스 성장을 기록한 것은 위에서 말했다. 1986~92년의 평균 증가율이 41.3퍼센트이며, 1994~7년에도 평균 38.8퍼센트의 증가율을 보여, 불변자본은 가변자본과 달리 1990년대에도 지속적으로 증가하였다는 것을 알 수 있다. 더욱이 불변자본은 1998년의 예외를 빼면 그 증가율이 감소할 때라도 한번도 전년에 비해 마이너스 성장을 기록한 해가 없다. 이는 불변자본의 증가율이 감소해도 절대적으로는 매년 꾸준히 증가해 왔음을 말해준다.

이러한 변화는 자본구성의 변화에도 그대로 나타난다. 가변자본이 총자본에서 차지하는 비율은 1987년부터 1990년대 내내 몇 번의 예외(1989, 1993, 1998년)를 제외하고는 지속적으로 감소하였다. 위의 표에서 자본구성의 증감을 보면 가변자본은 전년도에 비해 주로 감소하는 경향(−부호)을, 불변자본은 주로 증가하는 경향(+부호)을 보여주고 있다. 〈표 7−3〉

의 변화를 〈표 7-2〉와 비교해 보면, 삼성전자의 가변자본이 매년 절대적
으로는 증가하더라도 총 자본에서 차지하는 상대적 비율은 계속 감소하는
자본구성의 고도화 경향이 1990년부터 분명하게 드러나고 있음을 볼 수
있다.

2000년에 삼성전자의 가변자본은 자본구성에서 전년도에 비해 약 1.2퍼
센트 증가하였고, 2001년에도 미세하게 증가하였다. 2002년에는 약 0.6퍼
센트 증가하였다. 즉 1999년 이후 가변자본의 비중이 자본구성에서 계속
증가하고 있다는 사실이 주목을 끈다. 이는 자본의 유기적 구성의 고도화
경향과 반대되는 현상이기 때문이다.

이러한 추세가 앞으로 지속될지 아직 속단할 수 없다. 위에서 본 18년의
기간에서 이러한 경향은 불과 지난 3년간의 경향이기 때문이다. 자본구성
의 고도화 경향은 장기적으로만 파악할 수 있는 '경향'이고, 그러한 장기
적 경향에서 가변자본은 부분적으로 증가할 수도 있고 증가하기도 한다.
즉 앞으로도 계속 삼성전자의 자본구성의 변동을 주의 깊게 살펴보아야
할 것으로 생각한다.

3. 가변자본과 고용의 관계

가변자본의 절대적 증가나 상대적 감소가 고용(창출)과는 어떠한 관련이
있을까? 자료가 허락하는 범위에서 구한 삼성전자의 종업원 수는 1992년
과 1997년을 제외하면 1980~90년대에 절대적으로 계속 증가하였다. 하지
만 그 증가폭이 매년 감소하고 있다는 사실을 눈여겨볼 필요가 있다. 1989
년까지는 매년 10퍼센트 이상의 고용증가를 보여주었고, 특히 1988년에는
무려 76퍼센트의 고용상승을 기록하고 있다.[2] 그러나 1990년부터 고용증

가폭은 둔화되어 매년 1퍼센트에서 9퍼센트 정도의 신규고용을 창출할 뿐이다.

이와 반대로, 1992년과 1997년에는 고용의 절대적 감소를 보여주고 있다. 고용되어 있는 종업원을 해고하였다는 뜻이다. 2001년의 종업원 수가 48,023명인 것을 보면, 이는 이미 고용의 감소세로 돌아선 1997년에 비해도 무려 10,000여 명이 해고된 수치다. 따라서 그 감소폭은 무려 17퍼센트에 이른다. 1998년에서 2000년까지 자료가 없어 알 수 없으나, 이 기간에 IMF의 여파로 구조조정을 통한 정리해고가 지속적으로 이루어졌음을 알 수 있다.

이는 자본의 유기적 구성이 고도화되면, 즉 설비투자가 증가하고 생산과정 및 사무관리활동이 자동화, 기계화, 효율화, 합리화될수록, 종업원이 절대적으로도 감소할 수 있음을 보여주는 예라고 하겠다. 가변자본의 상대적 감소는 종업원 수가 절대적으로 감소하거나(정리해고), 만약 종업원 수가 감소하지 않는다면 (임금이 낮은 비정규직을 고용하여) 노동력에 지출하는 임금부분을 감소시키는 형태로 나타날 수 있다.

가변자본의 증가 및 감소를 종업원 수의 증감과 비교, 분석한 결과를 일반화하면 다음과 같다. 삼성전자는 기업의 규모를 확대시키면서 실업자나 취업준비생을 취업시키는 데 더 많은 자본을 투자한 것이 아니라, (다행히 감소시키지 않고 계속 투자를 한다고 하더라도) 생산설비나 기계 등 불변자본과 (위에서 본 것처럼) 소수의 고급인력에 더 많은 자본을 집중적으로 투자했다는 것을 알 수 있다. 이를 취업을 준비하고 있는 사람들의 입장에서 말하면, 삼성전자에 취업할 가능성은 자본의 구성이 고도화되는 만큼

---

2. 이때부터 임원이 포함되었기 때문에 이런 결과가 나오지 않았는가 추측된다.

상대적으로 (그리고 앞으로는 절대적으로도) 줄어든다고 할 수 있다. 취업
준비생들에게는 섬뜩하게 들리겠지만, 이 취업가능성의 감소경향은 법칙
성을 띠면서 지난 20여 년간 몇 번의 예외를 제외하고는 지속적으로 나타
났다.

제8장 한국사회의 가변자본

취업가능성의 감소경향을 삼성전자에만 국한된 현상이라고 말할 수 있을까? 다른 대기업은 고용을 확대하고 취업기회를 늘려나갈까? 중소기업은 어떠할까? 우리나라의 기업을 산업별로 볼 때, 나아가 우리나라의 산업을 전체적으로 볼 때, 앞으로 고용기회는 확대될까 축소될까? 따라서 취업의 기회와 가능성은 증가할까 감소할까? 이러한 물음에 대해서는 한국사회의 산업 전반에 걸친 재무제표를 분석해야 만족할 만한 답을 얻을 수 있다. 따라서 이제부터 한국사회의 가변자본을 분석해 보도록 하겠다.

여기에서는 주어진 자료를 통해 1960년대부터 현재까지 한국사회의 산업별(제조업, 건설업 등) 가변자본을 분석하고, 그것을 토대로 한국사회 전체의 가변자본과 자본의 유기적 구성(자본구성)의 변화를 역사적으로 추적할 것이다. 그리고 나서 자본구성의 변화가 실업률과 갖는 연관관계에 관해 분석하고 그 결과를 설명할 것이다.

1. 『기업경영분석』

한국사회의 산업별 가변자본을 분석하기 위한 기초자료로는 한국은행이 발행하는 『기업경영분석』을 이용하였다. 한국은행이 "1960년부터 우리나라 법인기업의 경영성과와 재무상태를 조사 분석한 『기업경영분석』 책자를 매년 발간하고"(한국은행, 2003 기업경영분석, 3쪽) 있기 때문이다.

하지만 이 말과 달리, 현재 구할 수 있는 자료는 1966년 이후의 것뿐이다. 우리가 이용한 자료는 '66 기업경영분석과 '68 기업원가분석, '68~'71 기업경영분석과 '73~2003 기업경영분석이다. '73 기업경영분석 책자부터는 전년도의 재무상태가 분석된 자료이고, '71 기업경영분석 책자와 그 이전의 책자는 당해 연도의 재무상태가 조사되어 집계된 자료다. 따라서 『기업경영분석』에는 1972년 판이 존재하지 않는다.

먼저 언급해 둘 사실은, 한국의 산업별 가변자본을 분석하면서 현재의 시점으로부터 과거로 거슬러 올라가 가변자본을 역사적으로 추적했다는 점이다. 역사적으로 추적하는 데 가장 중요한 측면은 산업별로 시계열상의 연속성을 보장하는 것이다. 한국표준산업분류가 지난 40년간 몇 번에 걸쳐 커다란 변동을 겪었기 때문에, 과거로부터 현재로 분석하게 되면 시계열상의 연속성을 보장하면서 산업별 가변자본을 파악하는 것이 어렵게 된다.

한국표준산업분류의 대분류에 따라 '90 기업경영분석 이전까지는 어업, 광업, 제조업, 전기·가스 및 증기업, 건설업, 도소매 및 숙박업, 운수·창고업, 부동산 및 사업서비스업, 오락 및 문화예술서비스업의 9개 산업분류가 반영되어 있었다. 한국표준산업분류상의 변경, 조정, 명칭변경, 분리, 통합으로 '91 기업경영분석부터는 이 분류 중에서 운수·창고업이 운수, 창고 및 통신업으로 확대되었다. 그리고 '94 기업경영분석부터는 도소매

및 숙박업이 도소매 및 소비자용품수리업과 숙박업으로 분리되었고, 부동
산 및 사업서비스업이 부동산, 임대 및 사업서비스업으로 확장되었으며,
오락 및 문화예술서비스업이 오락, 문화 및 운동관련산업으로 변경되었다.
그리고 2001 기업경영분석부터는 운수, 창고 및 통신업이 운수업과 통신
업으로 분리되었으며, 부동산, 임대 및 사업서비스업이 부동산 및 임대업
과 사업서비스업으로 분리되었다. 끝으로 2002 기업경영분석에서는 하수
처리, 폐기물처리 및 청소관련 서비스업이 사업서비스업으로부터 분리되
었다. 표준산업분류의 변경으로 여기에서는 시계열상의 연속성을 보장할
수 있는 산업부문을 예시할 것이다. 그렇지 못한 경우에는 대분류를 기준
으로 살펴보았다.

다음으로, 현재로 올수록 회계기준이 세련되고 정밀하게 발전하기 때문
에 현재를 기준으로 한 회계자료를 토대로 해서 과거의 자료를 살펴보아
야『기업경영분석』의 자료를 제대로 분석할 수 있다는 점에서도, 현재가
기준시점이 되었다. 특히 1960년대의 자료는 자료의 열악함, 회계기준의
미흡과 회계개념의 차이로 자료의 신뢰성에 의문이 생기기 때문에 이용에
어려움을 겪었다. 그래서 1960~70년대의『기업경영분석』에서 가변자본을
추출하는 데는 현재의 회계기준을 바탕으로 몇 가지 우회과정을 겪어야
했다.

먼저 제조원가명세서를 보면 '91 기업경영분석부터는 노무비만 기재되
지만, '77~'90 기업경영분석에는 노무비 항목에 기본급과 제수당이 각각
기재된다(그 합인 노무비도 기재되어 있다). 그리고 '76 기업경영분석 이
전에는 노무비 항목이 독립되어 있지 않고 직접노무비와 간접노무비로 구
분되어 표기되는데, 우리는 이를 합한 금액을 노무비로 취하였다. 회계기
준에서 특히 많은 변화를 겪은 재무제표가 손익계산서다. 판매비와관리비

항목에서, 그 중에서도 특히 급여 부분에 많은 변화가 있었다. '91 기업경영분석부터는 급료, 임금, 상여, 제수당이 구분되지 않고 급여라는 단일 항목으로 표시된다.[1] 이에 반해 '82~'90 기업경영분석에는 임원급여, 급료와 임금, 제수당의 세 항목이 각각 기재되어 있다. 그리고 '77~'81 기업경영분석에는 임원급여, 급료와 임금, 잡급의 세 과목으로 구성되어 있다. '76 기업경영분석 이전의 급여과목에는 제급여수당과 판매원급여수당이라는 두 항목만 보인다. 따라서 '90 기업경영분석 이전에는 이러한 과목들을 합하여 급여를 계산하였다.

'74~'76 기업경영분석에는 공통적으로 손익계산서의 퇴직급여 항목에 금액이 기재되어 있지 않다. 그래서 우리도 이를 빈칸으로 둘 수밖에 없었다. 『기업경영분석』에 나오는 금액의 단위는 '75 기업경영분석까지는 천 원, '76 기업경영분석부터는 백만 원으로 되어 있다. 금액의 단위를 모두 백만 원으로 통일시키려고 하였으나, 반올림으로 인한 계산상의 왜곡을 없애기 위해 여기에서는 원자료 그대로 기재하였다.

2. 산업별 가변자본

이제부터 본격적으로 산업별 가변자본과 자본구성, 그리고 이것이 그 산업의 취업자의 변화와 갖는 관계를 분석하도록 한다. 『기업경영분석』에 나오는 차례에 따라 살펴볼 것이다.

---

1. 이는 새 기업회계기준에 따른 것이다. 6장에서 손익계산서를 분석할 때 본 것이다. 이 규정에 따른 문제점도 거기서 지적했다.

〈표 8-1〉 어업 A의 자본구성

	총제조	노무비	복리	가변자본	불변자본	자본구성		
1973	36,294,906	7,708,490	384,687	8,093,177	28,201,729	22.3	:	77.7
1974	67,008,533	11,404,402	601,122	12,005,524	55,003,009	17.9	:	82.1
1975	68,582	7,817	579	8,396	60,186	12.2	:	87.8
1976	126,441	17,247	1,075	18,322	108,119	14.5	:	85.5
1977	125,603	20,804	1,397	22,201	103,402	17.7	:	82.3
1978	207,758	39,775	3,479	43,254	164,504	20.8	:	79.2
1979	232,096	50,516	4,020	54,536	177,560	23.5	:	76.5
1980	340,946	58,163	3,511	61,674	279,272	18.1	:	81.9
1981	321,321	52,569	3,097	55,666	265,655	17.3	:	82.7
1982	354,175	61,421	3,639	65,060	289,115	18.4	:	81.6
1983	402,442	64,284	4,564	68,848	333,594	17.1	:	82.9
1984	376,376	62,704	4,853	67,557	308,819	17.9	:	82.1
1985	442,070	64,386	4,892	69,278	372,792	15.7	:	84.3
1986	428,114	70,653	4,316	74,969	353,145	17.5	:	82.5
1987	484,617	101,691	5,736	107,427	377,190	22.2	:	77.8
1988	617,214	106,748	8,007	114,755	502,459	18.6	:	81.4
1989	711,774	149,315	12,416	161,731	550,043	22.7	:	77.3
1990	530,369	125,882	7,939	133,821	396,548	25.2	:	74.8
1991	649,740	144,378	10,945	155,323	494,417	23.9	:	76.1
1992	671,436	144,687	15,001	159,688	511,748	23.8	:	76.2
1993	541,342	111,290	10,367	121,657	419,685	22.5	:	77.5
1994	608,532	136,875	13,117	149,992	458,540	24.6	:	75.4
1995	750,944	156,064	14,618	170,682	580,262	22.7	:	77.3
1996	626,238	128,331	10,135	138,466	487,772	22.1	:	77.9
1997	886,119	168,082	24,958	193,040	693,079	21.8	:	78.2
1998	871,653	161,507	25,063	186,570	685,083	21.4	:	78.6
1999	975,110	190,052	26,432	216,484	758,626	22.2	:	77.8
2000	851,975	187,949	18,258	206,207	645,768	24.2	:	75.8
2001	874,761	171,484	18,295	189,779	684,982	21.7	:	78.3
2002	834,170	173,281	14,426	187,707	646,463	22.5	:	77.5
평균						20.4	:	79.6

* 단위 : 천 원, 백만 원, %

* 자료출처 : '66 기업경영분석, '68 기업원가분석, '68~'71 기업경영분석, '73~2003 기업경영분석

〈표 8-2〉 어업 B의 자본구성

	자산	급여	퇴직	복리	가변자본	불변자본	자본구성		
1973	70,136,428	922,715		19,295	9,035,187	61,101,241	12.9	:	87.1
1974	191,792,113	1,975,590		36,489	14,017,603	177,774,510	7.3	:	92.7
1975	197,060	1,880		32	10,308	186,752	5.2	:	94.8
1976	276,794	2,840	179	96	21,437	255,357	7.7	:	92.3
1977	259,633	4,484	288	236	27,209	232,424	10.5	:	89.5
1978	357,586	8,645	488	391	52,778	304,808	14.8	:	85.2
1979	435,403	13,354	1,098	635	69,623	365,780	16.0	:	84.0
1980	607,509	13,589	1,306	633	77,202	530,307	12.7	:	87.3
1981	496,886	11,161	1,134	1,038	68,999	427,887	13.9	:	86.1
1982	535,696	13,500	1,534	1,159	81,253	454,443	15.2	:	84.8
1983	585,445	15,841	1,464	2,094	88,247	497,198	15.1	:	84.9
1984	584,306	14,098	1,491	1,777	84,923	499,383	14.5	:	85.5
1985	689,508	16,111	1,798	2,247	89,434	600,074	13.0	:	87.0
1986	742,686	17,204	1,311	3,002	96,486	646,200	13.0	:	87.0
1987	737,324	22,959	2,465	2,722	135,573	601,751	18.4	:	81.6
1988	1,020,113	25,672	3,260	3,337	147,024	873,089	14.4	:	85.6
1989	1,405,102	34,422	4,172	4,781	205,106	1,199,996	14.6	:	85.4
1990	986,886	25,759	3,546	3,619	166,745	820,141	16.9	:	83.1
1991	1,081,801	28,103	3,328	3,865	190,619	891,182	17.6	:	82.4
1992	1,291,629	32,394	4,228	4,306	200,616	1,091,013	15.5	:	84.5
1993	1,021,424	25,901	3,380	3,863	154,801	866,623	15.2	:	84.8
1994	987,054	28,610	4,396	2,760	185,758	801,296	18.8	:	81.2
1995	1,186,728	34,520	5,007	4,416	214,625	972,103	18.1	:	81.9
1996	1,274,507	37,974	4,941	4,965	186,346	1,088,161	14.6	:	85.4
1997	1,228,830	30,044	3,651	4,885	231,620	997,210	18.8	:	81.2
1998	1,102,108	24,852	4,350	3,639	219,411	882,697	19.9	:	80.1
1999	1,205,450	24,112	3,322	3,997	247,915	957,535	20.6	:	79.4
2000	1,462,653	51,296	6,484	7,900	271,887	1,190,766	18.6	:	81.4
2001	1,332,871	30,513	5,320	4,394	230,006	1,102,865	17.3	:	82.7
2002	1,452,990	34,686	5,173	5,186	232,752	1,220,238	16.0	:	84.0
평균							14.9	:	85.1

* 단위 : 천 원, 백만 원, %
* 자료출처 : '66 기업경영분석, '68 기업원가분석, '68~'71 기업경영분석, '73~2003 기업경영분석

〈표 8-3〉 어업 B의 자본구성 및 취업자 수 변화

	취업자	전년대비증감(율)			자본구성	
		취업자	가변	불변		
1973	302	30.2				
1974	276	-8.6	55.1	191.0	-5.6	5.6
1975	298	8.0	-26.5	5.0	-2.1	2.1
1976	274	-8.1	108.0	36.7	2.5	-2.5
1977	241	-12.0	26.9	-9.0	2.7	-2.7
1978	260	7.9	94.0	31.1	4.3	-4.3
1979	244	-6.2	31.9	20.0	1.2	-1.2
1980	225	-7.8	10.9	45.0	-3.3	3.3
1981	245	8.9	-10.6	-19.3	1.2	-1.2
1982	299	22.0	17.8	6.2	1.3	-1.3
1983	270	-9.7	8.6	9.4	-0.1	0.1
1984	183	-32.2	-3.8	0.4	-0.5	0.5
1985	179	-2.2	5.3	20.2	-1.6	1.6
1986	185	3.4	7.9	7.7	0.0	-0.0
1987	180	-2.7	40.5	-6.9	5.4	-5.4
1988	165	-8.3	8.4	45.1	-4.0	4.0
1989	146	-11.5	39.5	37.4	0.2	-0.2
1990	137	-6.2	-18.7	-31.7	2.3	-2.3
1991	129	-5.8	14.3	8.7	0.7	-0.7
1992	122	-5.4	5.2	22.4	-2.1	2.1
1993	115	-5.7	-22.8	-20.6	-0.4	0.4
1994	112	-2.6	20.0	-7.5	3.7	-3.7
1995	116	3.6	15.5	21.3	-0.7	0.7
1996	107	-7.8	-13.2	11.9	-3.5	3.5
1997	109	1.9	24.3	-8.4	4.2	-4.2
1998	82	-24.8	-5.3	-11.5	1.1	-1.1
1999	85	3.7	13.0	8.5	0.7	-0.7
2000	81	-4.7	9.7	24.4	-2.0	2.0
2001	83	2.5	-15.4	-7.4	-1.3	1.3
2002	70	-15.7	1.2	10.6	-1.2	1.2
평균			15.2	15.2		

* 단위 : 천 명, %

* 자료출처 : '66 기업경영분석, '68 기업원가분석, '68~'71 기업경영분석, '73~2003 기업경영분석 및 통계청, http://www.nso.go.kr

어업부문은 산업명칭이 수산업에서 어업으로 바뀐 것을 빼면, 시계열상의 연속성을 유지하고 있는 산업부문이다. 지난 30년간 A 부문의 자본구성은 평균 20대 80을 보여주고 있다. 7장 〈표 7-1〉의 삼성전자 A 부문과(7대 93) 비교해보면, 어업 A의 가변자본의 비율이 대단히 높음을 알 수 있다. 약 세 배에 달한다. 어업이 가변자본에 대한 의존도가, 따라서 노동력에 대한 의존도가 상당히 높은 산업부문임을 말해준다. 이 부문에서는 가변자본의 증가와 감소가 불규칙적이어서, 자본구성 변화의 일정한 경향과 방향에 대한 일반적인 진술이 매우 어렵다. 이는, 자연조건과 어획량의 변화로 노동력의 투입량이 매우 불규칙적이기 때문일 것으로 추측할 수 있다.

B 부문의 자본구성은 평균 약 15대 85로, 가변자본의 비중이 A 부문보다 다소 낮다. 다시 7장의 삼성전자 B 부문과(8대 92) 비교해보면, 가변자본의 비중이 삼성전자의 약 두 배에 달한다. B 부문에서도 가변자본의 증가와 감소가 매우 불규칙적이기 때문에, 자본구성의 일정한 경향을 알아내기가 어렵다. 하지만 눈에 띄는 부분이 있다. 1999년에 20.6퍼센트로 최고치에 달했던 가변가본의 비중이 이후 일정하게 그리고 지속적으로 감소하는 경향이 뚜렷이 보인다는 점이다. 좀더 지켜보아야 하기 때문에 조심스럽게 표현해야 하지만, 2000년부터 어업부문에서 자본의 유기적 구성의 고도화 경향이 나타나고 있는 것으로 추측할 수 있다.

1973년에 30만 명을 넘어 최고치에 이른 어업종사자는 이후 지속적으로 감소하고(-부호) 있다. 물론 전년도와 비교하면 증가하는 해가 없지 않았으나, 장기적으로 보면 계속 감소했다고 말할 수 있다. 특히 1983~94년에 이르는 기간의 지속적인 감소가(1986년 제외) 눈에 띈다. 이러한 감소로 어업종사자는 1998년에 10만 명 이하로 감소하여, 현재 약 7만 명에 이르고 있다. 즉 어업은 취업자 수의 절대적인 감소를 보여주는 산업부문이다. 자본구성의 변동은 위에서 본 것처럼, 매우 불규칙적이어서 일반화하기가 어렵다. 이 둘을 종합하면, 취업자 수의 절대적 감소와 가변자본의 상대적 감소, 불변자본의 상대적 증가는 어업에서 앞으로 자본의 유기적 구성이 고도화될 것임을 암시하고 있다고 말할 수 있다. 물론, 어업의 규모가 영세하기 때문에, 고도화의 의미는 상당히 제한적일 수밖에 없다.

다음으로 광업의 자본구성을 알아보도록 하겠다. 짐작할 수 있듯이, 광업도 '노동집약적인' 산업부분이다. 즉 광업에서 노동력이 차지하는 비중이 상당히 높다. 우리의 분석결과는 광업에서 가변자본이 차지하는 비율이 어업보다 더 높은 것으로 나타났다.

광업 A 부문의 지난 37년간 평균 자본구성은 약 38대 62다. 가변자본의 비중이 어업 A 부문의 거의 두 배에 가까울 만큼 매우 높다. 1977년에는 46.3퍼센트, 1988년에는 45퍼센트로 1970~80년대에는 40퍼센트를 상회하는 경우도 많았다. 1990년대에는 30퍼센트 수준으로 떨어진다. 1992~2001년에는 주로 30퍼센트 전후의 가변자본의 비중을 보이고 있다. 그런데 지난해(2002년)에는 가변자본이 26.3퍼센트로 최저치를 기록한데다가 그 전해에 비해 급격히 감소한 것이 눈에 띈다. 이제 광업에서도 본격적으로 자본의 유기적 구성의 고도화 경향이 나타나기 시작한 것인가? 아니면 한국의 광업이 전체적으로 '몰락'하고 있는 징조를 보이고 있는 것인가?

광업 B 부문은 평균 약 24대 72의 자본구성을 보여주고 있다. 가변자본의 비중이 1970년대에는 대략 30퍼센트, 1980년대에는 20퍼센트, 1990년대에는 10퍼센트 수준을 보이고 있다. 광업 B 부문에서 가변자본의 비중이 장기적으로 감소하고 있음을 뚜렷이 알 수 있다. 이와 달리, 1999년에

〈표 8−4〉 광업 A의 자본구성

	총제조	노무비	복리	가변자본	불변자본	자본구성		
1966	14,395,981	4,831,877		4,831,877	9,564,104	33.6	:	66.4
1967								
1968	23,468,447	6,868,021	944,388	7,812,409	15,656,038	33.3	:	66.7
1969	25,011,374	8,261,932	503,262	8,765,194	16,246,180	35.0	:	65.0
1970	33,170,032	10,908,393	781,094	11,689,487	21,480,545	35.2	:	64.8
1971	41,418,185	14,899,138	790,264	15,689,402	25,728,783	37.9	:	62.1
1972	43,240,740	15,902,207	842,000	16,744,207	26,496,533	38.7	:	61.3
1973	46,932,982	16,156,047	529,853	16,685,900	30,247,082	35.6	:	64.4
1974	75,357,510	22,493,755	816,513	23,310,268	52,047,242	30.9	:	69.1
1975	70,190	29,722	1,007	30,729	39,461	43.8	:	56.2
1976	90,714	37,639	1,081	38,720	51,994	42.7	:	57.3
1977	173,394	77,865	2,378	80,243	93,151	46.3	:	53.7
1978	176,618	75,835	2,954	78,789	97,829	44.6	:	55.4
1979	268,112	103,118	3,879	106,997	161,115	39.9	:	60.1
1980	321,737	135,370	7,223	142,593	179,144	44.3	:	55.7
1981	477,111	179,094	11,253	190,347	286,764	39.9	:	60.1
1982	538,240	183,001	14,295	197,296	340,944	36.7	:	63.3
1983	486,356	177,742	13,791	191,533	294,823	39.4	:	60.6
1984	556,954	193,587	14,500	208,087	348,867	37.4	:	62.6
1985	539,719	219,553	17,848	237,401	302,318	44.0	:	56.0
1986	600,617	235,429	18,912	254,341	346,276	42.3	:	57.7
1987	603,811	239,122	22,723	261,845	341,966	43.4	:	56.6
1988	685,503	279,331	29,237	308,568	376,935	45.0	:	55.0
1989	707,822	280,237	28,592	308,829	398,993	43.6	:	56.4
1990	818,760	296,835	31,052	327,887	490,873	40.0	:	60.0
1991	959,490	348,469	36,567	385,036	574,454	40.1	:	59.9
1992	1,062,628	335,238	39,476	374,714	687,914	35.3	:	64.7
1993	1,089,814	270,191	39,614	309,805	780,009	28.4	:	71.6
1994	864,520	268,606	35,446	304,052	560,468	35.2	:	64.8
1995	980,448	313,621	41,341	354,962	625,486	36.2	:	63.8
1996	878,993	279,140	33,279	312,419	566,574	35.5	:	64.5
1997	1,309,962	399,983	48,931	448,914	861,048	34.3	:	65.7
1998	1,240,869	367,976	41,414	409,390	831,479	33.0	:	67.0
1999	1,294,583	329,912	36,853	366,765	927,818	28.3	:	71.7
2000	1,428,583	425,641	58,825	484,466	944,117	33.9	:	66.1
2001	1,325,130	389,369	56,526	445,895	879,235	33.6	:	66.4
2002	1,264,798	291,784	41,122	332,906	931,892	26.3	:	73.7
평균						37.6	:	62.4

* 단위 : 천 원, 백만 원, %
* 자료출처 : '66 기업경영분석, '68 기업원가분석, '68~'71 기업경영분석, '73~2003 기업경영분석

〈표 8-5〉 광업 B의 자본구성

	자산	급여	퇴직	복리	가변자본	불변자본	자본구성		
1966	18,837,248				4,831,877	14,005,371	25.7	:	74.3
1967									
1968	39,958,965	830,545		108,448	8,751,402	31,207,563	21.9	:	78.1
1969	41,811,658	800,841	66,223	45,145	9,677,403	32,134,255	23.1	:	76.9
1970	53,620,007	907,163	126,785	57,432	12,780,867	40,839,140	23.8	:	76.2
1971	61,252,833	1,267,722	158,345	71,101	17,186,570	44,066,263	28.1	:	71.9
1972	68,744,565	1,435,176	182,643	72,137	18,434,163	50,310,402	26.8	:	73.2
1973	78,535,454	1,985,786		60,620	18,732,306	59,803,148	23.9	:	76.1
1974	113,646,786	2,295,743		118,581	25,724,592	87,922,194	22.6	:	77.4
1975	123,054	3,191		160	34,080	88,974	27.7	:	72.3
1976	136,400	2,766	339	174	41,999	94,401	30.8	:	69.2
1977	220,375	5,712	937	435	87,327	133,048	39.6	:	60.4
1978	242,677	6,626	853	500	86,768	155,909	35.8	:	64.2
1979	348,701	9,701	1,408	812	118,918	229,783	34.1	:	65.9
1980	399,404	11,135	3,604	912	158,244	241,160	39.6	:	60.4
1981	613,197	15,856	2,806	1,512	210,521	402,676	34.3	:	65.7
1982	670,043	18,629	2,412	1,567	219,904	450,139	32.8	:	67.2
1983	710,330	15,322	2,146	1,382	210,383	499,947	29.6	:	70.4
1984	900,207	15,582	3,025	1,666	228,360	671,847	25.4	:	74.6
1985	1,028,930	16,751	3,276	1,853	259,281	769,649	25.2	:	74.8
1986	1,182,490	18,282	2,683	1,844	277,150	905,340	23.4	:	76.6
1987	1,063,035	15,485	1,491	1,844	280,665	782,370	26.4	:	73.6
1988	1,184,174	18,247	4,101	2,207	333,123	851,051	28.1	:	71.9
1989	1,571,261	19,257	3,119	2,232	333,437	1,237,824	21.2	:	78.8
1990	1,662,491	24,296	5,083	3,703	360,969	1,301,522	21.7	:	78.3
1991	1,991,436	35,718	3,488	4,701	428,943	1,562,493	21.5	:	78.5
1992	2,373,785	31,862	4,616	4,850	416,042	1,957,743	17.5	:	82.5
1993	2,662,502	48,100	6,564	10,271	374,740	2,287,762	14.1	:	85.9
1994	2,393,396	42,769	5,271	6,990	359,082	2,034,314	15.0	:	85.0
1995	2,673,041	45,801	7,281	6,896	414,940	2,258,101	15.5	:	84.5
1996	2,455,171	49,265	12,388	6,319	380,391	2,074,780	15.5	:	84.5
1997	2,889,962	60,333	18,407	8,384	536,038	2,353,924	18.5	:	81.5
1998	4,191,122	44,379	17,393	8,490	479,652	3,711,470	11.4	:	88.6
1999	4,029,373	44,512	5,724	11,087	428,088	3,601,285	10.6	:	89.4
2000	4,168,711	46,340	9,844	8,849	549,499	3,619,212	13.2	:	86.8
2001	3,765,145	41,806	6,659	8,533	502,893	3,262,252	13.4	:	86.6
2002	2,266,949	53,088	7,353	10,410	403,757	1,863,192	17.8	:	82.2
평균							23.8	:	76.2

* 단위 : 천 원, 백만 원, %

* 자료출처 : '66 기업경영분석, '68 기업원가분석, '68~'71 기업경영분석, '73~2003 기업경영분석

<table 8-6> 광업 B의 자본구성 및 취업자 수 변화

	취업자	전년대비증감(율)			자본구성	
		취업자	가변	불변		
1968	110	18.3				
1969	114	3.6	10.6	3.0	1.2	-1.2
1970	109	-4.4	32.1	27.1	0.7	-0.7
1971	81	-25.7	34.5	7.9	4.2	-4.2
1972	53	-34.6	7.3	14.2	-1.2	1.2
1973	47	-11.3	1.6	18.9	-3.0	3.0
1974	50	6.4	37.3	47.0	-1.2	1.2
1975	60	20.0	32.5	1.2	5.1	-5.1
1976	64	6.7	23.2	6.1	3.1	-3.1
1977	102	59.4	107.9	40.9	8.8	-8.8
1978	106	3.9	-0.6	17.2	-3.9	3.9
1979	110	3.8	37.1	47.4	-1.7	1.7
1980	124	12.7	33.1	5.0	5.5	-5.5
1981	124	0.0	33.0	67.0	-5.3	5.3
1982	110	-11.3	4.5	11.8	-1.5	1.5
1983	108	-1.8	-4.3	11.1	-3.2	3.2
1984	143	32.4	8.5	34.4	-4.3	4.3
1985	155	8.4	13.5	14.6	-0.2	0.2
1986	187	20.6	6.9	17.6	-1.8	1.8
1987	186	-0.5	1.3	-13.6	3.0	-3.0
1988	140	-24.7	18.7	8.8	1.7	-1.7
1989	90	-35.7	0.1	45.4	-6.9	6.9
1990	79	-12.2	8.3	5.1	0.5	-0.5
1991	67	-15.2	18.8	20.1	-0.2	0.2
1992	58	-13.4	-3.0	25.3	-4.0	4.0
1993	53	-8.6	-9.9	16.9	-3.5	3.5
1994	40	-24.5	-4.2	-11.1	0.9	-0.9
1995	27	-32.5	15.6	11.0	0.5	-0.5
1996	23	-14.8	-8.3	-8.1	-0.0	0.0
1997	26	13.0	40.9	13.5	3.1	-3.1
1998	21	-19.2	-10.5	57.7	-7.1	7.1
1999	20	-4.8	-10.8	-3.0	-0.8	0.8
2000	17	-15.0	28.4	0.5	2.6	-2.6
2001	18	5.9	-8.5	-9.9	0.2	-0.2
2002	18	0.0	-19.7	-42.9	4.5	-4.5
평균			14.0	14.9		

* 단위 : 천 명, %
* 자료출처 : '66 기업경영분석, '68 기업원가분석, '68~'71 기업경영분석, '73~2003 기업경영분석 및 통계청, http://www.nso.go.kr

10.6퍼센트로 최저치를 보이던 가변자본의 비중이 이후 현재까지 계속 증가하고 있는 현상이 눈길을 끈다. 위의 A에서 말한 것과 정반대의 현상이다. 이러한 현상은 2001년에 비해 2002년에 불변자본이 감소한 정도가 가변자본의 감소 정도보다 훨씬 더 크기 때문에 나타난 것이다.

광업 B 부문을 보면 2002년의 자산이 2001년에 비해 무려 40퍼센트나 감소했다. 여기에다가 가변자본도 약 20퍼센트 감소하였지만, 불변자본은 무려 43퍼센트나 감소하였다. 불변자본이 가변자본보다 더 많이 감소했기 때문에, 자본의 상대적 구성에서 가변자본이 전년에 비해 무려 4.5퍼센트나(13.4%에서 17.8%로) 증가한 것으로 나타난 것이다. 광업의 취업자 수는 1980년대에 20만 명 수준까지 증가했지만, 이후 지속적으로 감소하여 2002년에는 불과 18,000여 명에 불과하다. 즉 광업에 종사하는 사람들은 지속적으로 감소하고 있고 자산도 감소하고 있으며 가변자본은 절대적으로 감소하고 있다. 그런데도 불변자본이 절대적으로나 상대적으로 가변자본보다 더 많이 감소하여, 가변자본의 상대적 증가현상이 발생한 것이다. 광업의 자산, 가변자본, 불변자본의 절대적 감소는 이 부문에서 활동하는 기업의 영세성을 반증한다. 또한 광업이 서서히 '몰락'의 길로 들어섰음을 암시하는 것이라고 생각할 수 있다.

다음으로 제조업의 자본구성을 보면, 지난 37년간 제조업 A의 자본구성은 평균 10대 90으로 나타나고 있다. 이를 좀더 자세히 살펴보면, 1970~7년의 가변자본 비율은 평균 8.3퍼센트로 다른 기간에 비해 낮게 나타난다. 이는 이 기간에 노동자들의 임금이 낮았고 임금인상도 억제되었음을 반증해주는 것이라고 할 수 있다. 가변자본의 비율은 1978년부터 증가하기 시작해, 1980~7년 동안에는 평균 9.3퍼센트로 1970년대에 비해 다소 증가했다. 그리고 1988~96년 사이에는 평균 12.4퍼센트로 올라, 이 때 노동자들

〈표 8-7〉 제조업(종합) A의 자본구성

	총제조	노무비	복리	가변자본	불변자본	자본구성		
1966	112,790,361	10,322,401	1,386,991	11,709,392	101,080,969	10.4	:	89.6
1967								
1968	272,298,059	22,673,146	1,386,993	24,060,139	248,237,920	8.8	:	91.2
1969	448,116,856	42,630,406	2,049,655	44,680,061	403,436,795	10.0	:	90.0
1970	564,097,457	52,289,897	2,682,232	54,972,129	509,125,328	9.7	:	90.3
1971	820,319,189	72,538,277	3,030,059	75,568,336	744,750,853	9.2	:	90.8
1972	1,158,547,145	95,757,529	3,812,719	99,570,248	1,058,976,897	8.6	:	91.4
1973	1,831,262,020	127,424,607	5,087,106	132,511,713	1,698,750,307	7.2	:	92.8
1974	3,232,248,744	207,430,521	7,602,717	215,033,238	3,017,215,506	6.7	:	93.3
1975	4,340,814	319,990	13,718	333,708	4,007,106	7.7	:	92.3
1976	7,064,210	548,094	22,753	570,847	6,493,363	8.1	:	91.9
1977	8,828,132	779,064	38,807	817,871	8,010,261	9.3	:	90.7
1978	13,042,881	1,357,845	87,287	1,445,132	11,597,749	11.1	:	88.9
1979	17,785,892	1,856,408	121,460	1,977,868	15,808,024	11.1	:	88.9
1980	25,861,859	2,225,012	163,214	2,388,226	23,473,633	9.2	:	90.8
1981	34,130,762	2,829,659	214,763	3,044,422	31,086,340	8.9	:	91.1
1982	37,449,632	3,271,579	264,403	3,535,982	33,913,650	9.4	:	90.6
1983	43,501,418	3,780,002	334,853	4,114,855	39,386,563	9.5	:	90.5
1984	49,038,513	4,138,017	399,048	4,537,065	44,501,448	9.3	:	90.7
1985	55,309,552	4,723,297	454,896	5,178,193	50,131,359	9.4	:	90.6
1986	63,520,858	5,343,156	526,509	5,869,665	57,651,193	9.2	:	90.8
1987	78,709,229	6,789,123	690,080	7,479,203	71,230,026	9.5	:	90.5
1988	91,371,244	9,004,733	1,012,697	10,017,430	81,353,814	11.0	:	89.0
1989	99,584,373	10,863,385	1,167,994	12,031,379	87,552,994	12.1	:	87.9
1990	121,371,174	13,704,904	1,485,587	15,190,491	106,180,683	12.5	:	87.5
1991	143,062,643	16,604,953	1,833,194	18,438,147	124,624,496	12.9	:	87.1
1992	151,160,920	17,650,988	2,024,786	19,675,774	131,485,146	13.0	:	87.0
1993	169,489,864	19,606,934	2,350,315	21,957,249	147,532,615	13.0	:	87.0
1994	205,500,669	23,535,146	2,784,595	26,319,741	179,180,928	12.8	:	87.2
1995	237,579,265	25,617,187	3,188,890	28,806,077	208,773,188	12.1	:	87.9
1996	265,622,645	28,519,564	3,543,575	32,063,139	233,559,506	12.1	:	87.9
1997	299,749,396	28,534,842	3,779,817	32,314,659	267,434,737	10.8	:	89.2
1998	307,053,899	24,874,304	3,132,592	28,006,896	279,047,003	9.1	:	90.9
1999	338,293,607	27,357,655	3,617,155	30,974,810	307,318,797	9.2	:	90.8
2000	391,589,054	31,558,224	4,037,626	35,595,850	355,993,204	9.1	:	90.9
2001	390,910,795	31,711,729	4,183,276	35,895,005	355,015,790	9.2	:	90.8
2002	446,090,434	36,015,749	5,105,125	41,120,874	404,969,560	9.2	:	90.8
평균						10.0	:	90.0

* 단위 : 천 원, 백만 원, %

* 자료출처 : '66 기업경영분석, '68 기업원가분석, '68~'71 기업경영분석, '73~2003 기업경영분석

	자산	급여	퇴직	복리	가변자본	불변자본	자본구성		
1966	146,567,461				11,709,392	134,858,069	8.0	:	92.0
1967									
1968	386,488,223	6,995,765		760,854	31,816,758	354,671,465	8.2	:	91.8
1969	663,992,828	13,782,298	939,407	180,564	59,582,330	604,410,498	9.0	:	91.0
1970	919,016,518	19,823,455	1,307,850	974,070	77,077,504	841,939,014	8.4	:	91.6
1971	1,328,147,769	27,189,395	1,954,090	1,232,577	105,944,398	1,222,203,371	8.0	:	92.0
1972	1,642,689,593	34,750,974	3,186,207	1,590,952	139,098,381	1,503,591,212	8.5	:	91.5
1973	2,420,755,790	54,873,512		1,921,185	189,306,410	2,231,449,380	7.8	:	92.2
1974	3,655,687,864	83,499,247		2,836,790	301,369,275	3,354,318,589	8.2	:	91.8
1975	5,043,793	122,033		4,772	460,513	4,583,280	9.1	:	90.9
1976	7,615,209	162,618	21,054	8,170	762,689	6,852,520	10.0	:	90.0
1977	10,145,845	243,103	27,225	14,749	1,102,948	9,042,897	10.9	:	89.1
1978	14,114,230	418,755	51,177	28,572	1,943,636	12,170,594	13.8	:	86.2
1979	19,436,664	572,263	73,588	45,308	2,669,027	16,767,637	13.7	:	86.3
1980	28,107,264	712,859	78,675	61,370	3,241,130	24,866,134	11.5	:	88.5
1981	36,264,120	859,847	86,695	78,128	4,069,092	32,195,028	11.2	:	88.8
1982	42,508,861	1,001,589	107,023	95,852	4,740,446	37,768,415	11.2	:	88.8
1983	47,646,329	1,178,474	149,723	118,494	5,561,546	42,084,783	11.7	:	88.3
1984	50,798,374	1,319,635	137,090	141,048	6,134,838	44,663,536	12.1	:	87.9
1985	59,601,764	1,535,135	149,778	163,016	7,026,122	52,575,642	11.8	:	88.2
1986	68,023,450	1,750,650	184,350	188,886	7,993,551	60,029,899	11.8	:	88.2
1987	83,957,052	2,150,555	245,241	249,566	10,124,565	73,832,487	12.1	:	87.9
1988	97,784,493	2,686,422	358,145	339,661	13,401,658	84,382,835	13.7	:	86.3
1989	119,936,576	3,327,040	477,216	419,223	16,254,858	103,681,718	13.6	:	86.4
1990	163,388,169	4,671,786	539,215	611,893	21,013,385	142,374,784	12.9	:	87.1
1991	201,014,647	5,628,321	748,317	765,371	25,580,156	175,434,491	12.7	:	87.3
1992	222,077,859	6,424,682	784,826	880,212	27,765,494	194,312,365	12.5	:	87.5
1993	255,371,126	7,237,436	887,285	1,014,003	31,095,973	224,275,153	12.2	:	87.8
1994	310,604,779	8,737,878	1,217,420	1,249,404	37,524,443	273,080,336	12.1	:	87.9
1995	358,654,949	9,842,174	1,365,711	1,465,877	41,479,839	317,175,110	11.6	:	88.4
1996	407,531,734	11,187,783	1,536,541	1,694,972	46,482,435	361,049,299	11.4	:	88.6
1997	508,984,948	11,712,555	1,531,282	1,784,477	47,342,973	461,641,975	9.3	:	90.7
1998	518,632,231	10,036,901	1,441,162	1,485,736	40,970,695	477,661,536	7.9	:	92.1
1999	573,558,839	11,022,591	1,669,946	1,741,929	45,409,276	528,149,563	7.9	:	92.1
2000	558,826,106	12,581,351	1,898,714	2,058,996	52,134,911	506,691,195	9.3	:	90.7
2001	544,775,886	13,796,830	1,874,898	2,222,129	53,788,862	490,987,024	9.9	:	90.1
2002	578,121,999	16,157,777	2,192,406	2,613,686	62,084,743	516,037,256	10.7	:	89.3
평균							10.7	:	89.3

* 단위 : 천 원, 백만 원, %

* 자료출처 : '66 기업경영분석, '68 기업원가분석, '68~'71 기업경영분석, '73~2003 기업경영분석

<表 8-9> 제조업(종합) B의 자본구성 및 취업자 수 변화

	취업자	전년대비증감(율)			자본구성	
		취업자	가변	불변		
1968	1,153	15.2				
1969	1,219	5.7	87.3	70.4	0.7	-0.7
1970	1,268	4.0	29.4	39.3	-0.6	0.6
1971	1,332	5.0	37.5	45.2	-0.4	0.4
1972	1,415	6.2	31.3	23.0	0.5	-0.5
1973	1,732	22.4	36.1	48.4	-0.6	0.6
1974	1,977	14.1	59.2	50.3	0.4	-0.4
1975	2,175	10.0	52.8	36.6	0.9	-0.9
1976	2,644	21.6	65.6	49.5	0.9	-0.9
1977	2,764	4.5	44.6	32.0	0.9	-0.9
1978	2,986	8.0	76.2	34.6	2.9	-2.9
1979	3,099	3.8	37.3	37.8	-0.0	0.0
1980	2,955	-4.6	21.4	48.3	-2.2	2.2
1981	2,859	-3.2	25.5	29.5	-0.3	0.3
1982	3,033	6.1	16.5	17.3	-0.1	0.1
1983	3,266	7.7	17.3	11.4	0.5	-0.5
1984	3,348	2.5	10.3	6.1	0.4	-0.4
1985	3,504	4.7	14.5	17.7	-0.3	0.3
1986	3,826	9.2	13.8	14.2	-0.0	0.0
1987	4,416	15.4	26.7	23.0	0.3	-0.3
1988	4,667	5.7	32.4	14.3	1.6	-1.6
1989	4,882	4.6	21.3	22.9	-0.2	0.2
1990	4,911	0.6	29.3	37.3	-0.7	0.7
1991	5,026	2.3	21.7	23.2	-0.1	0.1
1992	4,866	-3.2	8.5	10.8	-0.2	0.2
1993	4,677	-3.9	12.0	15.4	-0.3	0.3
1994	4,714	0.8	20.7	21.8	-0.1	0.1
1995	4,797	1.8	10.5	16.1	-0.5	0.5
1996	4,692	-2.2	12.1	13.8	-0.2	0.2
1997	4,482	-4.5	1.9	27.9	-2.1	2.1
1998	3,898	-13.0	-13.5	3.5	-1.4	1.4
1999	4,006	2.8	10.8	10.6	0.0	-0.0
2000	4,293	7.2	14.8	-4.1	1.4	-1.4
2001	4,267	-0.6	3.2	-3.1	0.5	-0.5
2002	4,241	-0.6	15.4	5.1	0.9	-0.9
평균			26.6	25.0		

* 단위 : 천 명, %
* 자료출처 : '66 기업경영분석, '68 기업원가분석, '68~'71 기업경영분석, '73~2003 기업경영분석 및 통계청,
  http://www.nso.go.kr

의 임금이 1970년대나 1980년대 초반보다 상당히 증가했음을 보여주고 있다. 이는 1987년의 '노동자 대투쟁'의 결과 이 기간에 노동자들의 임금이 어느 정도 상승한 점이 반영된 것이라고 볼 수 있다. 하지만 IMF 경제위기를 겪게 되는 1997년부터 가변자본의 비율이 감소하기 시작하여 1998년부터 2002년 사이에 평균 9.2퍼센트로, 다시 1980년대 초반의 수준으로 떨어졌다. 결론적으로 말해, 제조업 A의 자본구성에는 지난 40년간의 노동자의 임금수준의 변동이 반영되어 있음을 간접적으로 파악할 수 있다.

제조업 B의 평균 자본구성은 약 11대 89로, A와 큰 차이를 보이지는 않는다. 기간별로 살펴보면 1966~75년의 약 10년간 가변자본은 평균 8.4퍼센트로, A의 1970~7년과 비슷한 수준의 자본구성을 보여주고 있다. 그리고 1976~96년의 20여 년 동안에는 가변자본이 평균 12.1퍼센트라는 높은 비율을 보여주고 있다. 이후 1997년부터 가변자본의 비율은 급격히 감소하기 시작하여, 1998~9년 사이에는 8퍼센트 수준까지 떨어졌다. A에 비해 B의 자본구성의 변동은 매우 일정한 경향을 보이고 있다.

자본구성이 전년도와 같은데도 그 증감이 나타나는 경우가 있다. 또한 어업과 광업에서 본 것처럼, 0.0퍼센트는 물론 −0.0퍼센트도 보인다. 또는 자본구성에서는 0.1퍼센트의 증가나 감소를 보이는데도, 자본구성의 변화를 보여주는 표에서는 0.0퍼센트나 −0.0퍼센트로 나타나는 경우가 있다. 자본구성과 자본구성의 변화를 보여주는 표 사이에 증감률이 0.1퍼센트씩 다르게 나타나는 경우도 있다. 이 모든 것은 계산의 정확성을 기하기 위해 소수점 첫째 자리보다 훨씬 아랫자리에서 계산했는데, 계산결과는 소수점 첫째 자리까지만 보여주었기 때문이다. 따라서 0.0퍼센트나 −0.0퍼센트는 매우 근소한 증감으로 해석하면 되겠다.

제조업의 경우(제조업의 경우에만 해당하는 말이 아니지만) 일반적으로

B가 A보다 자본구성의 변동의 방향성을 좀더 분명하고 일정하게 드러내고 있다. 1960~70년대에는 가변자본의 상대적 비율이 몇 번의 예외(1970, 1971, 1973년)를 제외하고 계속 증가하고 있다. 이는 1960~70년대 제조업의 증가와 팽창으로 가변자본에 대한 투자가 상대적으로도 절대적으로도 증가한 것으로 해석할 수 있다. 가변자본의 비율은 1970년대 말인 1978년에 13.8퍼센트로 정점에 달하고, 10년 후인 1988년에 13.7퍼센트로 다시 최고치에 달했다. 가변자본의 이러한 높은 비율은 1996년까지 지속되지만 1988년을 정점으로 1999년까지 지속적으로 감소하고 있다. 이는 제조업부문에서 자본의 유기적 구성의 고도화 경향이 1988년부터 매우 분명하게 나타나는 것이라고 할 수 있다. 가변자본의 상대적 비율은 전년에 비해 2000년에 약 1.4퍼센트, 2001년에 0.5퍼센트, 2002년에 약 0.9퍼센트 증가하였다. 이러한 증가경향이 일시적인 현상인지 계속적인 현상이 될지는 앞으로 좀더 두고 보아야 할 것이다. 하지만 1988년부터 진행되고 있는 자본구성의 일관된 고도화 경향을 보면 이러한 상승이 앞으로 장기적으로도 지속적인 경향이 되리라고 보기는 어려울 것으로 생각한다.

제조업의 경우 취업자 수는 다른 산업부문(예를 들면 어업이나 광업)과 달리 절대적으로 증가하는 경향을 보여주었다. 1980~1년을 제외하면 1991년에 500만 명을 돌파할 때까지 취업자 수는 지속적으로 증가하였다. 하지만 1990년 이후를 살펴보면 그 이전과 비교해 취업자 수의 증가폭이 상당히 둔화되고 있다. 1960년대 후반기에는 16.5퍼센트, 그리고 1973~6년에도 취업자 수가 평균 17퍼센트씩 증가하였다. 이러한 높은 증가율은 1987년에(15.4 %) 한 번 더 보이지만, 1988년부터는 증가폭이 급격히 감소한다. 취업자 수의 마이너스 성장을 제외해도 1988~2000년의 평균 증가율이 3.1퍼센트에 불과하고, 취업자 수가 감소한 것까지 포함하면 이 기간에 연평균 0.2퍼센트의 마이너스 성장을 보여주고 있다. 이러한 마이너스 성장은 1977~86년의 취업자 수의 연평균 3.9퍼센트의 증가율과 비교할 때도 대단히 낮은 수치다. 1992~3년에 취업자 수가 절대적으로 감소하고, IMF 체제가 포함된 1996~8년에 취업자 수가 또 다시 절대적으로 감소하여, 1990년대 이후에는 가변자본의 상대적 감소가 취업자 수의 절대적 감소와 병행해서 일어났음을 보여주고 있다. 이와 반대로 그리고 이와 더불어 진행되고 있는 불변자본의 상대적 증가경향은 제조업부문에서 1990년대 이후 자본의 유기적 구성의 고도화 경향을 다시 한번 분명하게 보여주고 있다. 이는 또한, 제조업부문의 고용창출 가능성이 크지 않고 앞으로도 제조업부문의 취업가능성이 상당히 제한되어 있음을 암시하는 것이라고 할 수 있다.

다음으로 전기, 가스 및 증기업을 살펴보자. 전기, 가스 및 증기업은 1968~71년에는 전기업, 1984~6년에는 전기·가스업이었다. A 부문은 1970년대 초에는 20퍼센트를 넘는 높은 가변자본의 비중을, 1970년대 중반에는 2퍼센트 수준의 극히 낮은 비율을 보여주고 있다. 즉 1970년대에 가변자본의 증가 및 감소가 극심했음을 알 수 있다. 1970년대 중반부터 증가와 감소를 반복하던 가변자본은 1991년에 15퍼센트로 최고치에 이른다. 이후 2002년까지 가변자본이 지속적으로 감소하는 경향을 보여주고 있다.

전기, 가스 및 증기업의 경우 B 부문이 A 부문과 매우 달라 흥미를 끈다. A의 평균 자본구성은 약 10대 90으로 제조업과 비슷하다. 이에 반해, B의 경우는 평균 3대 97이다. 이는 산업별 자본구성에서 전기, 가스 및 증기업의 가변자본이 가장 낮음을 말해준다. B에서도 역시 1991년에 5퍼센트로 최고치(?)에 달했던 가변자본은 이후 지속적으로 감소하여 2002년에 2퍼센트까지 감소했다.

<표 8-10> 전기, 가스 및 증기업 A의 자본구성

	총제조	노무비	복리	가변자본	불변자본	자본구성		
1968	17,842,078	3,074,485	127,228	3,201,713	14,640,365	17.9	:	82.1
1969	21,759,399	2,998,150		2,998,150	18,761,249	13.8	:	86.2
1970	26,713,825	4,779,427	636,906	5,416,333	21,297,492	20.3	:	79.7
1971	33,042,322	5,790,920	981,007	6,771,927	26,270,395	20.5	:	79.5
1972	36,541,199	1,758,649	280,626	2,039,275	34,501,924	5.6	:	94.4
1973	49,856,487	2,002,934	180,085	2,183,019	47,673,468	4.4	:	95.6
1974	118,997,706	2,737,905	203,214	2,941,119	116,056,587	2.5	:	97.5
1975	210,875	4,291	250	4,541	206,334	2.2	:	97.8
1976	278,113	16,332	587	16,919	261,194	6.1	:	93.9
1977	335,150	22,579	2,229	24,808	310,342	7.4	:	92.6
1978	418,126	29,804	3,203	33,007	385,119	7.9	:	92.1
1979	646,860	61,776	4,086	65,862	580,998	10.2	:	89.8
1980	1,140,452	87,240	5,324	92,564	1,047,888	8.1	:	91.9
1981	1,593,441	82,422	8,536	90,958	1,502,483	5.7	:	94.3
1982	1,928,261	94,538	10,864	105,402	1,822,859	5.5	:	94.5
1983	2,105,577	172,711	15,461	188,172	1,917,405	8.9	:	91.1
1984	2,073,102	132,878	17,130	150,008	1,923,094	7.2	:	92.8
1985	2,161,478	190,023	19,889	209,912	1,951,566	9.7	:	90.3
1986	2,103,708	222,761	23,732	246,493	1,857,215	11.7	:	88.3
1987	2,200,794	250,613	28,223	278,836	1,921,958	12.7	:	87.3
1988	2,767,711	267,004	39,871	306,875	2,460,836	11.1	:	88.9
1989	3,027,872	375,769	44,025	419,794	2,608,078	13.9	:	86.1
1990	3,505,459	404,961	55,281	460,242	3,045,217	13.1	:	86.9
1991	3,867,748	505,306	74,073	579,379	3,288,369	15.0	:	85.0
1992	4,828,858	518,508	85,026	603,534	4,225,324	12.5	:	87.5
1993	5,432,806	595,148	104,957	700,105	4,732,701	12.9	:	87.1
1994	6,599,205	662,445	121,267	783,712	5,815,493	11.9	:	88.1
1995	7,681,860	812,057	143,607	955,664	6,726,196	12.4	:	87.6
1996	9,293,698	976,552	181,064	1,157,616	8,136,082	12.5	:	87.5
1997	10,354,722	832,131	206,208	1,038,339	9,316,383	10.0	:	90.0
1998	10,668,823	887,830	205,686	1,093,516	9,575,307	10.2	:	89.8
1999	12,089,521	988,971	160,503	1,149,474	10,940,047	9.5	:	90.5
2000	13,389,531	878,887	97,317	976,204	12,413,327	7.3	:	92.7
2001	14,402,206	951,554	95,805	1,047,359	13,354,847	7.3	:	92.7
2002	20,981,287	1,375,116	162,541	1,537,657	19,443,630	7.3	:	92.7
평균						10.1	:	89.9

* 단위 : 천 원, 백만 원, %
* 자료출처 : '66 기업경영분석, '68 기업원가분석, '68~'71 기업경영분석, '73~2003 기업경영분석

<표 8-11> 전기, 가스 및 증기업 B의 자본구성

	자산	급여	퇴직	복리	가변자본	불변자본	자본구성		
1968	151,942,243	512,372		988,976	4,703,061	147,239,182	3.1	:	96.9
1969	205,800,773	746,292	1,629,796	193,041	5,567,279	200,233,494	2.7	:	97.3
1970	250,879,157	1,953,113	2,141,096	304,013	9,814,555	241,064,602	3.9	:	96.1
1971	354,416,547	1,890,654	2,600,506	322,028	11,585,115	342,831,432	3.3	:	96.7
1972	416,592,488	6,274,177	4,972,962	948,414	14,234,828	402,357,660	3.4	:	96.6
1973	510,554,245	11,751,725		611,451	14,546,195	496,008,050	2.8	:	97.2
1974	699,761,005	12,566,066		677,469	16,184,654	683,576,351	2.3	:	97.7
1975	853,931	18,672		838	24,051	829,880	2.8	:	97.2
1976	1,108,830	6,738	5,727	587	29,971	1,078,859	2.7	:	97.3
1977	1,447,987	4,729	16,970	865	47,372	1,400,615	3.3	:	96.7
1978	1,946,066	11,521	22,523	1,314	68,365	1,877,701	3.5	:	96.5
1979	2,704,731	13,827	7,916	1,752	89,357	2,615,374	3.3	:	96.7
1980	4,327,329	16,905	12,537	2,177	124,183	4,203,146	2.9	:	97.1
1981	5,718,270	21,629	12,900	3,765	129,252	5,589,018	2.3	:	97.7
1982	8,537,162	26,159	8,191	5,102	144,854	8,392,308	1.7	:	98.3
1983	10,073,276	30,625	29,258	6,570	254,625	9,818,651	2.5	:	97.5
1984	10,978,474	34,639	8,908	7,367	200,922	10,777,552	1.8	:	98.2
1985	12,412,696	42,224	21,435	7,993	281,564	12,131,132	2.3	:	97.7
1986	12,729,877	44,533	22,545	9,280	322,851	12,407,026	2.5	:	97.5
1987	12,900,322	60,698	21,543	10,682	371,759	12,528,563	2.9	:	97.1
1988	12,910,100	67,565	22,981	15,753	413,174	12,496,926	3.2	:	96.8
1989	13,322,822	85,907	37,754	15,827	559,282	12,763,540	4.2	:	95.8
1990	14,546,031	105,828	129,490	19,032	714,592	13,831,439	4.9	:	95.1
1991	16,857,837	111,111	49,364	23,878	763,732	16,094,105	4.5	:	95.5
1992	20,129,363	133,668	49,283	27,778	814,263	19,315,100	4.0	:	96.0
1993	22,875,904	161,407	53,531	35,084	950,127	21,925,777	4.2	:	95.8
1994	26,132,729	179,415	70,163	36,972	1,070,262	25,062,467	4.1	:	95.9
1995	30,382,453	203,596	112,945	42,714	1,314,919	29,067,534	4.3	:	95.7
1996	39,638,917	252,775	132,701	49,636	1,592,728	38,046,189	4.0	:	96.0
1997	50,239,375	271,943	68,752	44,009	1,423,043	48,816,332	2.8	:	97.2
1998	53,166,441	269,043	92,252	56,619	1,511,430	51,655,011	2.8	:	97.2
1999	70,359,580	307,570	108,287	51,141	1,616,472	68,743,108	2.3	:	97.7
2000	70,471,802	383,960	47,550	77,238	1,484,952	68,986,850	2.1	:	97.9
2001	76,347,790	441,973	58,056	66,052	1,613,440	74,734,350	2.1	:	97.9
2002	107,521,887	513,383	71,407	76,885	2,199,332	105,322,555	2.0	:	98.0
평균							3.1	:	96.9

* 단위 : 천 원, 백만 원, %
* 자료출처 : '66 기업경영분석, '68 기업원가분석, '68~'71 기업경영분석, '73~2003 기업경영분석

<표 8-12> 전기, 가스 및 증기업 B의 자본구성 및 취업자 수 변화

	취업자	취업자	전년대비증감(율)		자본구성	
			가변	불변		
1968						
1969			18.4	36.0	-0.4	0.4
1970			76.3	20.4	1.2	-1.2
1971			18.0	42.2	-0.6	0.6
1972			22.9	17.4	0.1	-0.1
1973			2.2	23.3	-0.6	0.6
1974			11.3	37.8	-0.5	0.5
1975			48.6	21.4	0.5	-0.5
1976			24.6	30.0	-0.1	0.1
1977			58.1	29.8	0.6	-0.6
1978			44.3	34.1	0.2	-0.2
1979			30.7	39.3	-0.2	0.2
1980	44		39.0	60.7	-0.4	0.4
1981	32	-27.3	4.1	33.0	-0.6	0.6
1982	32	0.0	12.1	50.2	-0.6	0.6
1983	31	-3.1	75.8	17.0	0.8	-0.8
1984	37	19.4	-21.1	9.8	-0.7	0.7
1985	41	10.8	40.1	12.6	0.4	-0.4
1986	40	-2.4	14.7	2.3	0.3	-0.3
1987	44	10.0	15.1	1.0	0.3	-0.3
1988	52	18.2	11.1	-0.3	0.3	-0.3
1989	59	13.5	35.4	2.1	1.0	-1.0
1990	70	18.6	27.8	8.4	0.7	-0.7
1991	66	-5.7	6.9	16.4	-0.4	0.4
1992	66	0.0	6.6	20.0	-0.5	0.5
1993	65	-1.5	16.7	13.5	0.1	-0.1
1994	71	9.2	12.6	14.3	-0.1	0.1
1995	70	-1.4	22.9	16.0	0.2	-0.2
1996	74	5.7	21.1	30.9	-0.3	0.3
1997	77	4.1	-10.7	28.3	-1.2	1.2
1998	61	-20.8	6.2	5.8	0.0	-0.0
1999	61	0.0	6.9	33.1	-0.5	0.5
2000	64	4.9	-8.1	0.4	-0.2	0.2
2001	58	-9.4	8.7	8.3	0.0	-0.0
2002	52	-10.3	36.3	40.9	-0.1	0.1
평균			21.6	22.2		

* 단위 : 천 명, %

* 자료출처 : '66 기업경영분석, '68 기업원가분석, '68~'71 기업경영분석, '73~2003 기업경영분석 및 통계청,
http://www.nso.go.kr

이 부문의 취업자 수는 증가와 감소를 반복하다가 1990년에 7만 명, 1997년에 77,000명으로 최고치에 이른다. 이후 취업자 수는 지속적으로 감소하여 2002년에 52,000명까지 감소했다. 이는 2001년의 58,000명에 비해 10퍼센트 이상 감소한 수치다. 그런데 이 해에(2002년) 가변자본은 전년에 비해 무려 36퍼센트나 증가했다. 물론 불변자본은 41퍼센트로 가변자본보다 더 많이 증가하여, 가변자본의 자본구성은 전년에 비해 0.1퍼센트 감소했다. 취업자 수는 10퍼센트나 감소했는데, 가변자본은 36퍼센트나 증가하는 현상을 어떻게 설명해야 할까? 이 산업부문에서 정리해고와 명예퇴직으로 임금노동자의 수가 감소하여 퇴직급여가 증가하고 임원과 임원의 급여가 (비정상적으로) 증가했기 때문이 아닐까? 우리가 갖고 있는 자료로는 이러한 추측만 가능할 뿐이다.

다음으로 건설업을 살펴보자. 건설업은 한국표준산업분류에서 현재까지 시계열상의 연속성을 유지하고 있는 보기 드문(?) 산업부문이다. 상식적으로 생각할 수 있듯이, 건설업은 가변자본 비중이 매우 높다. 그리고 이 상식은 〈표 8-13〉에서 그대로 입증되고 있다. 지난 35년간 평균 25대 75의 비율을 보여주는 것이다. 1980년까지 보이던 30퍼센트 전후의 높은 가변자본의 비중이 1989~91년에 다시 나타나고 있다. 하지만 이후 가변자본은 지속적으로 감소하여 1997년 이후 10퍼센트 수준을 보여주고 있다. 다른 산업부문보다 매우 더디지만, 건설업에서도 자본의 유기적 고도화 현상이 나타나고 있음을 볼 수 있다.

B 부문도 A와 비슷하게, 평균 약 25대 75의 자본구성을 보인다. 이 가변자본을 전기, 가스 및 증기업의 평균 3대 97과 비교해 보라. 건설업에서 가변자본에 대한 의존이 매우 높음을 알 수 있다. 오래 전이지만(1969년), 가변자본의 비중이 불변자본보다 더 높은, 극히 보기 드문 경우도 있다.

〈표 8-13〉 건설업 A의 자본구성

	총제조	노무비	복리	가변자본	불변자본	자본구성		
1968	21,489,399	6,840,499	59,593	6,900,092	14,589,307	32.1	:	67.9
1969	71,184,854	21,929,170	245,141	22,174,311	49,010,543	31.2	:	68.8
1970	72,167,077	23,395,861	155,571	23,551,432	48,615,645	32.6	:	67.4
1971	95,752,007	28,841,149	183,981	29,025,130	66,726,877	30.3	:	69.7
1972	109,405,382	34,913,891	285,389	35,199,280	74,206,102	32.2	:	67.8
1973	131,110,312	34,619,722	468,363	35,088,085	96,022,227	26.8	:	73.2
1974	151,731,392	41,180,226	641,743	41,821,969	109,909,423	27.6	:	72.4
1975	189,534	56,689	1,208	57,897	131,637	30.5	:	69.5
1976	548,204	148,589	8,953	157,542	390,662	28.7	:	71.3
1977	1,434,643	316,915	15,214	332,129	1,102,514	23.2	:	76.8
1978	3,132,384	845,383	37,063	882,446	2,249,938	28.2	:	71.8
1979	4,137,765	1,154,821	66,909	1,221,730	2,916,035	29.5	:	70.5
1980	7,242,301	1,793,570	305,740	2,099,310	5,142,991	29.0	:	71.0
1981	8,422,442	1,604,288	213,977	1,818,265	6,604,177	21.6	:	78.4
1982	11,705,482	2,500,932	284,591	2,785,523	8,919,959	23.8	:	76.2
1983	13,468,953	2,749,673	306,285	3,055,958	10,412,995	22.7	:	77.3
1984	13,316,726	3,079,916	292,039	3,371,955	9,944,771	25.3	:	74.7
1985	15,190,414	3,172,947	286,001	3,458,948	11,731,466	22.8	:	77.2
1986	13,347,245	2,922,263	208,048	3,130,311	10,216,934	23.5	:	76.5
1987	12,299,942	2,794,003	160,507	2,954,510	9,345,432	24.0	:	76.0
1988	14,012,314	3,298,274	175,177	3,473,451	10,538,863	24.8	:	75.2
1989	17,291,436	4,465,648	222,509	4,688,157	12,603,279	27.1	:	72.9
1990	33,014,380	8,074,519	412,277	8,486,796	24,527,584	25.7	:	74.3
1991	43,804,063	12,304,524	528,101	12,832,625	30,971,438	29.3	:	70.7
1992	47,057,115	11,607,611	514,383	12,121,994	34,935,121	25.8	:	74.2
1993	56,419,890	13,482,411	823,866	14,306,277	42,113,613	25.4	:	74.6
1994	65,091,887	13,640,693	890,648	14,531,341	50,560,546	22.3	:	77.7
1995	73,611,760	16,539,989	1,056,186	17,596,175	56,015,585	23.9	:	76.1
1996	83,185,070	15,615,802	1,208,301	16,824,103	66,360,967	20.2	:	79.8
1997	110,496,741	18,923,809	1,617,787	20,541,596	89,955,145	18.6	:	81.4
1998	117,309,564	17,377,916	1,210,757	18,588,673	98,720,891	15.8	:	84.2
1999	105,894,336	14,070,119	1,351,315	15,421,434	90,472,902	14.6	:	85.4
2000	76,213,087	14,476,032	960,477	15,436,509	60,776,578	20.3	:	79.7
2001	79,859,246	14,275,914	921,099	15,197,013	64,662,233	19.0	:	81.0
2002	91,915,159	15,951,340	1,009,192	16,960,532	74,954,627	18.5	:	81.5
평균						25.0	:	75.0

* 단위 : 천 원, 백만 원, %

* 자료출처 : '66 기업경영분석, '68 기업원가분석, '68~'71 기업경영분석, '73~2003 기업경영분석

<table 8-14> 건설업 B의 자본구성

	자산	급여	퇴직	복리	가변자본	불변자본	자본구성		
1968	32,008,269	3,659,832		51,608	10,611,532	21,396,737	33.2	:	66.8
1969	46,910,854	1,996,956	37,787	41,302	24,250,356	22,660,498	51.7	:	48.3
1970	63,167,144	2,693,497	115,848	89,050	26,449,827	36,717,317	41.9	:	58.1
1971	91,315,190	3,117,023	88,110	118,574	32,348,837	58,966,353	35.4	:	64.6
1972	124,923,488	4,027,720	147,422	110,066	39,484,488	85,439,000	31.6	:	68.4
1973	122,580,093	5,133,606		123,334	40,345,025	82,235,068	32.9	:	67.1
1974	204,784,743	6,552,657		298,064	48,672,690	156,112,053	23.8	:	76.2
1975	300,997	9,116		318	67,331	233,666	22.4	:	77.6
1976	711,196	17,377	2,265	786	177,970	533,226	25.0	:	75.0
1977	1,491,525	31,796	5,562	1,570	371,057	1,120,468	24.9	:	75.1
1978	2,990,106	97,248	9,844	5,252	994,790	1,995,316	33.3	:	66.7
1979	3,889,288	124,119	17,129	8,697	1,371,675	2,517,613	35.3	:	64.7
1980	7,082,358	198,833	29,677	24,832	2,352,652	4,729,706	33.2	:	66.8
1981	9,790,697	207,168	30,464	33,644	2,089,541	7,701,156	21.3	:	78.7
1982	13,587,484	343,759	51,441	45,618	3,226,341	10,361,143	23.7	:	76.3
1983	16,218,323	379,579	48,281	37,312	3,521,130	12,697,193	21.7	:	78.3
1984	14,506,099	385,053	49,465	34,594	3,841,067	10,665,032	26.5	:	73.5
1985	18,244,285	400,213	39,154	39,785	3,938,100	14,306,185	21.6	:	78.4
1986	18,579,567	353,793	40,630	32,659	3,557,393	15,022,174	19.1	:	80.9
1987	20,132,625	380,731	46,010	37,741	3,418,992	16,713,633	17.0	:	83.0
1988	18,692,120	387,928	40,714	46,676	3,948,769	14,743,351	21.1	:	78.9
1989	22,443,845	501,820	64,635	58,546	5,313,158	17,130,687	23.7	:	76.3
1990	38,779,496	840,932	65,548	110,388	9,503,664	29,275,832	24.5	:	75.5
1991	47,186,377	1,141,894	129,232	131,504	14,235,255	32,951,122	30.2	:	69.8
1992	53,082,847	1,188,826	145,177	130,060	13,586,057	39,496,790	25.6	:	74.4
1993	62,528,932	1,773,457	169,324	226,899	16,475,957	46,052,975	26.3	:	73.7
1994	85,448,783	1,910,542	216,279	266,655	16,924,817	68,523,966	19.8	:	80.2
1995	95,788,986	2,078,295	240,699	320,767	20,235,936	75,553,050	21.1	:	78.9
1996	106,632,972	2,490,571	277,258	378,885	19,970,817	86,662,155	18.7	:	81.3
1997	146,619,629	3,081,115	321,239	485,395	24,429,345	122,190,284	16.7	:	83.3
1998	161,584,838	2,462,660	355,787	366,370	21,773,490	139,811,348	13.5	:	86.5
1999	152,097,028	2,354,093	305,908	447,775	18,529,210	133,567,818	12.2	:	87.8
2000	101,313,495	2,285,712	259,509	352,145	18,333,875	82,979,620	18.1	:	81.9
2001	87,266,059	2,280,857	246,296	390,112	18,114,278	69,151,781	20.8	:	79.2
2002	92,526,687	2,636,470	256,707	436,464	20,290,173	72,236,514	21.9	:	78.1
평균							25.4	:	74.6

* 단위 : 천 원, 백만 원, %
* 자료출처 : '66 기업경영분석, '68 기업원가분석, '68~'71 기업경영분석, '73~2003 기업경영분석

<표 8-15> 건설업 B의 자본구성 및 취업자 수 변화

	취업자	전년대비증감(율)			자본구성	
		취업자	가변	불변		
1968	315	22.1				
1969	334	6.0	128.5	5.9	18.5	-18.5
1970	281	-15.9	9.1	62.0	-9.8	9.8
1971	346	23.1	22.3	60.6	-6.4	6.4
1972	388	12.1	22.1	44.9	-3.8	3.8
1973	369	-4.9	2.2	-3.7	1.3	-1.3
1974	447	21.1	20.6	89.8	-9.1	9.1
1975	509	13.9	38.3	49.7	-1.4	1.4
1976	526	3.3	164.3	128.2	2.7	-2.7
1977	622	18.3	108.5	110.1	-0.1	0.1
1978	818	31.5	168.1	78.1	8.4	-8.4
1979	835	2.1	37.9	26.2	2.0	-2.0
1980	843	1.0	71.5	87.9	-2.0	2.0
1981	876	3.9	-11.2	62.8	-11.9	11.9
1982	829	-5.4	54.4	34.5	2.4	-2.4
1983	817	-1.4	9.1	22.5	-2.0	2.0
1984	905	10.8	9.1	-16.0	4.8	-4.8
1985	911	0.7	2.5	34.1	-4.9	4.9
1986	889	-2.4	-9.7	5.0	-2.4	2.4
1987	920	3.5	-3.9	11.3	-2.2	2.2
1988	1,024	11.3	15.5	-11.8	4.1	-4.1
1989	1,143	11.6	34.6	16.2	2.5	-2.5
1990	1,346	17.8	78.9	70.9	0.8	-0.8
1991	1,556	15.6	49.8	12.6	5.7	-5.7
1992	1,663	6.9	-4.6	19.9	-4.6	4.6
1993	1,689	1.6	21.3	16.6	0.8	-0.8
1994	1,781	5.4	2.7	48.8	-6.5	6.5
1995	1,905	7.0	19.6	10.3	1.3	-1.3
1996	1,971	3.5	-1.3	14.7	-2.4	2.4
1997	2,004	1.7	22.3	41.0	-2.1	2.1
1998	1,578	-21.3	-10.9	14.4	-3.2	3.2
1999	1,476	-6.5	-14.9	-4.5	-1.3	1.3
2000	1,580	7.0	-1.1	-37.9	5.9	-5.9
2001	1,585	0.3	-1.2	-16.7	2.7	-2.7
2002	1,746	10.2	12.0	4.5	1.2	-1.2
평균			31.4	32.1		

* 단위 : 천 명, %
* 자료출처 : '66 기업경영분석, '68 기업원가분석, '68~'71 기업경영분석, '73~2003 기업경영분석 및 통계청,
  http://www.nso.go.kr

20~30퍼센트를 유지하던 가변자본이 1996년부터 감소하여, 1996~2000년 에는 평균 15.8퍼센트로 감소하였다. 그리고 2000년부터 가변자본은 다시 증가하고 있다. 건설업에서 자본구성의 증가와 감소가 불규칙적임을 알 수 있다.

왼쪽의 〈표 8-15〉에서 가변자본과 불변자본의 증감을 보면, 일반적으로 불변자본이 가변자본보다 더 빨리 증가하고 있음을 알 수 있다. 불변자본 은 1973년을 제외하고 1970~83년 사이에 지속적으로 그리고 크게 증가하 였다. 1990년대에는 1990, 1994, 1997년에 크게 증가하여, 아파트 건설경 기와 관련이 있지 않을까 하는 추측을 가능하게 한다. 가변자본은 1976~8 년과 1988~91년에 크게 증가하였다.

건설업의 취업자 수는 몇 번의 예외를 제외하고 1997년까지 지속적으 로 증가한다. 1997년에 200만 명을 돌파한 취업자 수는 이후 IMF 외환위 기의 직격탄을 맞아 1999년까지 무려 50만 명 이상 감소하였다. 이후 취업 자 수는 서서히 증가하여, 2002년에는 취업자 수가 다시 큰 폭으로 증가하 였다. 건설업에는 '전통적으로' 임시직과 일용직 노동자가 과잉상태를 이 룬다. 따라서 취업자 수의 증가를 건설업에서 고용 및 고용기회의 증가라 고 일반화하기는 어려울 것으로 보인다.

다음으로 도매 및 소매업을 살펴보자. 도매 및 소매업도 전기, 가스 및 증기업과 마찬가지로 시계열상의 불일치를 겪은 산업부문이다. 1968년의 도·소매업이 1969~92년에 도·소매 및 숙박업이 되었다가, 1993~9년에 도·소매 및 소비자용품수리업으로 변경되었다. 2000년부터 다시 도매 및 소매업으로 변경되었다. 1968년에는 도·소매업의 규모가 영세해서 독립 되어 있었다면, 2000년부터는 규모가 확대되어 다시 독립되었다고 볼 수 있다. 유통산업의 발전과정을 산업분류의 변경을 통해서도 짐작할 수 있다.

<표 8-16> 도매 및 소매업 A의 자본구성

	총제조	노무비	복리	가변자본	불변자본	자본구성		
1969	1,080,141	172,965	37,669	210,634	869,507	19.5	:	80.5
1970								
1971								
1972								
1973	28,203,252	1,803,600	46,866	1,850,466	26,352,786	6.6	:	93.4
1974	16,816,376	1,425,698	73,680	1,499,378	15,316,998	8.9	:	91.1
1975	37,278	3,354	173	3,527	33,751	9.5	:	90.5
1976	374,663	35,385	1,410	36,795	337,868	9.8	:	90.2
1977	469,427	48,885	2,052	50,937	418,490	10.9	:	89.1
1978	854,640	90,378	4,872	95,250	759,390	11.1	:	88.9
1979	1,127,214	152,037	7,058	159,095	968,119	14.1	:	85.9
1980	1,612,537	150,937	10,222	161,159	1,451,378	10.0	:	90.0
1981	1,529,673	114,958	7,350	122,308	1,407,365	8.0	:	92.0
1982	2,403,248	283,444	35,661	319,105	2,084,143	13.3	:	86.7
1983	3,631,764	408,815	70,100	478,915	3,152,849	13.2	:	86.8
1984	3,806,811	355,679	46,586	402,265	3,404,546	10.6	:	89.4
1985	4,106,687	261,431	20,108	281,539	3,825,148	6.9	:	93.1
1986	6,044,217	742,482	107,755	850,237	5,193,980	14.1	:	85.9
1987	3,890,675	419,729	44,309	464,038	3,426,637	11.9	:	88.1
1988	5,297,261	527,208	48,341	575,549	4,721,712	10.9	:	89.1
1989	4,336,545	535,800	51,894	587,694	3,748,851	13.6	:	86.4
1990	5,470,853	583,556	57,563	641,119	4,829,734	11.7	:	88.3
1991	6,933,976	753,573	71,933	825,506	6,108,470	11.9	:	88.1
1992	7,473,496	815,597	75,556	891,153	6,582,343	11.9	:	88.1
1993	5,667,835	550,772	72,958	623,730	5,044,105	11.0	:	89.0
1994	7,059,772	694,295	82,862	777,157	6,282,615	11.0	:	89.0
1995	7,470,754	716,928	90,630	807,558	6,663,196	10.8	:	89.2
1996	11,481,732	1,228,649	162,911	1,391,560	10,090,172	12.1	:	87.9
1997	16,714,884	1,735,185	141,068	1,876,253	14,838,631	11.2	:	88.8
1998	17,633,089	1,074,190	95,223	1,169,413	16,463,676	6.6	:	93.4
1999	17,060,309	1,332,821	141,543	1,474,364	15,585,945	8.6	:	91.4
2000	14,292,928	748,021	145,157	893,178	13,399,750	6.2	:	93.8
2001	18,436,984	1,252,007	184,444	1,436,451	17,000,533	7.8	:	92.2
2002	21,641,670	1,121,272	201,087	1,322,359	20,319,311	6.1	:	93.9
평균						10.6	:	89.4

* 단위 : 천 원, 백만 원, %
* 자료출처 : '66 기업경영분석, '68 기업원가분석, '68~'71 기업경영분석, '73~2003 기업경영분석

〈표 8-17〉 도매 및 소매업 B의 자본구성

	자산	급여	퇴직	복리	가변자본	불변자본	자본구성		
1969	39,724,821	1,653,346	64,046	74,837	2,002,863	37,721,958	5.0	:	95.0
1970	63,740,305	3,037,200	136,961	137,753	3,311,914	60,428,391	5.2	:	94.8
1971	113,337,683	3,642,111	197,274	138,719	3,978,104	109,359,579	3.5	:	96.5
1972	120,161,185	4,881,168	281,551	260,450	5,423,169	114,738,016	4.5	:	95.5
1973	124,760,028	7,037,667		337,675	9,225,808	115,534,220	7.4	:	92.6
1974	121,165,139	8,029,901		401,893	9,931,172	111,233,967	8.2	:	91.8
1975	226,922	20,329		565	24,421	202,501	10.8	:	89.2
1976	597,039	24,096	1,626	1,331	63,848	533,191	10.7	:	89.3
1977	937,457	37,270	4,452	2,464	95,123	842,334	10.1	:	89.9
1978	2,030,760	125,399	8,378	6,577	235,604	1,795,156	11.6	:	88.4
1979	2,509,273	176,961	12,238	12,764	361,058	2,148,215	14.4	:	85.6
1980	3,971,902	246,558	14,752	17,676	440,145	3,531,757	11.1	:	88.9
1981	5,542,889	244,644	18,247	22,618	407,817	5,135,072	7.4	:	92.6
1982	7,357,908	363,574	27,880	35,331	745,890	6,612,018	10.1	:	89.9
1983	9,657,753	506,523	47,611	54,340	1,087,389	8,570,364	11.3	:	88.7
1984	10,889,195	507,925	35,630	48,171	993,991	9,895,204	9.1	:	90.9
1985	12,682,349	551,835	43,397	51,867	928,638	11,753,711	7.3	:	92.7
1986	15,021,226	697,427	56,836	73,319	1,677,819	13,343,407	11.2	:	88.8
1987	14,921,561	737,149	67,196	76,332	1,344,715	13,576,846	9.0	:	91.0
1988	17,701,459	909,429	87,447	113,459	1,685,884	16,015,575	9.5	:	90.5
1989	20,967,947	1,134,584	111,897	147,474	1,981,649	18,986,298	9.5	:	90.5
1990	31,615,217	1,771,431	156,097	220,189	2,788,836	28,826,381	8.8	:	91.2
1991	39,912,185	2,218,475	211,601	280,956	3,536,538	36,375,647	8.9	:	91.1
1992	45,683,498	2,576,497	227,505	339,767	4,034,922	41,648,576	8.8	:	91.2
1993	47,695,896	3,277,395	287,305	391,163	4,579,593	43,116,303	9.6	:	90.4
1994	54,263,185	3,379,378	328,645	427,305	4,912,485	49,350,700	9.1	:	90.9
1995	67,931,312	4,238,352	426,129	550,899	6,022,938	61,908,374	8.9	:	91.1
1996	85,941,295	5,251,528	575,893	718,092	7,937,073	78,004,222	9.2	:	90.8
1997	107,424,751	6,022,491	590,803	809,824	9,299,371	98,125,380	8.7	:	91.3
1998	113,251,444	5,273,618	612,708	706,806	7,762,545	105,488,899	6.9	:	93.1
1999	112,431,944	6,183,876	716,519	929,968	9,304,727	103,127,217	8.3	:	91.7
2000	107,761,892	6,303,786	680,243	844,088	8,721,295	99,040,597	8.1	:	91.9
2001	113,499,066	6,741,075	680,898	981,614	9,840,038	103,659,028	8.7	:	91.3
2002	128,191,869	8,007,035	796,600	1,244,310	11,370,304	116,821,565	8.9	:	91.1
평균							8.8	:	91.2

* 단위 : 천 원, 백만 원, %
* 자료출처 : '66 기업경영분석, '68 기업원가분석, '68~'71 기업경영분석, '73~2003 기업경영분석

⟨표 8-18⟩ 도매 및 소매업 B의 자본구성 및 취업자 수 변화

	취업자	전년대비증감(율)				매출액	매출원가
		취업자	가변	불변	자본구성		
1969						44,193,966	36,617,004
1970			65.4	60.2	0.2	-0.2	64,628,456	52,169,907
1971			20.1	81.0	-1.7	1.7	125,491,881	108,833,256
1972			36.3	4.9	1.0	-1.0	215,549,549	189,506,779
1973			70.1	0.7	2.9	-2.9	275,951,807	240,463,780
1974			7.6	-3.7	0.8	-0.8	303,299,338	263,422,606
1975			145.9	82.0	2.6	-2.6	456,989	379,786
1976			161.4	163.3	-0.1	0.1	1,062,974	915,330
1977			49.0	58.0	-0.5	0.5	1,927,733	1,697,675
1978			147.7	113.1	1.5	-1.5	4,796,025	4,286,685
1979			53.2	19.7	2.8	-2.8	6,425,136	5,680,642
1980	2,625		21.9	64.4	-3.3	3.3	11,215,905	10,104,061
1981	2,773	5.6	-7.3	45.4	-3.7	3.7	14,103,958	12,771,325
1982	3,172	14.4	82.9	28.8	2.8	-2.8	17,985,092	16,383,094
1983	3,235	2.0	45.8	29.6	1.1	-1.1	22,209,569	19,949,337
1984	3,151	-2.6	-8.6	15.5	-2.1	2.1	27,436,709	25,113,540
1985	3,377	7.2	-6.6	18.8	-1.8	1.8	30,681,923	28,125,452
1986	3,480	3.1	80.7	13.5	3.8	-3.8	36,650,011	33,390,975
1987	3,611	3.8	-19.9	1.7	-2.2	2.2	41,023,000	37,649,510
1988	3,646	1.0	25.4	18.0	0.5	-0.5	47,113,238	43,084,362
1989	3,743	2.7	17.5	18.5	-0.1	0.1	49,645,146	45,108,117
1990	3,935	5.1	40.7	51.8	-0.6	0.6	67,084,509	60,128,262
1991	4,103	4.3	26.8	26.2	0.0	-0.0	84,006,596	75,556,463
1992	4,259	3.8	14.1	14.5	-0.0	0.0	98,323,078	88,912,666
1993	3,506	-17.7	13.5	3.5	0.8	-0.8	115,432,833	104,246,813
1994	3,716	6.0	7.3	14.5	-0.5	0.5	127,241,273	114,835,640
1995	3,773	1.5	22.6	25.4	-0.2	0.2	160,918,311	145,574,503
1996	3,872	2.6	31.8	26.0	0.4	-0.4	198,912,863	180,030,296
1997	3,915	1.1	17.2	25.8	-0.6	0.6	247,239,123	224,087,616
1998	3,818	-2.5	-16.5	7.5	-1.8	1.8	279,521,172	257,646,220
1999	3,904	2.3	19.9	-2.2	1.4	-1.4	259,921,417	235,425,426
2000	3,833	-1.8	-6.3	-4.0	-0.2	0.2	271,604,470	241,765,786
2001	3,931	2.6	12.8	4.7	0.6	-0.6	263,944,790	231,201,343
2002	3,991	1.5	15.6	12.7	0.2	-0.2	322,606,489	282,881,066
평균			36.0	31.5				

* 단위 : 천 원, 백만 원, 천 명, %

* 자료출처 : '66 기업경영분석, '68 기업원가분석, '68~'71 기업경영분석, '73~2003 기업경영분석 및 통계청,
　　　http://www.nso.go.kr

앞서의 〈표 8-16〉을 보면, 도매 및 소매업의 평균 자본구성은 약 11대 89로 제조업과 크게 다르지 않다. 증가와 감소에 있어서도 별다른 특징이 눈에 띄지 않는다. 그런데 1969년의 20대 80의 자본구성이 매우 이채롭다. 그리고 1998년 이후부터 가변자본의 급격한 감소경향이 매우 두드러지고 분명하게 진행되고 있다.

B 부문에서도 별다른 특징은 보이지 않는다. 1987년 이후 8~9퍼센트 수준의 일정한 가변자본이 눈길을 끈다. 그 범위 안에서 증가와 감소가 계속 일어나고 있다.

도매 및 소매업의 취업자 수는 1992년에 430만여 명으로 최고치에 이르렀다. 이후 취업자 수가 대폭으로 감소했다가, 1994년부터 소폭의 증가추세를 보이고 있다. 2002년에 다시 1990년대 초의 수준을 회복하였다. 인터넷 쇼핑의 증가와 이에 따른 유통부문(대규모 할인점과 마트, 대형백화점, 각종 편의점 등)의 급격한 팽창으로 이 부문의 취업자 수는 당분간 계속 증가할 것으로 예상된다. 하지만 이에 따른 불변자본의 증가(창고시설, 건물, 컴퓨터화 및 자동화, 차량 등)로 가변자본이 〈표 8-17〉에서 보는 것처럼 대략 8~9퍼센트를 보이고 있다.

왼쪽의 〈표 8-18〉에는 매출액과 매출원가를 함께 표시하였다. 이를 자산 및 당기총제조비용과 비교해보기 위해서다. 6장에서 A의 경우 당기총제조비용을 자본으로 잡고, B의 경우 자산을 자본으로 잡았다. 그런데 그 이유를 명백히 해주는 산업부문이 바로 도매 및 소매업이다. 도매 및 소매업의 경우 2002년 기준으로 자산 128조 원에 매출액은 323조 원으로, 매출액이 자산보다 약 2.5배나 더 크다. 또한 당기총제조비용은 22조 원인데 비해, 매출원가는 283조 원이다. 매출원가가 당기총제조비용의 약 열세 배나 된다. 뒤집어 말해, 당기총제조비용이 매출원가에서 차지하는 비중이 약 7.7퍼센트로, 다른 산업분야와 달리 매우 낮다.

이는 도매 및 소매업이 자체적으로 상품을 생산하지 않는 유통산업이기 때문이다. 따라서 매출액은 자산과 큰 차이가 나고, 매출원가는 당기총제조비용과 큰 차이가 나는 것이다. 이러한 이유로 A의 경우 당기총제조비용을, B의 경우 자산을 자본으로 규정하는 것이 총 자본과 가변자본 및 불변자본을 수량적으로 파악하기 위한 분석에서 발생할 수 있는 오류를 그나마 최소화하는 방법이 된다.

도매 및 소매업에 대해 한마디만 더하면, 이 산업의 성장속도와 규모로 볼 때 도매 및 소매업이 크게 성장했고 앞으로도 크게 성장할 것으로 전망된다는 점이다. 하지만 그러한 성장전망과 달리 총 자본에서 차지하는 가변자본의 비율이 그다지 높지 않다. 이는 유통산업이 현실에서 주부의 고용이나 아르바이트 등, 주로 저임금의 비정규직 노동자 중심으로 고용을 충당하기 때문인 것으로 해석할 수 있을 것이다.

다음으로, 『기업경영분석』의 차례에 따라 살펴볼 산업부문은 숙박업이다. 숙박업은 위의 도매 및 소매업에서 본 것처럼, 1993년부터 도·소매 및 숙박업에서 분리, 독립하였다. 그런데 10년의 기간은 장기적 시각에서 자본구성의 변화를 알아보기에는 아무래도 짧은 시간이다. 또한 숙박업이 산업 전체에서 차지하는 비중도 그리 크지 않다. 따라서 이러한 이유로 여기서 숙박업의 자본구성은 살펴보지 않는다.

같은 이유로 산업의 대분류 중에서 살펴보지 않는 산업부문이 몇 개 더 있다. 먼저 통신업이다. 통신업은 2000년에야 비로소 운수, 창고 및 통신업에서 분리하여 독자적 분류를 이루었다. 3년간의 자료로는 아무래도 자본구성의 변화를 파악하기 어렵다. 통신업도 제외한다.

사업서비스업도 2000년부터 부동산업에서 독립하였다. 3년간의 자료를

분석하는 것은 자본구성의 변화를 파악하는 데 거의 무의미하여, 사업서
비스업도 제외한다.

하수처리, 폐기물처리 및 청소관련서비스업은 2001년에야 비로소 독립
되어 새로 분류되었다. 마찬가지 이유로 이 산업부문도 고려대상에서 제
외한다.

이제 운수업을 살펴보도록 하자. 운수업은 1968년 운수 및 보관업에서
출발하여, 1969~89년에 운수 및 창고업이 되었다가, 1990~9년에 운수, 창
고 및 통신업으로 변경되었다. 그리고 2000년부터 운수업으로 독립하였다.

지난 34년간 평균 자본구성은 대략 21대 79로, 운수업은 가변자본이 비
교적 높은 산업부문이다. 1990년까지 증가하던 가변자본은 1990년에 30.3
퍼센트로 최고치에 달했다가 이후 지속적으로 감소하고 있다. 1998년부터
는 10퍼센트 수준으로 감소하였다.

B 부문도 가변자본이 상당히 높은 편이다. 평균 약 16대 84의 자본구성
을 보여주고 있다. 1980년대 20퍼센트 수준을 유지하던 가변자본은 1984
년에 24.1퍼센트로 최고 수준에 도달한 이후 지속적으로 감소하고 있다.
특히 1997년부터 2002년까지 11~3퍼센트 수준의 낮은 가변자본을 보여주
고 있다.

운수업의 취업자 수는 조금씩 증가하는 편이다. 2000년에 보이는 취업
자 수, 가변자본, 불변자본의 절대적 감소는 운수업이 운수, 창고 및 통신
업에서 분리, 독립하였기 때문인 것으로 보인다. 가변자본이 증가하기는
하지만, 그 증가폭은 계속 감소하고 있다. 1971년에는 전년도에 비해 가변
자본이 약 400퍼센트나 증가하였다. 비정상적 증가이기 때문에 쉽게 납득
하기 어려운 부분이다. 회계기준의 변경이나 회계상의 오류가 아닐까 추
측한다.

〈표 8-19〉 운수업 A의 자본구성

	총제조	노무비	복리	가변자본	불변자본	자본구성		
1969	34,037,952	3,475,706	212,615	3,688,321	30,349,631	10.8	:	89.2
1970								
1971	53,654,129	8,697,637	384,898	9,082,535	44,571,594	16.9	:	83.1
1972	73,334,207	11,034,889	609,022	11,643,911	61,690,296	15.9	:	84.1
1973	108,525,572	17,736,479	622,033	18,358,512	90,167,060	16.9	:	83.1
1974	146,468,642	22,860,848	764,133	23,624,981	122,843,661	16.1	:	83.9
1975	96,751	11,744	433	12,177	84,574	12.6	:	87.4
1976	203,707	29,489	1,362	30,851	172,856	15.1	:	84.9
1977	425,937	74,714	4,674	79,388	346,549	18.6	:	81.4
1978	794,741	202,628	9,151	211,779	582,962	26.6	:	73.4
1979	1,116,554	261,320	15,738	277,058	839,496	24.8	:	75.2
1980	2,177,589	461,962	28,842	490,804	1,686,785	22.5	:	77.5
1981	2,970,823	465,646	21,698	487,344	2,483,479	16.4	:	83.6
1982	3,521,662	616,328	27,794	644,122	2,877,540	18.3	:	81.7
1983	3,564,939	699,334	40,447	739,781	2,825,158	20.8	:	79.2
1984	4,382,019	989,087	61,963	1,051,050	3,330,969	24.0	:	76.0
1985	4,592,149	893,636	62,626	956,262	3,635,887	20.8	:	79.2
1986	4,977,136	1,057,679	66,790	1,124,469	3,852,667	22.6	:	77.4
1987	5,320,968	1,147,877	87,849	1,235,726	4,085,242	23.2	:	76.8
1988	6,456,026	1,475,471	108,553	1,584,024	4,872,002	24.5	:	75.5
1989	7,412,821	1,679,449	104,836	1,784,285	5,628,536	24.1	:	75.9
1990	10,261,919	2,822,847	281,718	3,104,565	7,157,354	30.3	:	69.7
1991	12,352,350	3,123,233	352,635	3,475,868	8,876,482	28.1	:	71.9
1992	13,971,525	3,419,925	398,415	3,818,340	10,153,185	27.3	:	72.7
1993	16,870,337	3,746,071	462,468	4,208,539	12,661,798	24.9	:	75.1
1994	18,234,325	4,189,343	524,133	4,713,476	13,520,849	25.8	:	74.2
1995	23,982,152	5,095,386	625,400	5,720,786	18,261,366	23.9	:	76.1
1996	28,956,248	6,227,685	796,688	7,024,373	21,931,875	24.3	:	75.7
1997	34,403,520	6,087,133	943,588	7,030,721	27,372,799	20.4	:	79.6
1998	41,476,317	6,104,906	988,202	7,093,108	34,383,209	17.1	:	82.9
1999	39,694,159	6,413,668	935,058	7,348,726	32,345,433	18.5	:	81.5
2000	30,275,761	4,331,838	431,088	4,762,926	25,512,835	15.7	:	84.3
2001	31,804,630	4,370,103	432,815	4,802,918	27,001,712	15.1	:	84.9
2002	32,925,354	5,106,786	515,097	5,621,883	27,303,471	17.1	:	82.9
평균						20.6	:	79.4

* 단위 : 천 원, 백만 원, %

* 자료출처 : '66 기업경영분석, '68 기업원가분석, '68~'71 기업경영분석, '73~2003 기업경영분석

〈표 8-20〉 운수업 B의 자본구성

	자산	급여	퇴직	복리	가변자본	불변자본	자본구성		
1969	66,942,343	2,873,516	327,159	88,688	6,977,684	59,964,659	10.4	:	89.6
1970	70,037,095	2,447,724	479,589	69,481	2,996,794	67,040,301	4.3	:	95.7
1971	121,261,079	5,133,758	604,456	202,559	15,023,308	106,237,771	12.4	:	87.6
1972	130,987,493	6,030,968	551,682	320,298	18,546,859	112,440,634	14.2	:	85.8
1973	222,142,852	9,982,911		377,432	28,718,855	193,423,997	12.9	:	87.1
1974	410,268,695	14,153,278		792,991	38,571,250	371,697,445	9.4	:	90.6
1975	425,945	15,682		887	28,746	397,199	6.7	:	93.3
1976	662,337	25,626	2,517	1,445	60,439	601,898	9.1	:	90.9
1977	939,295	41,201	4,613	2,691	127,893	811,402	13.6	:	86.4
1978	1,485,793	99,558	8,865	7,091	327,293	1,158,500	22.0	:	78.0
1979	1,933,305	120,611	11,832	10,456	419,957	1,513,348	21.7	:	78.3
1980	3,315,310	142,563	12,870	14,940	661,177	2,654,133	19.9	:	80.1
1981	3,920,968	152,665	18,751	13,965	672,725	3,248,243	17.2	:	82.8
1982	4,414,801	179,476	14,710	15,602	853,910	3,560,891	19.3	:	80.7
1983	5,680,028	219,413	23,014	18,851	1,001,059	4,678,969	17.6	:	82.4
1984	5,774,296	284,064	30,588	27,411	1,393,113	4,381,183	24.1	:	75.9
1985	6,684,518	287,922	24,456	33,970	1,302,610	5,381,908	19.5	:	80.5
1986	8,027,461	305,270	25,522	35,502	1,490,763	6,536,698	18.6	:	81.4
1987	9,136,423	429,522	41,086	45,885	1,752,219	7,384,204	19.2	:	80.8
1988	10,054,473	424,429	60,680	55,185	2,124,318	7,930,155	21.1	:	78.9
1989	11,271,441	539,491	55,326	70,877	2,449,979	8,821,462	21.7	:	78.3
1990	20,329,196	587,608	65,434	85,342	3,842,949	16,486,247	18.9	:	81.1
1991	23,828,372	715,378	91,252	113,219	4,395,717	19,432,655	18.4	:	81.6
1992	26,670,276	782,858	79,843	117,848	4,798,889	21,871,387	18.0	:	82.0
1993	29,341,928	837,235	74,439	127,308	5,247,521	24,094,407	17.9	:	82.1
1994	34,314,870	979,704	115,204	153,243	5,961,627	28,353,243	17.4	:	82.6
1995	39,408,578	1,107,126	147,627	174,684	7,150,223	32,258,355	18.1	:	81.9
1996	46,309,716	1,449,066	159,742	200,497	8,833,678	37,476,038	19.1	:	80.9
1997	64,716,038	1,360,730	170,910	235,543	8,797,904	55,918,134	13.6	:	86.4
1998	65,663,082	1,359,331	150,588	225,706	8,828,733	56,834,349	13.4	:	86.6
1999	84,595,398	1,683,833	254,692	388,271	9,675,522	74,919,876	11.4	:	88.6
2000	48,223,386	1,351,366	176,231	249,824	6,540,347	41,683,039	13.6	:	86.4
2001	49,182,460	1,410,745	156,792	280,140	6,650,595	42,531,865	13.5	:	86.5
2002	58,270,553	1,673,787	214,103	297,785	7,807,558	50,462,995	13.4	:	86.6
평균							15.9	:	84.1

* 단위 : 천 원, 백만 원, %

* 자료출처 : '66 기업경영분석, '68 기업원가분석, '68~'71 기업경영분석, '73~2003 기업경영분석

<표 8-21> 운수업 B의 자본구성 및 취업자 수 변화

	취업자	전년대비증감(율)				
		취업자	가변	불변	자본구성	
1969						
1970			-57.1	11.8	-6.1	6.1
1971			401.3	58.5	8.1	-8.1
1972			23.5	5.8	1.8	-1.8
1973			54.8	72.0	-1.2	1.2
1974			34.3	92.2	-3.5	3.5
1975			-25.5	6.9	-2.7	2.7
1976			110.3	51.5	2.4	-2.4
1977			111.6	34.8	4.5	-4.5
1978			155.9	42.8	8.4	-8.4
1979			28.3	30.6	-0.3	0.3
1980	619		57.4	75.4	-1.8	1.8
1981	615	-0.6	1.7	22.4	-2.8	2.8
1982	607	-1.3	26.9	9.6	2.2	-2.2
1983	626	3.1	17.2	31.4	-1.7	1.7
1984	665	6.2	39.2	-6.4	6.5	-6.5
1985	701	5.4	-6.5	22.8	-4.6	4.6
1986	733	4.6	14.4	21.5	-0.9	0.9
1987	763	4.1	17.5	13.0	0.6	-0.6
1988	823	7.9	21.2	7.4	1.9	-1.9
1989	866	5.2	15.3	11.2	0.6	-0.6
1990	923	6.6	56.9	86.9	-2.8	2.8
1991	987	6.9	14.4	17.9	-0.5	0.5
1992	1,006	1.9	9.2	12.5	-0.5	0.5
1993	1,007	0.1	9.3	10.2	-0.1	0.1
1994	1,008	0.1	13.6	17.7	-0.5	0.5
1995	1,069	6.1	19.9	13.8	0.8	-0.8
1996	1,110	3.8	23.5	16.2	0.9	-0.9
1997	1,162	4.7	-0.4	49.2	-5.5	5.5
1998	1,169	0.6	0.4	1.6	-0.1	0.1
1999	1,202	2.8	9.6	31.8	-2.0	2.0
2000	1,068	-11.1	-32.4	-44.4	2.1	-2.1
2001	1,114	4.3	1.7	2.0	-0.0	0.0
2002	1,140	2.3	17.4	18.6	-0.1	0.1
평균			35.9	25.7		

* 단위 : 천 명, %
* 자료출처 : '66 기업경영분석, '68 기업원가분석, '68~'71 기업경영분석, '73~2003 기업경영분석 및 통계청,
  http://www.nso.go.kr

다음으로 부동산 및 임대업을 살펴보자. 부동산 및 임대업은 1969~77년 사이에 그냥 부동산업이었다. 1978~83년에 부동산 및 기업용역업으로 변경되었다가, 1984~92년에 부동산 및 사업서비스업으로, 1993~9년에 부동산, 임대 및 사업서비스업으로 개편되었다. 그리고 2000년부터 현재의 부동산 및 임대업으로 변경되었다.

1976년에 기형적으로 가변자본이 높다. 1981~99년의 가변자본이 평균 33퍼센트로 매우 높다. 게다가 1980년대보다 1990년대에 오히려 증가하는 경향을 보이고 있다. 이는 한편으로는 부동산 및 임대업의 팽창을 의미한다. 2001년부터 다시 나타나는 가변자본의 급격한 상승을 보면 알 수 있다. 하지만 다른 한편으로는 그동안 이 부문에 사업서비스업의 비중이 매우 높았음을 암시하기도 한다. 2000년부터 사업서비스업이 분리되자 가변자본은 3.6퍼센트로 급격히 감소했기 때문이다. 여기서는 사업서비스업을 살펴보지 않는다고 했는데, 지난 3년간(2000~2년) 사업서비스업의 가변자본은 평균 35퍼센트다. 부동산 및 임대업의 특성상, 그리고 '아파트공화국'의 열기로 볼 때, 부동산 및 임대업의 가변자본은 당분간 계속 증가할 것으로 예상된다.

다음의 〈표 8-23〉에서 확인할 수 있듯이, 부동산 및 임대업에서 B 부문의 증감은 A보다 일정하고 안정적인 변화를 보여주고 있다. 1969~80년에 평균 5.8퍼센트의 낮은 비율을 보이던 가변자본이 이후 1981~99년에는 평균 19.3퍼센트의 높은 비중을 보이고 있다. 특히 1993~9년에 매우 높아 26.2퍼센트나 된다. 2000년의 급격한 감소는 사업서비스업의 독립 때문이다.

부동산 및 임대업은 분리와 통합을 반복한 산업부문이기 때문에 시계열상의 연속성을 유지하기도 어렵고, 그런 자료를 구하기도 어렵다. 그래서

〈표 8-22〉 부동산 및 임대업 A의 자본구성

	총제조	노무비	복리	가변자본	불변자본	자본구성		
1973	482,201	27,213	1,667	28,880	453,321	6.0	:	94.0
1974	1,229,966	219,776	3,879	223,655	1,006,311	18.2	:	81.8
1975	740	133	4	137	603	18.5	:	81.5
1976	35	22	1	23	12	65.7	:	34.3
1977	1,570	769	4	773	797	49.2	:	50.8
1978	132,399	16,406	749	17,155	115,244	13.0	:	87.0
1979	259,223	14,289	838	15,127	244,096	5.8	:	94.2
1980	360,337	29,575	1,478	31,053	329,284	8.6	:	91.4
1981	118,126	36,258	2,655	38,913	79,213	32.9	:	67.1
1982	233,207	44,281	2,155	46,436	186,771	19.9	:	80.1
1983	173,640	56,963	4,437	61,400	112,240	35.4	:	64.6
1984	239,946	94,866	10,227	105,093	134,853	43.8	:	56.2
1985	317,812	83,316	9,114	92,430	225,382	29.1	:	70.9
1986	665,197	141,680	13,357	155,037	510,160	23.3	:	76.7
1987	443,093	118,010	9,704	127,714	315,379	28.8	:	71.2
1988	533,240	160,941	14,044	174,985	358,255	32.8	:	67.2
1989	565,453	147,525	17,492	165,017	400,436	29.2	:	70.8
1990	616,167	135,439	19,899	155,338	460,829	25.2	:	74.8
1991	726,537	191,576	20,556	212,132	514,405	29.2	:	70.8
1992	957,633	323,592	37,545	361,137	596,496	37.7	:	62.3
1993	2,383,119	834,678	77,409	912,087	1,471,032	38.3	:	61.7
1994	2,696,711	923,716	83,309	1,007,025	1,689,686	37.3	:	62.7
1995	3,515,483	1,146,106	107,295	1,253,401	2,262,082	35.7	:	64.3
1996	5,899,975	1,792,714	163,111	1,955,825	3,944,150	33.1	:	66.9
1997	8,087,137	2,844,016	252,622	3,096,638	4,990,499	38.3	:	61.7
1998	6,659,248	2,345,116	257,043	2,602,159	4,057,089	39.1	:	60.9
1999	6,111,897	2,130,499	204,367	2,334,866	3,777,031	38.2	:	61.8
2000	334,032	11,516	412	11,928	322,104	3.6	:	96.4
2001	479,883	68,855	4,226	73,081	406,802	15.2	:	84.8
2002	540,504	130,163	11,941	142,104	398,400	26.3	:	73.7
평균						28.6	:	71.4

* 단위 : 천 원, 백만 원, %
* 자료출처 : '66 기업경영분석, '68 기업원가분석, '68~'71 기업경영분석, '73~2003 기업경영분석

〈표 8-23〉 부동산 및 임대업 B의 자본구성

	자산	급여	퇴직	복리	가변자본	불변자본	자본구성	
1969	2,862,089	94,688	9,108	5,811	109,607	2,752,482	3.8 :	96.2
1970	1,261,256	64,421	2,417	1,621	68,459	1,192,797	5.4 :	94.6
1971	2,507,237	114,910	3,406	2,473	120,789	2,386,448	4.8 :	95.2
1972	4,088,670	163,476	4,980	3,636	172,092	3,916,578	4.2 :	95.8
1973	3,299,249	233,698		4,239	266,817	3,032,432	8.1 :	91.9
1974	9,837,452	350,256		10,761	584,672	9,252,780	5.9 :	94.1
1975	14,160	828		12	977	13,183	6.9 :	93.1
1976	80,416	2,849	226	103	3,201	77,215	4.0 :	96.0
1977	74,494	2,282	167	141	3,363	71,131	4.5 :	95.5
1978	463,794	15,217	1,814	1,254	35,440	428,354	7.6 :	92.4
1979	843,630	33,799	4,171	2,854	55,951	787,679	6.6 :	93.4
1980	1,127,875	40,655	5,803	3,184	80,695	1,047,180	7.2 :	92.8
1981	709,054	48,043	4,539	4,509	96,004	613,050	13.5 :	86.5
1982	1,068,100	64,190	6,213	6,000	122,839	945,261	11.5 :	88.5
1983	1,463,433	63,512	6,229	5,917	137,058	1,326,375	9.4 :	90.6
1984	2,362,413	98,105	9,115	10,718	223,031	2,139,382	9.4 :	90.6
1985	1,760,439	103,175	8,935	11,421	215,961	1,544,478	12.3 :	87.7
1986	2,726,838	111,790	10,523	11,513	288,863	2,437,975	10.6 :	89.4
1987	1,587,652	98,767	11,465	13,059	251,005	1,336,647	15.8 :	84.2
1988	1,695,882	144,880	15,228	16,276	351,369	1,344,513	20.7 :	79.3
1989	2,243,257	240,124	31,804	23,676	460,621	1,782,636	20.5 :	79.5
1990	3,334,399	316,389	34,838	41,732	548,297	2,786,102	16.4 :	83.6
1991	4,582,514	450,475	33,816	56,858	753,281	3,829,233	16.4 :	83.6
1992	5,096,645	560,290	52,776	72,514	1,046,717	4,049,928	20.5 :	79.5
1993	6,435,627	946,189	89,888	122,327	2,070,491	4,365,136	32.2 :	67.8
1994	10,352,823	1,243,956	105,195	147,546	2,503,722	7,849,101	24.2 :	75.8
1995	11,463,494	1,188,832	121,774	164,939	2,728,946	8,734,548	23.8 :	76.2
1996	14,809,616	1,705,251	174,407	235,698	4,071,181	10,738,435	27.5 :	72.5
1997	18,210,889	2,031,638	226,126	284,562	5,638,964	12,571,925	31.0 :	69.0
1998	21,267,965	2,309,329	281,228	310,024	5,502,740	15,765,225	25.9 :	74.1
1999	20,895,498	2,244,597	198,001	303,244	5,080,708	15,814,790	24.3 :	75.7
2000	5,723,667	396,427	76,270	45,732	530,357	5,193,310	9.3 :	90.7
2001	5,677,191	361,113	39,006	34,979	508,179	5,169,012	9.0 :	91.0
2002	6,040,949	318,561	23,300	56,360	540,325	5,500,624	8.9 :	91.1
평균							13.6 :	86.4

* 단위 : 천 원, 백만 원, %

* 자료출처 : '66 기업경영분석, '68 기업원가분석, '68~'71 기업경영분석, '73~2003 기업경영분석

<표 8-24> 부동산 및 임대업 B의 자본구성 및 취업자 수 변화

| | 취업자 | 전년대비증감(율) | | | | |
		취업자	가변	불변	자본구성	
1969						
1970			-37.5	-56.7	1.6	-1.6
1971			76.4	100.1	-0.6	0.6
1972			42.5	64.1	-0.6	0.6
1973			55.0	-22.6	3.9	-3.9
1974			119.1	205.1	-2.1	2.1
1975			67.0	42.5	1.0	-1.0
1976			227.6	485.7	-2.9	2.9
1977			5.1	-7.9	0.5	-0.5
1978			953.8	502.2	3.1	-3.1
1979			57.9	83.9	-1.0	1.0
1980	332		44.2	32.9	0.5	-0.5
1981	380	14.5	19.0	-41.5	6.4	-6.4
1982	382	0.5	28.0	54.2	-2.0	2.0
1983	446	16.8	11.6	40.3	-2.1	2.1
1984	501	12.3	62.7	61.3	0.1	-0.1
1985	563	12.4	-3.2	-27.8	2.8	-2.8
1986	613	8.9	33.8	57.9	-1.7	1.7
1987	680	10.9	-13.1	-45.2	5.2	-5.2
1988	749	10.1	40.0	0.6	4.9	-4.9
1989	865	15.5	31.1	32.6	-0.2	0.2
1990	945	9.2	19.0	56.3	-4.1	4.1
1991	1,026	8.6	37.4	37.4	-0.0	0.0
1992	1,132	10.3	39.0	5.8	4.1	-4.1
1993	720	-36.4	97.8	7.8	11.6	-11.6
1994	810	12.5	20.9	79.8	-8.0	8.0
1995	917	13.2	9.0	11.3	-0.4	0.4
1996	1,027	12.0	49.2	22.9	3.7	-3.7
1997	1,139	10.9	38.5	17.1	3.5	-3.5
1998	1,094	-4.0	-2.4	25.4	-5.1	5.1
1999	1,202	9.9	-7.7	0.3	-1.6	1.6
2000	351	-70.8	-89.6	-67.2	-15.0	15.0
2001	381	8.5	-4.2	-0.5	-0.3	0.3
2002	413	8.4	6.3	6.4	-0.0	0.0
평균			61.6	53.5		

* 단위 : 천 명, %

* 자료출처 : '66 기업경영분석, '68 기업원가분석, '68~'71 기업경영분석, '73~2003 기업경영분석 및 통계청, http://www.nso.go.kr

1978년의 900퍼센트를 넘는 가변자본의 증가와 같은 기이한 현상이 생겼다. 취업자 수에 관해서는 사업서비스업이 분리된 2000년부터 객관적인 평가가 가능할 것으로 생각된다. 그런데 위의 표를 보면 알 수 있듯이, 이 부문의 취업자 수는 매년 꾸준히 증가하고 있다.

마지막으로, 산업별 자본구성에서 오락, 문화 및 운동관련산업을 살펴보겠다. 이 산업은 명칭의 변경을 자주 겪은 산업이다. 1968~83년에 서비스업, 1984년에 오락, 문화 및 기타서비스업, 1985~92년에 오락 및 문화예술서비스업으로 변경되었다가 1993년부터 현재의 이름을 얻었다. 사업의 특성상 가변자본이 매우 높다. 지난 34년간 평균 36.9퍼센트를 보이고 있다. 1999년부터 20퍼센트 수준으로 감소했는데, 이는 가변자본의 급격한 감소라고 할 수 있다. 유감스럽게도 문화발전을 위해 결코 바람직하지 못한 현상이다.

다음의 〈표 8-26〉에서 확인할 수 있듯이, 오락, 문화 및 운동관련산업에서도 B 부문이 변화의 방향을 좀더 일정하게 보여주고 있다. 1978~85년에 28퍼센트의 높은 비중을 보이던 가변자본은 이후 계속 감소하고 있다. 그리고 1990년대 후반(1996~8년) 다시 한번 17.2퍼센트의 높은 비중을 보이더니, 이후 가변자본은 급격히 감소하고 있다. 2002년에는 4.8퍼센트까지 가변자본이 감소했다. 이 산업부문에 불변자본에 대한 투자가 급격히 증가하고 있음을 알 수 있다.

다음의 〈표 8-27〉에서도 확인할 수 있듯이, 2000년 이후로 취업자 수는 증가하는데 가변자본의 비중이 상대적으로 감소하는 것은, 불변자본에 대한 투자의 급격한 증가 때문이라고 할 수밖에 없다. 1999년 이후 불변자본에 대한 투자가 얼마나 증가하고 있는지 알 수 있다.

<표 8-25> 오락, 문화 및 운동관련산업 A의 자본구성

	총제조	노무비	복리	가변자본	불변자본	자본구성		
1969	314,001	256,342		256,342	57,659	81.6	:	18.4
1970								
1971								
1972								
1973								
1974	7,162,793	2,219,021	33,800	2,252,821	4,909,972	31.5	:	68.5
1975	1,905	600	11	611	1,294	32.1	:	67.9
1976	14,333	3,991	82	4,073	10,260	28.4	:	71.6
1977	30,474	8,006	608	8,614	21,860	28.3	:	71.7
1978	105,820	37,283	2,815	40,098	65,722	37.9	:	62.1
1979	119,902	46,223	2,761	48,984	70,918	40.9	:	59.1
1980	93,081	18,367	1,578	19,945	73,136	21.4	:	78.6
1981	687,030	360,901	18,710	379,611	307,419	55.3	:	44.7
1982	322,851	114,513	12,434	126,947	195,904	39.3	:	60.7
1983	233,703	94,580	8,751	103,331	130,372	44.2	:	55.8
1984	260,668	62,656	5,685	68,341	192,327	26.2	:	73.8
1985	46,598	18,105	1,946	20,051	26,547	43.0	:	57.0
1986	54,545	20,630	3,457	24,087	30,458	44.2	:	55.8
1987	24,319	5,347	629	5,976	18,343	24.6	:	75.4
1988	51,827	25,960	2,951	28,911	22,916	55.8	:	44.2
1989	91,902	42,146	5,391	47,537	44,365	51.7	:	48.3
1990	98,968	50,787	4,794	55,581	43,387	56.2	:	43.8
1991	240,897	80,441	8,219	88,660	152,237	36.8	:	63.2
1992	349,941	104,966	11,421	116,387	233,554	33.3	:	66.7
1993	430,751	105,110	15,700	120,810	309,941	28.0	:	72.0
1994	614,539	158,170	22,400	180,570	433,969	29.4	:	70.6
1995	423,011	136,578	16,397	152,975	270,036	36.2	:	63.8
1996	1,041,456	282,471	41,231	323,702	717,754	31.1	:	68.9
1997	1,747,894	444,643	43,362	488,005	1,259,889	27.9	:	72.1
1998	1,279,881	427,985	37,790	465,775	814,106	36.4	:	63.6
1999	1,214,504	254,317	29,531	283,848	930,656	23.4	:	76.6
2000	3,031,247	563,953	80,751	644,704	2,386,543	21.3	:	78.7
2001	1,890,021	411,051	41,809	452,860	1,437,161	24.0	:	76.0
2002	2,237,006	444,210	55,641	499,851	1,737,155	22.3	:	77.7
평균						36.9	:	63.1

* 단위 : 천 원, 백만 원, %
* 자료출처 : '66 기업경영분석, '68 기업원가분석, '68~'71 기업경영분석, '73~2003 기업경영분석

〈표 8-26〉 오락, 문화 및 운동관련산업 B의 자본구성

	자산	급여	퇴직	복리	가변자본	불변자본	자본구성		
1969	10,726,927	917,840	15,032	31,284	1,220,498	9,506,429	11.4	:	88.6
1970	11,335,137	882,641	20,648	24,748	928,037	10,407,100	8.2	:	91.8
1971	14,242,137	1,134,579	57,525	34,919	1,227,023	13,015,114	8.6	:	91.4
1972	15,088,970	1,064,296	63,546	25,120	1,152,962	13,936,008	7.6	:	92.4
1973	17,713,918	1,185,863		46,762	1,232,625	16,481,293	7.0	:	93.0
1974	25,126,928	1,648,296		81,221	3,982,338	21,144,590	15.8	:	84.2
1975	130,019	5,567		181	6,359	123,660	4.9	:	95.1
1976	92,019	5,559	823	387	10,842	81,177	11.8	:	88.2
1977	163,740	12,629	1,354	631	23,228	140,512	14.2	:	85.8
1978	326,791	32,177	2,508	2,057	76,840	249,951	23.5	:	76.5
1979	459,532	63,778	5,673	4,301	122,736	336,796	26.7	:	73.3
1980	548,506	81,252	15,323	3,741	120,261	428,245	21.9	:	78.1
1981	926,951	115,504	9,719	8,623	513,457	413,494	55.4	:	44.6
1982	1,139,755	146,512	12,900	11,699	298,058	841,697	26.2	:	73.8
1983	689,027	118,866	9,226	11,018	242,441	446,586	35.2	:	64.8
1984	1,148,308	165,759	13,927	17,093	265,120	883,188	23.1	:	76.9
1985	278,956	28,490	3,202	4,490	56,233	222,723	20.2	:	79.8
1986	346,189	35,504	2,878	5,869	68,338	277,851	19.7	:	80.3
1987	484,987	40,867	5,325	6,795	58,963	426,024	12.2	:	87.8
1988	670,792	47,603	8,374	10,189	95,077	575,715	14.2	:	85.8
1989	773,925	68,871	9,692	14,334	140,434	633,491	18.1	:	81.9
1990	1,180,314	59,609	8,520	10,824	134,534	1,045,780	11.4	:	88.6
1991	1,733,753	89,386	17,203	16,877	212,126	1,521,627	12.2	:	87.8
1992	1,919,987	95,194	15,534	17,635	244,750	1,675,237	12.7	:	87.3
1993	1,897,920	81,188	16,331	17,140	235,469	1,662,451	12.4	:	87.6
1994	2,775,361	99,084	26,954	19,933	326,541	2,448,820	11.8	:	88.2
1995	2,915,031	109,346	27,451	23,047	312,819	2,602,212	10.7	:	89.3
1996	2,893,439	116,152	24,914	21,044	485,812	2,407,627	16.8	:	83.2
1997	3,895,980	150,852	33,590	24,326	696,773	3,199,207	17.9	:	82.1
1998	3,571,150	106,516	15,593	18,303	606,187	2,964,963	17.0	:	83.0
1999	4,511,954	140,925	15,885	20,579	461,237	4,050,717	10.2	:	89.8
2000	10,317,907	214,275	41,301	46,678	946,958	9,370,949	9.2	:	90.8
2001	12,269,631	273,533	37,684	42,188	806,265	11,463,366	6.6	:	93.4
2002	21,863,170	418,684	60,075	77,152	1,055,762	20,807,408	4.8	:	95.2
평균							15.9	:	84.1

* 단위 : 천 원, 백만 원, %

* 자료출처 : '66 기업경영분석, '68 기업원가분석, '68~'71 기업경영분석, '73~2003 기업경영분석

<표 8-27> 오락, 문화 및 운동관련산업 B의 자본구성 및 취업자 수 변화

| | 취업자 | | 전년대비증감(율) | | | |
		취업자	가변	불변	자본구성	
1969						
1970			-24.0	9.5	-3.2	3.2
1971			32.2	25.1	0.4	-0.4
1972			-6.0	7.1	-1.0	1.0
1973			6.9	18.3	-0.7	0.7
1974			223.1	28.3	8.9	-8.9
1975			59.7	484.8	-11.0	11.0
1976			70.5	-34.4	6.9	-6.9
1977			114.2	73.1	2.4	-2.4
1978			230.8	77.9	9.3	-9.3
1979			59.7	34.7	3.2	-3.2
1980			-2.0	27.2	-4.8	4.8
1981			327.0	-3.4	33.5	-33.5
1982			-42.0	103.6	-29.2	29.2
1983			-18.7	-46.9	9.0	-9.0
1984			9.4	97.8	-12.1	12.1
1985			-78.8	-74.8	-2.9	2.9
1986			21.5	24.8	-0.4	0.4
1987			-13.7	53.3	-7.6	7.6
1988			61.2	35.1	2.0	-2.0
1989			47.7	10.0	4.0	-4.0
1990			-4.2	65.1	-6.7	6.7
1991			57.7	45.5	0.8	-0.8
1992			15.4	10.1	0.5	-0.5
1993			-3.8	-0.8	-0.3	0.3
1994			38.7	47.3	-0.6	0.6
1995			-4.2	6.3	-1.0	1.0
1996			55.3	-7.5	6.1	-6.1
1997			43.4	32.9	1.1	-1.1
1998			-13.0	-7.3	-0.9	0.9
1999			-23.9	36.6	-6.8	6.8
2000	365		105.3	131.3	-1.0	1.0
2001	393	7.7	-14.9	22.3	-2.6	2.6
2002	418	6.4	30.9	81.5	-1.7	1.7
평균			41.3	42.9		

* 단위 : 천 명, %
* 자료출처 : '66 기업경영분석, '68 기업원가분석, '68~'71 기업경영분석, '73~2003 기업경영분석 및 통계청, http://www.nso.go.kr

〈표 8-28〉 산업별 자본구성의 순위

순위	A 부문			B 부문		
1	광업	37.6	: 62.4	건설업	25.4	: 74.6
2	오락문화업	36.9	: 63.1	광업	23.8	: 76.2
3	부동산업	28.6	: 71.4	운수업	15.9	: 84.1
4	건설업	25.0	: 75.0	오락문화업	15.9	: 84.1
5	운수업	20.6	: 79.4	어업	14.9	: 85.1
6	어업	20.4	: 79.6	부동산업	13.6	: 86.4
7	도소매업	10.6	: 89.4	제조업	10.7	: 89.3
8	전기업	10.1	: 89.9	도소매업	8.8	: 91.2
9	제조업	10.0	: 90.0	전기업	3.1	: 96.9

* 단위 : %
* 자료출처 : 〈표 8-1〉에서 〈표 8-27〉까지

아홉 개 산업의 산업별 가변자본과 자본구성, 그리고 그 변화를 모두 살펴보았다. 그 산업의 평균 자본구성이 높은 순서대로 배열하면 위와 같다.

3. 대기업과 중소기업의 가변자본

위의 산업별 자본구성에서도 알 수 없는 사실이 하나 있다. 그 점을 바로 여기서 살펴볼 것이다. 제조업부문의 가변자본과 자본구성을 분석한 결과, 자본구성의 고도화 경향에서 특이한 현상을 발견했다. 상식적으로는 섬유산업 등 노동집약적인 경공업보다 자동차산업이나 석유산업 등 자본집약적인 중화학공업부문의 자본구성이 더욱 높을 것으로 생각된다. 그러나 우리의 분석에서는 상식적이지 않은 현상도 발견되었다. 이를 확인하기 위해서는 산업별 특성에 따른 자본의 유기적 구성의 차이를 살펴볼 필요가 있다. 다음의 표를 보기로 한다.

〈표 8—29〉 대기업과 중소기업의 자본구성

	중소기업			대기업			경공업			중화학공업		
1969	25.4	:	74.6	8.9	:	91.1						
1970	21.1	:	78.9	8.1	:	91.9						
1971	24.9	:	75.1	7.7	:	92.3						
1972	24.1	:	75.9	8.2	:	91.8	10.4	:	89.6	6.1	:	93.9
1973	20.7	:	79.3	7.6	:	92.4	9.4	:	90.6	6.0	:	94.0
1974	24.6	:	75.4	7.9	:	92.1	9.9	:	90.1	6.5	:	93.5
1975	22.9	:	77.1	8.4	:	91.6	10.5	:	89.5	7.7	:	92.3
1976	15.9	:	84.1	9.6	:	90.4	11.6	:	88.4	8.5	:	91.5
1977	14.4	:	85.6	10.5	:	89.5	13.4	:	86.6	8.5	:	91.5
1978	20.9	:	79.1	12.5	:	87.5	11.4	:	88.6	11.4	:	88.6
1979	22.2	:	77.8	12.3	:	87.7	16.7	:	83.3	11.3	:	88.7
1980	19.8	:	80.2	10.3	:	89.7	14.3	:	85.7	9.4	:	90.6
1981	19.6	:	80.4	9.5	:	90.5	14.2	:	85.8	9.2	:	90.8
1982	17.9	:	82.1	9.8	:	90.2	14.0	:	86.0	9.2	:	90.8
1983	23.2	:	76.8	10.2	:	89.8	14.2	:	85.8	10.0	:	90.0
1984	23.2	:	76.8	10.4	:	89.6	15.0	:	85.0	10.4	:	89.6
1985	21.0	:	79.0	10.1	:	89.9	15.1	:	84.9	10.0	:	90.0
1986	20.8	:	79.2	10.1	:	89.9	15.4	:	84.6	9.8	:	90.2
1987	20.4	:	79.6	10.2	:	89.8	16.2	:	83.8	10.0	:	90.0
1988	21.2	:	78.8	12.0	:	88.0	17.1	:	82.9	11.9	:	88.1
1989	20.5	:	79.5	12.1	:	87.9	16.6	:	83.4	12.0	:	88.0
1990	19.7	:	80.3	11.1	:	88.9	15.5	:	84.5	11.5	:	88.5
1991	21.1	:	78.9	10.8	:	89.2	15.3	:	84.7	11.5	:	88.5
1992	22.0	:	78.0	10.5	:	89.5	15.0	:	85.0	11.3	:	88.7
1993	20.6	:	79.4	9.7	:	90.3	14.9	:	85.1	11.1	:	88.9
1994	19.6	:	80.4	10.0	:	90.0	14.5	:	85.5	11.2	:	88.8
1995	19.9	:	80.1	9.4	:	90.6	14.1	:	85.9	10.7	:	89.3
1996	19.1	:	80.9	9.3	:	90.7	13.8	:	86.2	10.6	:	89.4
1997	15.9	:	84.1	7.3	:	92.7	12.3	:	87.7	8.5	:	91.5
1998	14.5	:	85.5	6.1	:	93.9	10.4	:	89.6	7.3	:	92.7
1999	13.0	:	87.0	6.2	:	93.8	9.9	:	90.1	7.4	:	92.6
2000	14.6	:	85.4	7.3	:	92.7	12.2	:	87.8	8.6	:	91.4
2001	14.7	:	85.3	7.9	:	92.1	12.5	:	87.5	9.2	:	90.8
2002	15.5	:	84.5	8.7	:	91.3	13.3	:	86.7	10.1	:	89.9
평균	19.8	:	80.2	9.4	:	90.6	13.5	:	86.5	9.6	:	90.4

* 단위 : %
* 자료출처 : '69~'71 기업경영분석, '73~2003 기업경영분석

상식적 사실은 〈표 8-29〉에서도 확인된다. 즉 제조업 내에서 중화학공업부문의 가변자본의 비율이 평균 9.6퍼센트로 경공업의 평균 13.5퍼센트보다 낮게 나타나고 있다. 즉 중화학공업부문의 자본구성이 경공업보다 고도화되어 있다.

하지만 이러한 차이는 대기업과 중소기업의 자본구성과 비교해보면 그리 큰 차이라고 말하기 어렵다. 대기업과 중소기업에서 가변자본이 차지하는 비율은 각각 평균 9.4퍼센트와 19.8퍼센트로, 두 배 이상 차이가 난다. 중소기업에서도 특히 1997년부터 가변자본이 감소하는 경향을 보이지만, 이는 대기업에도 나타나는 현상이다. 즉 자본의 유기적 구성의 고도화는 중소기업에서 진행되는 만큼 대기업에서도 일어나고 있기 때문에, 또는 대기업의 고도화 경향이 더 빠르기 때문에 대기업과 중소기업의 격차는 줄어들지 않는다. 따라서 대기업과 중소기업의 자본구성의 격차가 중화학공업과 경공업에서 보여주는 자본구성의 격차보다 훨씬 크다. 다시 말해, 자본의 유기적 구성의 고도화 과정에서 보이는 차이는 산업별 특성이라기보다는 한 산업 내에서 그 산업이 갖는 규모에 의존한다는 사실이다.

그렇다고 해서 산업별 특성을 전혀 무시하는 것은 아니다. 전통적으로 서비스업이나 건설업, 광업은 20~30퍼센트 수준의 높은 가변자본의 비율을 나타내고 있고, 전기가스업이나 석유화학업은 낮은 비율을 보여주고 있다. 하지만 그 산업 내에서도 대기업은 대부분 가변자본의 낮은 비율을(자본구성의 고도화), 중소기업은 높은 비율을 보여주고 있다.

결론적으로 말하면, 자본의 유기적 구성의 고도화의 차이를 보여주는 가장 결정적인 요인은 기업의 규모이지, 산업의 성격이 아니라는 것을 알 수 있다. 즉 어느 산업부문이든 기업의 규모가 소규모에서 대규모로 변할

수록, 그래서 '규모의 경제'가 지배할수록 자본의 유기적 구성이 고도화된다고 하는 사실이 〈표 8−29〉로 명백하게 증명되었다고 하겠다.

4. 한국사회의 가변자본

지금까지 살펴본 산업별 자본구성을 모두 합하면 어떤 결과가 나올까? 한국사회 전체의[2] 자본구성을 파악할 수 있지 않을까? 이런 생각으로 여기서는 산업별 자본구성 전체의 합계를 내보았다. 이 합계에는 위에서 제외했던 산업도(숙박업, 통신업 등) 당연히 모두 포함시켰다.

오른쪽의 〈표 8−30〉에서 1966년과 1968년의 경우는 당기총제조비용이 아니라 당기제품제조원가를 이용했다. 자료상의 제약으로 그럴 수밖에 없었다. 전체 산업 A의 자본구성을 보면 1991년에 가변자본의 비율이 17.4퍼센트로 최고치에 이른다. 전체 산업 A의 평균 자본구성은 약 13대 87로, 제조업보다 다소 높게 나타난다. 이는 제조업 이외의 다른 산업의 가변자본의 비율이 제조업보다 높기 때문에 나타나는 당연한 결과다. A를 좀더 자세히 살펴보면, 1973~5년의 가변자본 비율은 평균 9퍼센트로 다른 기간에 비해 낮다. 1974년부터 증가와 감소를 반복하던 가변자본은 1991년에 정점에 달한 이후 지속적으로 감소하고 있다. 특히 지난 1998~2002년 가변자본의 비율은 평균 11.7퍼센트로, 생산부문에서 자본구성의 고도화 경향을 뚜렷이 읽을 수 있다.

---

2. 물론 '전체'라고 말할 수는 없다. 『기업경영분석』은 조사의 성격 및 조사실시상의 제약으로 몇 개 산업을 제외한다. 제외되는 산업은 농업, 임업, 수도사업, 음식점업, 금융·보험업, 공공행정·국방 및 사회보장행정, 교육서비스업, 보건 및 사회복지사업, 개인 및 가사서비스업 등이다. 2003 기업경영분석, 27 쪽 참조

<table>전체 산업 A의 자본구성 placeholder</table>

〈표 8-30〉 전체 산업 A의 자본구성

	총제조	노무비	복리	가변자본	불변자본	자본구성		
1966	127,186,342	15,154,278	1,386,991	16,541,269	110,645,073	13.0	:	87.0
1967								
1968	335,097,983	39,456,151	2,518,202	41,974,353	293,123,630	12.5	:	87.5
1969	601,504,577	79,724,671	3,048,342	82,773,013	518,731,564	13.8	:	86.2
1970	696,148,391	91,373,578	4,255,803	95,629,381	600,519,010	13.7	:	86.3
1971	1,044,185,832	130,767,121	5,370,209	136,137,330	908,048,502	13.0	:	87.0
1972	1,421,068,673	159,367,165	5,829,756	165,196,921	1,255,871,752	11.6	:	88.4
1973	2,232,667,732	207,479,092	7,320,660	214,799,752	2,017,867,980	9.6	:	90.4
1974	3,817,021,662	311,972,152	10,740,801	322,712,953	3,494,308,709	8.5	:	91.5
1975	5,016,669	434,340	17,383	451,723	4,564,946	9.0	:	91.0
1976	8,700,420	836,788	37,304	874,092	7,826,328	10.0	:	90.0
1977	11,824,330	1,349,601	67,363	1,416,964	10,407,366	12.0	:	88.0
1978	18,865,367	2,695,337	151,573	2,846,910	16,018,457	15.1	:	84.9
1979	25,693,618	3,700,508	226,749	3,927,257	21,766,361	15.3	:	84.7
1980	39,150,839	4,960,196	527,132	5,487,328	33,663,511	14.0	:	86.0
1981	50,250,729	5,725,795	502,039	6,227,834	44,022,895	12.4	:	87.6
1982	58,456,758	7,170,037	655,836	7,825,873	50,630,885	13.4	:	86.6
1983	67,568,792	8,204,104	798,689	9,002,793	58,565,999	13.3	:	86.7
1984	74,051,115	9,109,390	852,031	9,961,421	64,089,694	13.5	:	86.5
1985	82,706,479	9,626,694	877,320	10,504,014	72,202,465	12.7	:	87.3
1986	91,741,637	10,756,733	972,876	11,729,609	80,012,028	12.8	:	87.2
1987	103,977,448	11,865,515	1,049,760	12,915,275	91,062,173	12.4	:	87.6
1988	121,792,340	15,145,670	1,438,878	16,584,548	105,207,792	13.6	:	86.4
1989	133,729,998	18,539,274	1,655,149	20,194,423	113,535,575	15.1	:	84.9
1990	175,688,049	26,199,730	2,356,110	28,555,840	147,132,209	16.3	:	83.7
1991	212,597,444	34,056,453	2,936,223	36,992,676	175,604,768	17.4	:	82.6
1992	227,533,552	34,921,112	3,201,609	38,122,721	189,410,831	16.8	:	83.2
1993	259,383,617	39,623,695	3,983,838	43,607,533	215,776,084	16.8	:	83.2
1994	308,015,408	44,485,530	4,577,869	49,063,399	258,952,009	15.9	:	84.1
1995	356,800,895	50,835,855	5,305,822	56,141,677	300,659,218	15.7	:	84.3
1996	408,220,752	55,515,202	6,171,190	61,686,392	346,534,360	15.1	:	84.9
1997	484,946,273	60,414,836	7,087,310	67,502,146	417,444,127	13.9	:	86.1
1998	505,615,096	54,050,578	6,022,786	60,073,364	445,541,732	11.9	:	88.1
1999	524,319,184	53,523,168	6,548,895	60,072,063	464,247,121	11.5	:	88.5
2000	558,689,888	60,131,138	6,813,390	66,944,528	491,745,360	12.0	:	88.0
2001	558,543,577	58,254,553	6,479,695	64,734,248	493,809,329	11.6	:	88.4
2002	636,195,004	64,693,181	7,541,186	72,234,367	563,960,637	11.4	:	88.6
평균						13.2	:	86.8

* 단위 : 천 원, 백만 원, %

* 자료출처 : '66 기업경영분석, '68 기업원가분석, '68~'71 기업경영분석, '73~2003 기업경영분석

오른쪽의 〈표 8-31〉의 전체 산업 B의 합계에서 1993~9년은 『기업경영분석』에 있는 합계를 그대로 사용한 것이다. 나의 계산과 『기업경영분석』의 합계가 다를 경우에도 『기업경영분석』의 합계에 따랐다. 1993년 이전과 1999년 이후에는 『기업경영분석』에 전체 산업의 합계가 나오지 않아, 내가 『기업경영분석』의 예에 따라 합계를 냈다. 〈표 8-31〉로 한국사회 전체의 자본구성을 대략 파악할 수 있으리라고 생각한다.

전체 산업 B의 자본구성은 평균 약 12대 88로, 전체 산업 A의 자본구성과 약간 차이를 보인다. B를 기간별로 보면, 1970~5년의 6년간 가변자본의 비율은 평균 9퍼센트로, A의 1973~5년과 비슷하다. 1974년에 8.5퍼센트로 1970년대에 가장 낮은 수치를 보여주었던 가변자본의 비율이 이때부터 가파르게 상승하여 1979년에 16.2퍼센트로 최고치에 이른다. 이를 통해 1970년대 산업발전과 양적 경제성장이 가변자본의 상승을 가져왔음을 확인할 수 있다. 이후 가변자본의 비율은 증가와 감소를 반복하다가 1991년에 다시 한번 14.8퍼센트로 두 번째로 높은 수치에 이른다. 특히 1988년부터 1993년까지의 가변자본의 비율이 평균 14.2퍼센트로, 1980년대 말과 1990년대 초에 가변자본의 비율이 매우 높았음을 보여준다. 이는 실제로 이 기간에 있었던 고용증대와 임금상승을 어느 정도 반영한다고 하겠다. 1994년부터 1999년까지 가변자본이 지속적으로 감소하는 경향을 보이다가, 2000년부터 조금씩 증가하고 있다.

마지막으로 전체 산업 B의 자본 구성 및 취업자 수의 변화를 살펴보자. 다음의 〈표 8-32〉에서 알 수 있듯이, 1994~9년 사이에 가변자본의 비율이 지속적으로 감소하고 있다. 특히 1997~8년의 감소가 두드러지는데, 이는 IMF 체제의 영향과 후유증으로 생각된다. 실제로 1998년을 보면, 가변자본이 전년도에 비해 무려 11퍼센트 정도 감소했으며, 취업자 수도 전년에

〈표 8-31〉 전체 산업 B의 자본구성

	자산	급여	퇴직	복리	가변자본	불변자본	자본구성		
1966	244,967,433				16,541,269	228,426,164	6.8	:	93.2
1967									
1968	672,121,135	11,998,514		1,909,886	55,882,753	616,238,382	8.3	:	91.7
1969	1,078,772,293	22,865,777	3,088,558	660,672	109,388,020	969,384,273	10.1	:	89.9
1970	1,433,056,619	31,809,214	4,331,194	1,658,168	133,427,957	1,299,628,662	9.3	:	90.7
1971	2,086,480,475	43,490,152	5,663,712	2,122,950	187,414,144	1,899,066,331	9.0	:	91.0
1972	2,523,276,452	58,627,955	9,390,993	3,331,073	236,546,942	2,286,729,510	9.4	:	90.6
1973	3,570,478,057	93,107,483		3,501,993	311,409,228	3,259,068,829	8.7	:	91.3
1974	5,432,070,725	131,071,034		5,254,259	459,038,246	4,973,032,479	8.5	:	91.5
1975	7,315,881	197,298		7,765	656,786	6,659,095	9.0	:	91.0
1976	11,280,240	250,469	34,756	13,079	1,172,396	10,107,844	10.4	:	89.6
1977	15,680,351	383,206	61,568	23,782	1,885,520	13,794,831	12.0	:	88.0
1978	23,957,803	815,146	106,450	53,008	3,821,514	20,136,289	16.0	:	84.0
1979	32,560,527	1,128,413	135,053	87,579	5,278,302	27,282,225	16.2	:	83.8
1980	49,487,457	1,464,349	174,547	129,465	7,255,689	42,231,768	14.7	:	85.3
1981	63,983,032	1,676,517	185,255	167,802	8,257,408	55,725,624	12.9	:	87.1
1982	79,819,810	2,157,388	232,304	217,930	10,433,495	69,386,315	13.1	:	86.9
1983	92,723,944	2,528,155	316,952	255,978	12,103,878	80,620,066	13.1	:	86.9
1984	97,941,672	2,824,860	289,239	289,845	13,365,365	84,576,307	13.6	:	86.4
1985	113,383,445	2,981,856	295,431	316,642	14,097,943	99,285,502	12.4	:	87.6
1986	127,379,784	3,334,453	347,278	361,874	15,773,214	111,606,570	12.4	:	87.6
1987	144,920,981	3,936,733	441,822	444,626	17,738,456	127,182,525	12.2	:	87.8
1988	161,713,606	4,712,175	795,615	602,743	22,695,081	139,018,525	14.0	:	86.0
1989	193,936,176	5,951,516	795,615	756,970	27,698,524	166,237,652	14.3	:	85.7
1990	275,822,199	8,403,638	1,007,771	1,106,722	39,073,971	236,748,228	14.2	:	85.8
1991	338,188,922	10,418,861	1,287,601	1,397,229	50,096,367	288,092,555	14.8	:	85.2
1992	378,325,889	11,826,271	1,363,788	1,594,970	52,907,750	325,418,139	14.0	:	86.0
1993	433,865,082	14,596,520	1,610,867	1,978,822	61,793,742	372,071,340	14.2	:	85.8
1994	531,841,650	16,832,426	2,122,569	2,351,395	70,369,789	461,471,861	13.2	:	86.8
1995	615,260,920	19,128,070	2,495,855	2,796,688	80,562,290	534,698,630	13.1	:	86.9
1996	713,101,889	22,843,202	2,943,688	3,359,543	90,832,825	622,269,064	12.7	:	87.3
1997	910,044,115	25,029,284	3,013,247	3,722,743	99,267,420	810,776,695	10.9	:	89.1
1998	949,312,606	22,139,028	3,000,912	3,218,252	88,431,556	860,881,050	9.3	:	90.7
1999	1,033,764,267	24,256,279	3,316,993	3,939,223	91,584,558	942,179,709	8.9	:	91.1
2000	989,394,413	26,907,101	3,533,992	4,277,959	101,663,580	887,730,833	10.3	:	89.7
2001	984,694,318	30,813,197	3,786,834	5,150,817	104,485,096	880,209,222	10.6	:	89.4
2002	1,093,716,802	37,059,127	4,393,481	6,149,041	119,836,016	973,880,786	11.0	:	89.0
평균							11.8	:	88.2

* 단위 : 천 원, 백만 원, %

* 자료출처 : '66 기업경영분석, '68 기업원가분석, '68~'71 기업경영분석, '73~2003 기업경영분석

<표 8-32> 전체 산업 B의 자본구성 및 취업자 수 변화

	취업자	실+비	전년대비증감(율)					
			취업자	실+비	가변	불변	자본구성	
1966	8,325	7,428	2.6	2.4				
1967	8,624	7,497	3.6	0.9				
1968	9,061	7,395	5.1	-1.4				
1969	9,285	7,567	2.5	2.3	95.7	57.3	1.8	-1.8
1970	9,617	7,852	3.6	3.8	22.0	34.1	-0.8	0.8
1971	9,946	8,172	3.4	4.1	40.5	46.1	-0.3	0.3
1972	10,379	8,440	4.4	3.3	26.2	20.4	0.4	-0.4
1973	10,942	8,548	5.4	1.3	31.6	42.5	-0.7	0.7
1974	11,421	8,766	4.4	2.6	47.4	52.6	-0.3	0.3
1975	11,691	9,227	2.4	5.3	43.1	33.9	0.5	-0.5
1976	12,412	9,217	6.2	-0.1	78.5	51.8	1.4	-1.4
1977	12,812	9,594	3.2	4.1	60.8	36.5	1.6	-1.6
1978	13,412	9,718	4.7	1.3	102.7	46.0	3.9	-3.9
1979	13,602	10,186	1.4	4.8	38.1	35.5	0.3	-0.3
1980	13,683	10,780	0.6	5.8	37.5	54.8	-1.5	1.5
1981	14,023	11,077	2.5	2.8	13.8	32.0	-1.8	1.8
1982	14,379	11,259	2.5	1.6	26.4	24.5	0.2	-0.2
1983	14,505	11,707	0.9	4.0	16.0	16.2	-0.0	0.0
1984	14,429	12,433	-0.5	6.2	10.4	4.9	0.6	-0.6
1985	14,970	12,583	3.7	1.2	5.5	17.4	-1.2	1.2
1986	15,505	12,720	3.6	1.1	11.9	12.4	-0.1	0.1
1987	16,354	12,601	5.5	-0.9	12.5	14.0	-0.1	0.1
1988	16,869	12,733	3.1	1.0	27.9	9.3	1.8	-1.8
1989	17,560	12,705	4.1	-0.2	22.0	19.6	0.2	-0.2
1990	18,085	12,802	3.0	0.8	41.1	42.4	-0.1	0.1
1991	18,649	12,887	3.1	0.7	28.2	21.7	0.6	-0.6
1992	19,009	13,011	1.9	1.0	5.6	13.0	-0.8	0.8
1993	19,234	13,291	1.2	2.2	16.8	14.3	0.3	-0.3
1994	19,848	13,197	3.2	-0.7	13.9	24.0	-1.0	1.0
1995	20,414	13,244	2.9	0.4	14.5	15.9	-0.1	0.1
1996	20,853	13,421	2.2	1.3	12.7	16.4	-0.4	0.4
1997	21,214	13,638	1.7	1.6	9.3	30.3	-1.8	1.8
1998	19,938	15,409	-6.0	13.0	-10.9	6.2	-1.6	1.6
1999	20,291	15,466	1.8	0.4	3.6	9.4	-0.5	0.5
2000	21,156	15,031	4.3	-2.8	11.0	-5.8	1.4	-1.4
2001	21,572	15,007	2.0	-0.2	2.8	-0.8	0.3	-0.3
2002	22,169	14,794	2.8	-1.4	14.7	10.6	0.3	-0.3
평균					27.5	25.3		

* 단위 : 천 명, %

* 자료출처 : '66 기업경영분석, '68 기업원가분석, '68~'71 기업경영분석, '73~2003 기업경영분석 및 통계청.

* 주 : '실+비'는 실업자 더하기 비경제활동인구를 말함.

비해 5.3퍼센트나 감소하였다. 자본의 구성을 보면, 산업별 가변자본을 살펴보든 전체 산업의 가변자본을 살펴보든 1990년대에는 IMF 경제위기 직후인 1998년에 가변자본의 상대적 비율이 최저치를 기록했다는 공통점을 갖는다. 대량해고와 더불어 가변자본이 상대적으로 감소했을 뿐만 아니라 절대적으로도 감소하는 현상이 나타난 것이다.

전체 산업의 취업자 수를 기간별로 보면, 가변자본의 비율이 증가하는 1965~78년간 취업자 수는 평균 4.1퍼센트 증가하였다. 1985~91년에도 평균 3.7퍼센트로 비교적 높은 증가율을 보였다. 하지만 1992~2001년간의 평균 증가율이 1.6퍼센트에 불과해 1990년대로 들어서면서 취업자의 증가율이 둔화하고 있음을 알 수 있다. 실업자와 비경제활동인구를 합한 수치가 1995년부터 증가하고 있는 점은 가변자본의 상대적 감소와 함께 나타나는 결과라고 하겠다.

지금까지 산업별 자본구성, 전체 산업의 자본구성과 그 증감을 분석한 결과를 일반화하면 아래와 같다. 한국사회가 경제성장의 과정에 있었던 1970~80년대에는 가변자본이 총 자본에서 차지하는 상대적 비율이 증가하였다. 그러나 1960~80년대에는 자본구성의 증가 및 감소의 방향이 일정하지 않다. 한국경제는 1991년에 가변자본의 비율이 14.8퍼센트로 1990년대 최고치를 보여주고 난 뒤, 가변자본의 비율은 지속적으로 그리고 일정하게 감소하였다. 즉 1990년대부터 한국사회에 가변자본의 상대적 감소와 불변자본의 상대적 증가라는 전형적인 자본의 유기적 구성의 고도화 경향이 보이고 있다. 그리고 이러한 경향은 취업자 수의 (가변자본의 증가만큼 취업자 수가 증가하지 않는) 상대적 감소 또는 (취업자 수가 감소하는) 절대적 감소와 일정하게 관련되어 진행되고 있다. 취업가능성이 상대적으로 또는 절대적으로 감소하였다. 감소하지 않을 경우에도 증가하는 경우는 드물며, 앞으로 더욱 드물어질 것이다.

　이러한 장기적 경향에 비추어보면, 1999년부터 나타나고 있는 취업자 수의 증가와 2000년부터 나타나는 가변자본의 상대적 증가는 일시적인 현상일 가능성이 높다. 그러한 경향이 지속적인 경향이 될 것인지에 대한 언급은 빨라야 2005년 이후에나 가능할 것이다. 한국사회에 1990년대부터 나타나고 있는 자본의 유기적 구성의 고도화 경향이 2000년대에 고용 및 실업률, 노동시장의 변화와 어떤 상관관계를 갖고 전개될 것인지 관심을 갖고 지켜보아야 하는 이유가 바로 여기에 있다.

제9장 실업률 증가경향의 법칙

앞에서 『기업경영분석』의 자료를 토대로 지난 40여 년간 한국사회의 산업별 자본구성과 그 변화를 살펴보았다. 이어서 한국사회 전체의 총 자본의 자본구성과 변화도 살펴보았다. 사실, 일정한 시점에서 한 사회의 자본의 축적 정도를 파악하려면 사회의 총 자본의 유기적 구성을 알아야 하고 총 자본에 대해 논의해야 한다. 따라서 이제부터 자본은 한 사회 전체의 총 자본을 의미한다. 자본을 이렇게 보면 일반적으로 다음과 같은 서술이 가능하다.

자본의 유기적 구성의 고도화 경향으로 자본에서 차지하는 가변자본의 비율은 상대적으로 계속 감소한다. 가변자본의 상대적 감소는 인건비로 투자될 자본 부분이 상대적으로 (또는 절대적으로도) 감소한다는 것을 의미한다. 이는 임금의 감소, 취업자 수의 감소 또는 해고의 증가, 고용기회의 감소 또는 신규고용의 축소, 취업가능성의 감소, 실업과 실업률의 증가로 이어진다. 자본의 유기적 구성의 고도화가 계속되는 한, 취업대란과 취업전쟁은 올해도 내년에도 반복될 가능성이 높다. 기업의 차원에서 보면, 시장경쟁에서 살아남아 기업의 경쟁력을 확대하기 위해서도 자본의 유기적 구성의 고도화는 불가피하다. 따라서 실업률의 증가도 취업전쟁도 불가피하다. 취업전쟁의 파국적 결과가 올해 또는 내년에 당장 그 비참하고 반인륜적이며 폭력적인 모습을 사회적으로 드러내어 직접 보여주지 않더라도 실업률과 실업자는 서서히 그리고 지속적으로 증가한다.

실업자 수의 증가가 실업자 개인의 불만과 좌절을 증폭시키고 그러한 개인적 불만이 쌓여 집단화하고 사회화할 때까지, 실업자간의 연대와 실업자와 노동자의 연대가 이루어지고 이 연대가 정치화하고 사회세력으로 성장할 때까지, 그리하여 자본이 이윤의 안정적 획득에 의문을 제기하여 어떠한 조치를 취할 때까지, 자본과 국가의 지배세력과 기득권세력이 먼저 회유의 방법을 사용하고 다음으로 폭력의 방법을 사용하지 않으면 안될 때까지, 실업률은 증가할 것이다.[1] 우리는 이러한 현상을 '실업률 증가 경향의 법칙'이라고 부르겠다.

임금(월급, 연봉)이 가변자본에서 나오는 돈이므로, 가변자본의 상대적 감소는 사회의 자본에서 임금으로 지출되어야 할 부분이 상대적으로 감소한다는 것을 의미한다. 가변자본의 상대적 감소가 개개인의 임금의 감소로 이어지지 않을 경우에는 고용규모가 축소되거나(정리해고), 임금이 감소하는데도 고용규모가 축소하지 않을 경우에는 일자리가 (임금이 낮은)

---

1. 2002년 벽두부터 시작된 '부자 되세요'라는 광고는 부와 빈곤의 적대성과 사회성을 '개인화'하고 이를 개개인의 의식까지 침투시켜 빈곤의 사회적 연대와 정치세력화를 저지하려는 자본의 회유의 방식으로 보인다. 자본은 아직은 회유의 방식이 통하고 있음을 잘 알고 있다. 거기에 '사랑'까지 첨가되니 개인으로서는 저항 불능이다. '사랑하는 이에게 당신의 능력을 보여주라'니, 이게 내겐 차라리 '사랑하는 이에게 당신의 카드빚을 보여주라'는 말로 들린다. 이 부분에 대한 서술은 김만수, 2003, 453~4 쪽을 참조했다.

다양한 형태의 비정규직과 불완전취업의 형태로 공급될 것이다. 고용기회가 감소하든 임금이 줄어들든, 노동자 개개인의 삶의 질이 저하될 것은 불을 보듯 환하다. 실업률의 증가경향이 '법칙'이라면 노동자나 실업자의 삶의 질의 저하도 '법칙성'을 띠고 전개될 것이다.

1. 자본의 축적과 실업

실업률 증가경향의 법칙에도 불구하고 취업이 잘 되는 상황은 없을까? 잘 되지는 않더라도 취업이 좀 가능하기라도 한 상황은 없을까?

자본의 목적은 이윤획득이다. 이윤이 증가할수록 그리고 그 증가량이 클수록, 일반적으로 최초의 자본에 추가(재투자)되는 이윤 부분도 증가한다. 이러한 과정이 반복되면 자본의 양이 증가하고 규모가 확대되어 자본이 축적(accumulation)되는데, 이를 자본의 '확대재생산'이라고 한다. 자본의 확대재생산이 진행되면 자본은 일반적으로 더 많은 노동력을 고용해야 한다. 자본의 확대재생산(경기호황, 경제성장)이 사회의 일반적 현상이 되면 노동력을 구매하려는 욕구가 노동력을 판매하려는 욕구를 초과하는 상황, 즉 노동력에 대한 수요가 공급을 초과하는 현상이 생긴다. 자본 축적의 규모가 확대되면서 자본 축적에 필요한 노동자의 수가 노동력의 증가를 초과하는 상황이 발생하기 때문이다. 이렇게 되면 임금이 상승할 가능성이 높다. 노동자의 입장에서 볼 때 그나마 견딜 만한 상태가 바로 이런 상황이며, 노동자가 소비를 확대할 수 있고 미래의 소비를 위해 저축할 수 있는 것도 바로 이런 때다. 한마디로, 노동자의 삶에 어떤 근본적인 변화가 일어나는 것은 아니지만 노동자에게 다소 유리한 상황이 전개되는 때라고 할 수 있다. 그리고 취업이 비교적 쉬운 상황도 바로 이런 때, 자본의 축적과 확대재생산이 이루어지는 때다.

이런 상황이 자본가에게는 어떤 상황이 될까? 노동력에 대한 수요가 공급을 초과하고 따라서 (실질)임금이 계속 상승하게 되면, 자본가에게는 탄식의 소리가 끊이지 않게 된다. 임금의 상승은 다른 조건이 불변일 경우 이윤의 감소와 자본가의 소득의 감소를 가져오기 때문이다.

다시 한번 생각해 보자. 자본가는 노동자에게 임금을 주기 위해 그들을 취업시킨 것일까? 자본가는 사람을 고용하여 임금을 주면 개인적으로 만족해하는 지극히 자선가적 성격의 소유자이기 때문에 사람을 고용하는 것일까? 물론 아니다. 처음에 지출한 가치보다 더 많은 가치가 포함된 상품을 생산하기 위해서, 이윤을 획득하기 위해서, 가능한 한 더 많은 이윤을 얻기 위해서, 이윤 일부의 재투자를 통해 최초의 자본을 더욱 확대하기 위해서, 자본을 축적하고 축적의 규모를 확대하기 위해서, 자본의 가치를 증식하기 위해서, 자본의 형태로 존재하는 자신의 부(富)를 증가시키기 위해서 노동자를 고용하는 것이다. 노동자가 자본가의 생산수단을 자본으로 계속 유지시켜주고, 생산수단이 갖고 있는 가치를 자본으로 끊임없이 재생산시켜주며, 최초의 자본에 추가분을 계속 공급해줄 수 있을 때만 노동력은 자본에 고용되어 있을 수 있다. 자본가의 부를 자본이라는 형태로 끊임없이 확대재생산해 줄 때만 노동력은 판매가 가능하고 따라서 취업도 가능하게 된다.

이렇게 보면 당신이 취업하고 당신의 친구가 취업을 못했다든지, 반대로 당신이 백수이고 친구가 취업자라는 사실은 자본가에게는 관심 밖의 일이다. 이윤획득을 위해 필요할 때만 사람을 고용하기 때문에 그 사람이 꼭 당신이어야 하거나 아니면 당신의 친구이어야 하는가는 그에게 전혀 고려대상이 아니다. 취업자나 실업자에게, 특히 20~30대의 백수와 백조들에게는 그것이 인생의 성공과 실패를 가를만한 중요한 문제라고 해도 마찬가지다.

결국, 취업이란 노동(노동자)이 자본(자본가)에 끊임없이 결합해 있는 상태를 의미한다. 자본에서 떨어져 나오는 것은, 자본으로부터 배척받는 것은 곧 실업을 의미한다. 자본에 꼭 달라붙어서 떨어지지 않고 자본에게 끊임없이 '사랑의 고백'을 하며 자본이 시키는 일은 언제든 무엇이든 할 준비가 되어 있는 상태, 자본에 대한 무한한 '짝사랑'의 상태, 자본이 혹시 '나를 버릴지라도 슬퍼하거나 노여워하지 말고' 자본에 달라붙기 위하여 안간힘을 다해 자본에 매달려야 하는 상태가 바로 취업이다. 취업은 자본에게 자본의 확대재생산을 위한 본질적 조건이지만 노동자에게는 생존을 위한 절대적 조건이다.

2. 자본의 집중과 실업

이상하게 들리겠지만, 일정한 규모의 자본이 이미 존재해야 자본의 축적이 이루어질 수 있다.[2] 자본이 축적되면, 즉 자본의 양과 규모가 확대되면 개별 자본가의 수중에 들어가는 부도 일반적으로 증가하게 된다. 이는 다수의 개별 자본과 사회의 자본이 증대된다는 것을 의미한다. 개별 자본이 증가하면 최초의 자본에서 분리되어 새로이 독립하는 자본도 생겨난다. 이러한 현상은 현실적으로 자본가 가족들 사이에 부가 분할되는 형태로 나타난다. 우리나라의 경우에 재벌의 총수와 그 가족을 생각하면 이해하

---

2. 이를 이른바 자본의 '시초 축적' 또는 '본원적 축적'이라고 하는데, 그 핵심내용은 무자비한 폭력이다.

기 쉬울 것이다. 따라서 자본이 축적됨에 따라 일반적으로 자본가의 숫자도 일정 수준까지는 증가하게 마련이다.

무수한 개별 자본 간에 경쟁이 존재하며, 경쟁은 자본주의에서 필연적인 현상이다. 특정 산업부문에서 많은 개별 자본의 경쟁, 즉 분할과 분열, 분산과 배척이라는 형태를 띠는 경쟁은 치열하다. 동시에 무수한 자본 간에 서로를 끌어당기는 힘도 강하게 존재한다. 이는 보통 시장지배를 위한 필요에서 생겨나는데, 이 또한 경쟁의 결과다. 자본과 자본이 서로를 끌어당기는 것은 자본이 모이고 쌓이는 자본의 축적이 아니고 이미 존재하고 있는 자본의 이합집산으로, 이를 자본의 집적(concentration)이라고 한다.

자본의 집적 과정이 계속되면 개별 자본 중에 독립성이 파괴되는 자본도 생겨나고 한 자본이 다른 자본을 흡수하는 경우도 발생하여, 다수의 (중소)자본이 소수의 대자본으로 전환된다. 이와 같이 어느 한 곳에서 많은 자본가들이 자신의 자본을 잃고 다른 소수의 자본가의 수중에 자본이 대량으로 증대되는 현상, 즉 이미 존재하고 있는 자본들의 분배상의 변화를 자본의 집중(centralization)이라고 한다. 현재 우리가 보고 있는 경제현상 중에서 M&A라는 것이 자본의 집중에 해당한다. M&A(mergers and acquisition)는 기업만의 매수와 종업원을 포함한 기업의 매수를 합친 말로, 우리말로는 '기업인수합병'이라고 한다. 자본집중의 경향은 자본주의가 발전할수록 증가하는데, 특히 1990년대에 세계적으로 일어난 신자유주의의 M&A 열풍은 자본집중의 경향을 잘 보여주고 있다.[3]

---

3. 그 많은 M&A 시리즈를 여기에 모두 열거할 필요는 없을 것이다. 1998년에 다임러벤츠와 크라이슬러가 합병하여, '다임러─크라이슬러'라는 거대기업이 탄생했다. 이로써 '다임러─크라이슬러'는 1990년대에 거의 모든 산업부문에서 일어난 M&A 열풍의 '대미'를 장식하였다. 2000년 1월에는 타임워너와 AOL이 합병하여 일찍이 보지 못한 초거대기업이 탄생했다. 이 합병으

　자본의 집중은 일반적으로 자본의 유기적 구성의 고도화를 의미하기 때문에 가변자본의 상대적 감소를 가져오고 구조조정과 정리해고를 동반한다. 실업자와 실업률의 증가는 M&A에 따른 필연적 현상이 된다.

　자본의 집중 경향은 무수한 자본 간의 경쟁으로부터 시작된다. 경쟁은 일반적으로 상품의 가격을 낮추는 방식으로 진행되게 마련이고, 상품가격의 하락은 다른 조건이 불변일 경우 자본의 노동생산성에 달려있다. 그리고 자본의 노동생산성은 자본의 생산규모, 즉 '규모의 경제'에 달려 있다. 규모의 경제가 실현되는 방법은 결국 대자본이 소자본을 격파, 파괴, 흡수하는 것이다.[4] 경쟁은 다수의 소자본이 소수의 대자본에 의해 파산하는 과정으로 진행되는데, 이렇게 되면 소자본은 대자본의 수중으로 넘어가거나 자본의 형태로서는 시장에서 사라진다.[5] 따라서 자본의 집중은 일반적으로 실업의 증가를 의미한다.

3. 자본의 구성과 실업

　자본의 축적은 자본의 노동생산성과 밀접한 관련을 갖는다. 노동생산성

로 2000년대에 새로운 형태의 M&A가 나타났다. 이제 M&A는 동일분야뿐만 아니라 유사한 분야의 산업에서도 이루어지는 것이다.

4. '규모의 경제'가 지배하고 있는 시장에서 이윤을 창출할 수 있는 사업을 새로 시작하기 위해서는 개별 자본의 최소필요량이 증가해야 한다. 소사업가라 할지라도 과거에는 사업을 시작하기 위해 1억 원의 자본으로 시작할 수 있었다면, 현재에는 적어도 10억 원 정도의 자본이 있어야 경쟁력 있는 사업을 시작할 수 있다는 말이다. 소자본이, 대자본이 침투하기 어려운 '틈새시장'을 공략하는 것은 결국 소자본의 자본 규모의 영세성을 반증한다.

5. 지난 몇 년간 그리고 현재에도 계속, 한국의 유통업부문에서 이러한 경향이 특히 강력하고도 공격적으로 나타나고 있다. 대형 할인매장의 등장, 성장, 확대와 동네 '구멍가게'의 몰락을 대비해 보라.

은 1단위당(1인당 또는 한 시간당) 투하된 노동량과 그 결과로 얻어진 생산량의 비율을 말한다. 간단하게 노동의 능률이라고 생각해도 좋다. 노동생산성의 증가는 다른 조건이 불변일 경우 노동량 대 생산수단의 양의 비율(자본의 기술적 구성)에서 생산수단의 양의 증가와 노동량의 감소로 나타난다. 노동생산성의 증가나 감소는 자본의 기술적 구성에 변화를 가져온다. 그리고 자본의 기술적 구성의 변화는 자본의 가치구성에도 변화를 가져와 자본의 유기적 구성을 변화시킨다.

자본의 유기적 구성이 1대 1에서 1대 4로 변화했다고 해서 노동력의 규모나 노동량의 크기가 불변이라는 것이 아니다. 마찬가지로 생산수단의 양과 규모도 1에서 4로 4배 증가하였다는 말이 아니다. 가치의 측면에서 볼 때 상대적인 비율이 1대 1에서 1대 4로 변화하는 것은 노동력의 규모가 절대적으로 단 몇 배에서 몇십 배 증가하고, 생산수단의 크기가 몇십 배에서 몇백 배 증가해도 가능하다. 예를 들어보겠다.

최초에 자본의 유기적 구성이 1대 1이었다고 가정해보자. 백분비로 표현하면 50대 50이 된다. 그리고 이 가치구성이 노동생산성의 증가나 자본의 확대재생산으로 이제 1대 4, 즉 백분비로 20대 80이 되었다고 가정하자. 가변자본이 차지하던 비율은 최초의 50퍼센트에서 현재의 20퍼센트로 상대적으로 감소하였다. 절대 금액으로 표현하여 최초에 자본의 크기가 월 평균 1,000만 원이었다면, 자본의 가치구성은 1대 1에 따라 500만 원 대 500만 원이 된다. 그런데 현재 자본의 크기가 3,000만 원이라고 가정하면, 자본의 가치구성은 1대 4에 따라 600만 원 대 2,400만 원이 된다. 최초에 노동력에 투입된 가변자본 500만 원은 가치구성상 총 자본의 50퍼센트를 차지했고, 현재 노동력의 구입에 투입된 가변자본 600만 원은 총 자본 3,000만 원의 20퍼센트를 차지하고 있다. 하지만 절대 금액으로는 가변자

〈그림 9-1〉 자본구성의 변화

	가변자본	대	불변자본	
최초	50	대	50	
현재	20	대	80	
최초	500만원	대	500만원	1,000만원
현재	600만원	대	2,400만원	3,000만원

본이 500만 원에서 600만 원으로 20퍼센트 증가하였다. 이를 그림으로 나타내면 위와 같다.

위 그림에서 보듯이, 가변자본이 자본에서 차지하는 비율은 상대적으로는 감소했지만 절대적으로는 증가하였다. 노동에 대한 수요를 20퍼센트 증가시키려고 할 경우에 최초에는, 즉 자본의 유기적 구성이 50대 50인 경우에는 자본의 크기가 20퍼센트 증가하는 것으로 충분했다. 그렇게 되면 600만 원 대 600만 원으로 자본도 1,200만 원이 된다. 자본이 정확히 20퍼센트 증가하였다. 하지만 자본의 구성이 50대 50에서 20대 80으로 변화하면, 가변자본을 500만 원에서 600만 원으로 20퍼센트 증가시키기 위해서는 자본이 최초의 1,000만 원에서 이제 3,000만 원으로 300퍼센트나 증가해야 한다. 가변자본의 증가가 임금의 상승으로 나타나든 고용의 증가로 나타나든 마찬가지다. 이를 한 사회 전체에 대입하면, 노동력이 현재보다 20퍼센트 더 판매되기 위해서는, 바꿔 말해 취업자가 20퍼센트 증가하기 위해서는 자본구성의 고도화에 따라 한 사회의 자본의 크기가 20퍼센트 증가하는 것만으로는 부족하며, 이제는 사회의 자본의 크기가 적어도 300퍼센트 정도 증가해야 한다.

이 예는 위에서 든 삼성전자의 예를 보면 더욱 실감이 날 것이다.

〈표 9-1〉 삼성전자 B의 자본구성의 최고치와 최저치

	종업원	자산	가변자본	불변자본	자본구성
1989	43,180	2,909,542	383,750	2,525,792	13.2 : 86.8
1999	50,000*	24,709,803	1,082,601	23,627,202	4.4 : 95.6
증감	16.0	849.3	282.1	935.4	

*단위 : 백만 원, 명, %
*자료출처 : 〈표 7-2〉와 〈표 7-3〉
*주 : *는 추정치.

위 〈표 9-1〉은 〈표 7-2〉에서 가변자본의 비율이 가장 높았던 때와 가장 낮았던 때만 골라 재구성한 것이다. 종업원 수는 〈표 7-3〉에서 취하였다.

1989년의 자본구성은 13.2대 86.8이고, 1999년의 자본구성은 4.4대 95.6이다. 위의 표기법대로 써보면 1대 6.7과 1대 21.7이다. 가변자본이 두 경우 모두 변함없이 1이라고 해서, 가변자본이 불변인 것도 아니고 종업원 수가 불변인 것도 아니다. 마찬가지로 생산수단에 투자된 불변자본이 6.7에서 21.7로 증가했다고 해서 단지 3.2배 증가했다는 말도 아니다. 가변자본은 절대액수로 약 3,840억 원에서 1조 826억 원으로 증가했고, 종업원 수는 약 43,000명에서 50,000명으로[6] 증가했다. 종업원을 약 16퍼센트 증가시키기 위해 가변자본을 약 280퍼센트 증가시켰다. 노동자의 임금이 이만큼 상승한 것이 아니라면, 이는 임원의 '비정상적인' 임금 상승이라고 볼 수밖에 없다. 그런데 이러한 가변자본의 증가를 위해 자본은 무려 약 850퍼센트나 증가했다. 다시 말해, 가변자본을 280퍼센트 증가시키기 위

---

6. 이 수치는 〈표 7-3〉에서 보듯이, 1998년에서 2000년까지 삼성전자의 종업원 수에 대한 자료가 없어 1997년과 2001년의 자료를 토대로 추정한 것이다.

해 자본은 850퍼센트나 증가해야 했다. 자본이 가변자본의 증가보다 세 배나 빠르게 증가했다는 말이다. 그런데 자본의 증가(850 %)나 가변자본의 증가(280 %)에 비해 종업원은 고작 16퍼센트밖에 증가하지 않았다.

노동에 대한 수요를 결정하는 부분, 즉 사람들을 취업시켜 임금을 지급할 수 있는 자본 부분은 사회의 자본의 크기와 규모에 의해 결정되지 않는다. 자본 중에서 가변자본 부분에 의해서 결정된다. 이렇게 되면 노동에 대한 수요는 한 사회의 자본의 크기가 증가함에 따라 절대적으로는 증가할 수 있을지라도 상대적으로는 감소하게 마련이다. 따라서 현재 취업하고 있는 노동자들의 취업상태를 계속 유지하고 게다가 노동자를 추가로 흡수하기 위해서는 사회의 자본이 산술급수적으로 증가해서는 안되고 기하급수적으로, 가속적으로 증가해야 한다.

이를 한 사회 전체에 확대하여 적용하면 어떤 결과가 될까? 매년 경제성장률이 100퍼센트를 상회하는 사회는 없다. 고작해야 5퍼센트 전후이며, 높아야 10퍼센트에 불과하다. 즉 이런 수준의 경제성장률은 가변자본의 증가나 고용의 확대에 미칠 영향이 크지 않다는 말이다.[7] 또한 이는 자본가가 이윤을 획득하고 자본을 축적하는 데 노동력보다는 생산수단이, 가변자본 부분보다는 불변자본 부분이 더 많이 필요하다는 것을 의미하기도 한다. 이러한 생산양식은 노동이 자본을 생산하는 생산양식이라기보다 자

---

7. 김준호(2002, 34 쪽)의 계산이 흥미를 끈다. "보다 구조적인 문제는 가변자본에 대한 투자가 장기적으로 인구성장률에 의해 제약을 받는다는 점이다. 연평균 인구성장률이 1 %일 경우 인구가 두 배로 증가하는 데는 70년이 걸린다. 그런데 자본가들은 경제성장률, 즉 자본축적률이 1 %에 머무는 것을 희망하지 않는다. 축적률을 평균 5 %만 기대한다고 해도 자본축적이 두 배로 되는 것은 14년에 지나지 않는다. 따라서 축적을 가변자본에 의존하는 것은 구조적으로 불가능한 것이다". 이는, 5퍼센트 전후의 경제성장률도 노동가능인구의 증가보다, 그래서 가변자본의 증가보다 불변자본에 더 많이 의존하게 된다는 말이다.

본이 자본을 생산하는 생산양식이라고 할 수 있다.[8] 현재 우리가 살고 있는 사회가 바로 이런 사회형태다.

4. 상대적 과잉인구

총 자본에서 가변자본이 차지하는 비율이 상대적으로 감소한다는 것은 노동가능인구가 절대적으로 증가하는 형태로 나타난다. 일자리에 비해 일할 사람이 많다는 말이다. 이러한 상황에서는 일하고 있는 사람은 언제라도 해고될 위험이 있으며, 실업자들이 취업할 가능성은 계속 감소한다. 일하려는 사람들과 일하고 있는 사람들의 수가 자본이 필요로 하는 수보다 너무 많고 넘쳐나기 때문이다. 자본의 축적과 집중, 자본의 유기적 구성의 고도화가 진행됨에 따라 이렇게 넘쳐나는 사람들, '상대적으로 과잉인 인구'가 끊임없이 만들어진다. 이는 구체적으로 취업하고 있는 노동자가 축출되거나(정리해고), 실업자의 경우 취업이 곤란해지는 형태를 띠게 된다. 사회적 자본의 크기와 규모가 증가하고 그 증가율이 점점 더 빨라짐에 따라서, 생산규모가 확대되고 노동생산성이 향상됨에 따라서, 자본의 유기적 구성이 고도화됨에 따라서 노동자를 축출하게 되는 규모도 증대하고 빨라진다.

노동자는 자신이 생산하는 자본의 축적으로 자신을 상대적으로 점점 더 불필요하게 만드는 수단을, 자신을 상대적 과잉인구로 만드는 수단을 점점 더 큰 규모로 생산한다. 이러한 경향을 맑스는 '자본주의 사회의 인구

---

8. 사람들은 보통 일상생활에서 사람이 돈을 버는 게 아니라 '돈이 돈을 번다'는 사실을 경험으로 터득하고 있다. 자본에 의한 자본의 생산을 일상용어로 그렇게 표현할 수 있다.

법칙'이라고 말하고 있다. 노동자가 일을 더 많이 할수록 자본의 형태로 존재하는 자본가의 부는 더욱 더 증가하게 되는 반면, 노동자는 자기 본래의 기능, 즉 노동할 수 있는 가능성마저 위태롭게 한다. 자신의 생존의 토대마저 위태롭게 하면서 타인의 부를 증가시키지 않으면 안 되는 사회경제시스템, 이것이 바로 우리가 살고 있는 자본주의 사회의 운동법칙이다.

상대적 과잉인구의 존재는 자본 축적의 지렛대이며 자본주의적 생산양식을 유지해주는 조건이다. 실업자와 빈곤층이 존재하지 않으면 만들어내는 사회, 즉 그들이 증가하지 않으면 안 되는 사회가 바로 우리가 살고 있는 자본주의 사회가 작동하는 기본원리다.

자본이 필요로 하는 노동자의 수보다 많은 수의 노동가능인구가 존재하고 있는 상황에서는 이미 취업자로 존재하고 있는 노동자도 자본에 절대적으로 종속되어 자본의 마음대로 처분할 수 있게 된다. 실업자는 더 말할 것도 없이 언제든 자본에 종속되고 자신의 운명을 자본의 마음대로 처분하도록 할 준비가 되어 있는 사람들이다. 이러한 사람들, 즉 언제든 어떤 조건에서든 일할 준비가 되어있는 인간집단을 '산업예비군'이라고 한다. 말하자면 산업예비군은 실업자와 불완전취업자를 포함한 상대적 과잉인구다.

산업예비군은 자본의 축적과 집중에 따라 취업자를 해고함으로써, 취업노동자의 수를 끊임없이 감소시킴으로써 계속 생산되고 증가한다. 자본주의 경제체제의 운동형태는 노동하고 있는 인구의 일부를 끊임없이 실업자나 불완전취업자로 전환시키는 것에 토대를 두고 있다. 실업자가 되지 않으려 해도 되지 않을 수 없는 상황이다.

더 나아가, 자본은 자연적인 인구증가율이 제공하는 과잉인구에 만족하지 않는다. 자본은 자연적인 제한에 구애받지 않고 자유로이 처분할 수 있는 산업예비군을 필요로 하고 만들어낸다.

만약 가변자본이 절대적으로 증가하는 경우라도, 즉 자본에서 임금으로 지출하는 자본 부분이 절대적으로 증가한다고 하더라도, 취업하고 있는 노동자의 수는 불변이거나 감소할 수 있다. 가변자본의 증가는 임금의 증가나 더 많은 노동량이 투입된다는 것을 의미하지만, 반드시 더 많은 노동자가 취업한다는 것을 의미하지 않을 때도 있기 때문이다. (약간의 임금인상으로) 한 사람 한 사람의 노동자가 임금인상보다 훨씬 더 많은 양의 노동을 제공하여 일정 노동량을 보다 더 적은 수의 노동자로 해낸다면, 가변자본이 증가해도 노동자 수는 증가하지 않을 수 있다. 달리 말하면, 종전과 동일한 양의 가변자본의 지출로 더 많은 노동력을 구매할 수 있고(비정규직의 고용) 더 많은 노동량을 움직일 수 있으며, 동일한 양의 노동량을 움직이기 위하여 더 적은 가변자본을 지출할 수 있다.

이는 현실에서 취업자들이 강요받는 과도한 노동으로 나타난다. IMF 체제 이후 평일은 말할 것도 없고 토요일에도 밤늦게까지 일하지 않으면 안되고, 심지어 일요일에도 출근하지 않으면 안 되는 직장인들이 많이 늘어나고 있는 현상이 과도노동의 예를 잘 보여주고 있다. 게다가 상대적 과잉인구가 대량으로 존재하고 있는 상황에서는 이들의 존재가 취업자들에게 압박요인으로 작용해 취업자로 하여금 과도한 노동을 하지 않을 수 없게 한다. 결국, 노동자들에게는 과도한 노동이 강요되고 실업자들에게는 과도한 '나태'가 강요되는 사회, 바로 이러한 사회가 우리가 살고 있는 사회의 적나라한 모습이다.

자본주의 사회에서는 이 모든 것을 결코 법으로 강요하지 않는다. 사람들을 과도하게 일하도록 강요하는 건 경제적(생존적) 필요다. 생존의 필요성 때문에 노동자는 가난해야만 일을 하고 부지런해진다는, 우아한 '빈곤

예찬론'을 들어보자. 이것이 목사가 한 말이라는 것에 대해 놀라지 말기
바란다.

"법에 의한 노동의 강제는 너무나 큰 분쟁과 폭력과 물의를 수반하는데… 기
아는 근면과 노동에 대한 평화적이며 조용하며 끊임없는 압력일 뿐만 아니
라 가장 자연적인 동기를 주어 최대의 노력을 불러일으킨다".9

노동자의 빈곤이 자본가의 부의 필요조건이라는 말인데, 난폭한 표현이
지만 사실이다. 자본은 '평화롭고' 조용하며 자연스러운 착취를 원한다.
시끄러운 건 싫어한다. 그리고 자본의 입장에서 노조는 항상 '시끄럽다'.
상대적 과잉인구의 존재가 사회의 일반적 현상이 되면 임금도 이들이
얼마나 많은가(또는 적은가)에 따라 정해진다. 정규직 취업자를 해고시키
고 그 사람을 비정규직으로, 절반의 임금으로 바로 다시 그 자리에 재취업
시키는 상황은 임금이 얼마나 실업자의 수와 규모에 따라 정해지는지 보
여준다.
임금의 일반적 변동이 상대적 과잉인구의 많고 적음에 따라 결정될 때
임금이 인상된다면, 이는 자본의 입장에서 그 산업부문에 (있어야 할) 상
대적 과잉인구가 부족하다는 말이 된다. 자본은 상대적 과잉인구가 부족
할 경우 이들을 당장 만들어내기 위해 불변자본에 더 많이 투자한다. 불변
자본에 대한 투자는 당장 가변자본의 감소를 가져와 임금의 감소나 종업

---

9. 맑스, 1991, 814 쪽. 이 부분은 출처를 명확히 밝혔으나 9장의 다른 부분은 출처를 일일이 밝히
지 않았다. 9장에 보이는 일반적 서술은 전체적으로 맑스의『자본론』제1권 제25장(774~894 쪽)
을 완전히 풀어 재구성한 것이다. 이 부분을 현재 한국의 실업 및 실업률 증가의 현상과 관련
지어 재구성했기 때문에 일일이 출처를 밝히기 어려웠다.

원의 해고를 가능케 하고, 그렇지 않을지라도 신규 고용을 억제하여 상대적 과잉인구를 당장 만들어낸다. 이윤을 획득하고 늘릴 생각이 있는 '제대로 된 정상적인' 자본이라면 이렇게 한다. 결과적으로 노동력에 대한 수요는 다시 (절대적으로도) 감소하고 임금인상의 요인은 제거되며 이윤의 안정된 획득이 보장된다.

상대적 과잉인구(의 존재)는 경기침체기(불황기)에는 밖에서 현재 취업자들의 임금인상 요구를 억제하도록 하는 압력의 기능을 담당하고, 경제성장기(호경기나 호황기)에는 현재 취업자들이 안에서 스스로 임금인상 요구를 억제하도록 하는 압력행사의 기능을 맡는다. 어떤 상황이든 노동자들에게 유리하다고 할 수 없다.

5. 자본축적의 적대적 성격

상대적 과잉인구는 여러 가지 형태로 존재하고 있고 존재할 수 있다. 상대적 과잉인구는 크게 유동적 형태, 잠재적 형태, 정체적 형태로 나누어 볼 수 있다.

첫째, 유동적 형태는 말 그대로 유동적인 형태로 과잉인구가 존재하는 것을 말한다. 취업하고 있던 노동자가 해고된다든지 이 노동자가 다른 생산부문에 다시 취업한다든지 하는 형태가 이 유형에 속한다. 위에서 말한 과도노동의 강제와 증가는 자본에 의한 노동력의 소모를 급격히 증대시킨다. 노동력이 과도하게 소모되거나 노쇠해질 때 노동자는 정상적인 노동력으로서 기능을 상실하게 되며, 이러한 노동자도 상대적 과잉인구로 전락하는데, 이 또한 유동적 형태에 속한다. 자본의 입장에서 볼 때 노동력의 급속한 소멸을 능가할 만큼 노동자의 수가 빠르게 그리고 절대적으로 증가해야 한다. 이는 노동자 가구는 다른 가구보다 그 교체가 급속히 이루어져야 한다는 것을 뜻한다. 노동자와 그 가족은 자본가 계급보다 수명이 짧다.

둘째, 잠재적 형태의 과잉인구는 특히 농업부문에 많이 존재하고 있다. 농업생산이 자본주의적으로 진행될수록 농촌에서 농촌노동인구에 대한 수요는 절대적으로 감소한다. 왜냐하면 농업부문에서 축출된 노동력이 다른 농업부문에서 흡수될 가능성이 매우 적기 때문이다. 따라서 이러한 노동력은 도시로 이동하게 되는데, 이는 농업부문에 항상 과잉인구가 잠재적으로 존재하기 때문이다. 우리나라의 경우에 1960~70년대 이른바 '무작정 상경'의 주역들이 잠재적 형태로 존재하고 있는 상대적 과잉인구라고 볼 수 있다.

셋째, 정체적 형태로 존재하고 있는 상대적 과잉인구는 취업이 매우 불규칙하게 이루어지는 노동자 집단이다. 오늘은 일했다가 내일은 일이 없는 일용직 노동자가 대표적인 정체적 형태다. 특히 이들은 자본이 마음대로 처분할 수 있는 노동력이며, 오로지 자본의 처분에 하루하루 자신의 운명을 맡겨야 하는 사람들, 자본의 '선처'를 바랄 뿐인 인구집단이다. 이러한 특성상 이들은 일반적으로 노동은 최대로 하고, 임금은 최소로 받는다는 특징을 갖는다. 또한 정체적 형태의 과잉인구는 대기업이나 농업부문에서 또는 소자본에 고용되어 있던 노동자들로부터 끊임없이 보충된다는 특성도 갖고 있다. 정체적 형태의 인구집단은 개별적으로는 무력하기 그지없어 항상 자본의 폭력에 당하기만 하고 자본에 쫓겨 다니는 집단이기도 하다.

상대적 과잉인구 중에서도 최하층을 이루고 있는 집단이 있는데 유랑자, 죄인, 윤락녀 등이다. 유랑자라는 용어가 생소할 텐데 우리나라에서

IMF 체제 이후에 급속히 증가한 노숙자가 이 범주에 해당한다. 이런 부류를 제외하면 대체로 세 범주의 최하층이 존재한다. 첫째로 그나마 일할 능력이 있는 사람들이고, 둘째로 고아나 빈민의 아이들로서 이들은 장래 산업예비군의 후보들이다. 세 번째 범주에는 타락한 사람들과 노동무능력자들로서 사회적 분업으로 실직 후에 직업을 바꿀 능력이 없어서 몰락한 사람들, 노동자들의 평균보다 나이가 많은 사람들[10], 산업재해로 말미암아 불구가 된 사람들, 장애인, 과부 등이 해당된다. 기타 마약중독자, 알코올중독자, 폐인, 걸인 등도 상대적 과잉인구의 최하층을 구성한다.

자본의 노동생산성이 증가할수록, 자본축적의 규모가 확대될수록, 자본의 집적과 집중이 계속될수록, 자본의 유기적 구성이 고도화될수록, 자본의 형태로 존재하는 사회의 부가 증가할수록, 한마디로 자본에 활력이 넘칠수록 위와 같이 다양한 형태로 존재하는 상대적 과잉인구도 더욱 증가하게 된다. 상대적 과잉인구 중에서 최하층과 빈곤층이 증가할수록 빈민구호를 받지 않으면 안 되는, 우리나라의 경우 영세민이나 기초생활보호대상자로 지정되는 극빈자도 더욱 증가한다. 맑스는 이런 일련의 과정을 '자본주의적 축적의 절대적 일반법칙'이라고 말하고 있다.

자본의 노동생산성이 증가하면 자본에서 불변자본이 차지하는 비율이 상대적으로 증가하고 노동력의 양보다 생산수단의 양이 점점 더 많이 증가한다. 이를 뒤집어 보면, 생산수단이 더욱 적은 양의 노동력의 지출로 움직인다는 말이다. 이렇게 되면 노동자가 생산수단을 이용하는 것인지, 생산수단이 (스스로를 운동시켜 자본의 가치를 증식하기 위해) 노동자를

---

10. 자의든 타의든 또는 주관적으로나 객관적으로 해고를 체감하는, 그러니까 해고되기 전에 알아서 회사를 떠나야 하지 않을까 생각하게 되는 나이가 오륙도(56세)에서 사오정(45세)을 거쳐 삼팔선(38세)까지 내려가더니, 급기야 인간의 체온인 36.5도(36.5세)까지 낮아졌다고 한다.

사용하는 것인지 구분이 안 된다.

노동자의 생존조건은 자신의 노동력을 판매하는 것이다. 그런데 노동생산성의 향상으로 생산수단이 계속 노동력을 대체하게 되면, 노동력은 그만큼 덜 필요하게 되고 취업자는 실업자로 전락하며 실업자는 증가한다. 노동자는 생존을 위해 일을 하면서 자신이 일할 조건을 스스로 없애버려 자신의 생존조건을 스스로 위태롭게 하고 있다.

자본의 노동생산성을 향상시키는 방법에는 여러 가지가 있는데 어느 것이든 그것은 노동자를 기계의 부속물로 떨어뜨리고, 노동의 내용적 측면을 파괴하여 노동을 더욱 단조롭고 혐오스럽고 고통스러운 것으로 바꾸어 놓으며, 노동자를 분업의 틀 속에 갇힌 단순하고 불완전한 인간으로 불구화하고, 과학과 기술이 독립된 힘과 권력으로 노동과정에 투입되는 정도에 비례해서 노동자의 지적 잠재력을 앗아가며, 노동조건을 악화시키고, 노동자의 삶의 대부분의 시간을 노동시간으로 바꾸며, 노동자뿐만 아니라 노동자의 처자식까지 자본의 수레바퀴 밑에 깔려 신음하도록 만든다. 그리고 노동생산성의 증대와 이윤의 증가, 자본의 축적은 이런 모든 방법을 더욱 발전시키는 수단이 된다. 자본이 축적됨에 따라 노동자의 생활상태는 악화되지 않을 수 없다.

한마디로, 한쪽에서 자본의 축적은 다른 쪽에서 빈곤의 축적이며, 한쪽에서 자본의 형태로 존재하는 부의 축적은 다른 쪽에서 빈곤의 형태로 존재하는 노동자의 삶의 고통과 야만, 도덕적 타락의 축적을 의미한다. 자본주의적 축적은 부와 빈곤 사이에 적대적 성격을 갖는다.

자본의 유기적 구성의 고도화 때문에, 전과 동일한 양의 가변자본의 지출로 더 많은 노동력을 구매하고 더 많은 노동량을 움직일 수 있기 때문에, 또는 전과 동일한 양의 노동력을 움직이는 데 전보다 적은 양의 가변자본만 지출하면 되기 때문에, 일반적으로 기능노동자는 무기능노동자로, 숙련노동자는 미숙련노동자로, 남성노동자는 여성노동자로, 성인노동자는 미성년노동자나 아동노동자로, 정규직 노동자는 비정규직 노동자로, 완전취업자는 불완전취업자로 교체된다.

현재 한국에서 여성취업의 증가가 남녀간의 고용기회가 평등의 방향으로 가고 있음을 보여주는 것인지, 아니면 여성노동자, 특히 여성노동자의 대다수를 차지하는 '아줌마'들의 임금이 '아저씨'들보다 낮기 때문인지 좀 더 자세히 연구할 필요가 있다. 또한 요즘 전문대 졸업자의 취업률이 4년제 대학 졸업자보다 오히려 더 높다고 하는데, 그 현실성도 대단히 의문이지만 만약 사실이라고 하더라도 그것이 전문대 졸업자의 지식과 기능과 능력이 일반적으로 4년제 대학 졸업자보다 더 뛰어나기 때문인지(물론 개인적으로 보면 그럴 가능성이 없지 않다) 아니면 자본이 4년제 대학 졸업자보다 임금이 낮은 전문대 졸업자를 선호하기 때문인지도 좀더 살펴보아야 한다.

3

실업사회의 모습

제10장 상대적 과잉인구의 삶

제11장 '상대적 과소인구'의 삶

맺음말—대안?

참고문헌

　1장에서 말한 긴 여행을 마쳐도 될 듯하다. 실업의 근본적이고 본질적인 원인이 밝혀졌으리라고 생각한다.

　사회학은 인간과 사회를 연구하는 학문이다. 인간에 대한 관심과 애정이 없는 학문은 쉽게 '수학'으로 떨어진다. 주류경제학의 뒤를 충실히 뒤따라, 요즘 사회학에 수학화 경향이 강력하게 나타나고 있고 또 증가하고 있다. 그런 사회학은 자연히 '인간'에 대한 관심을 잃고 스스로 대중으로부터 멀어진다. 학문을 위한 학문, 학문하는 이들을 위한 학문, 상아탑 속의 학문만이 재생산된다. 우리는 그럴 수 없다. 사회학이 인간과 사회에 관해 연구하는 학문인 한, 그럴 수 없다.

　따라서 중요한 건 실업이나 실업률 자체가 아니다. 그 원인도 아니다. 그에 대한 관심이 없는 건 아니다. 하지만 그것도 그러한 상황에 처해있는 인간들의 구체적인 삶의 모습과 형태를 보고 알기 위해서다. 사회학은 그들에 대한 관심을 잃어서는 안 된다.

제10장 상대적 과잉인구의 삶

9장에서는 실업률의 증가경향과 그 영향을 일반적으로 서술하였다. 여기에서는 그러한 현상이 노동자나 실업자 또는 상대적 과잉인구의 삶에 어떠한 영향을 끼치는지, 그들의 고통과 야만, 도덕적 타락 등이 어떠한 모습을 띠는지 구체적으로 살펴볼 것이다.

1. 고통과 참사(慘死)

일반적으로 노동자들의 실업과 실질소득 감소가 빈곤으로 시작되는 일련의 과정에서 '첫 테이프'를 끊는다. 특히 1997년 말의 경제위기 이후 급격히 진행되고 있는 노동자들의 실질소득 감소는 계층간 소득격차를 더욱 벌려 경제적 불평등을 증가시키고 있다. 현재 한국은 20대 80의 사회를 지나 10대 90의 사회로 맹렬히 이행 중이다. 세계적으로도 그렇다. '세계화'

는 부의 지역화이며, (절대)빈곤의 세계화가 되었다.

실업과 실질소득 감소 자체도 문제지만, 그것이 그러한 환경에 처한 사람들의 삶에 끼치는 영향은 예측을 불허하고 통제도 불가능하다. 그것은 인간생활에 지대한 악영향을 끼쳐 무차별적 방향으로부터 인간의 생존 자체를 고통스럽게 만들고 인간의 삶을 파괴한다. 실업과 소득 감소는 육체적 질병을 제대로 치료하지 못하는 상황을 만들어내고, 가정불화나 이혼 등 인간관계를 파괴하며, 심리적이고 정신적 고통을 가중시킨다. 이들이 겪는 고통과 야만적 생활의 막다른 골목에는 자살이 자리 잡고 있다.

노동자에 대한 과도한 노동의 강요는 직업병, 산업재해, 사망률의 증가를 동반하고, 과도한 나태의 강요는 '망가짐'과 추함(야만)을 동반한다. 추함은 여러 형태로 나타난다. 우리 사회에서 강요된 나태의 구체적 모습은 길거리에서 소주로 연명하다가 숨지는 노숙자들에게서 나타난다. 이렇게 숨지는 노숙자들의 평균 나이가 45.5세라니(한겨레, 2001.11.27), 자기 수명을 다하는 것조차 노숙자에게는 이룰 수 없는 '사치'가 되었다.

이들 '서울역 노숙자'들과는 달리 최근에는 '신노숙자'층이 생겨나고 있다고 한다. 장기적인 경기침체로 일자리를 구하지 못해 거리로 내몰린 이들 신노숙자들은 거리에서 자는 대신, 말끔한 차림으로 병원의 로비나 교회 등에서 잠을 청한다(한겨레, 2003.12.17). 노숙자의 증가로 노숙자층에 세분화현상이 나타나고 있다는 말이다.

노대명 한국보건사회연구원 책임연구원은, 2000년 현재 한국의 빈곤층이 최대 743만 명에 이른다고 분석했다(한겨레, 2003.12.26). 이를 당시 총인구(47,008,111명)로 계산해보니, 인구의 15.8퍼센트가 빈곤층이라는 결과가 나온다. 대략 여섯 명 중 한 명은 빈곤층이라는 말이다.

또한 우리나라 전체 가구의 약 20~30퍼센트에 이르는 저소득계층은 생계에 쫓겨 건강보험료를 못내 아파도 병원에 못 간다(한겨레, 2001.12.7). 이들의 건강은 다른 사회계층보다 더 나쁘고, 사망률은 다른 사회계층보다 더 높을 것이다. 쉽게 말해, 다른 사회계층보다 평균적으로 일찍 죽을 것이다.

그 20~30퍼센트의 사회계층은 병원으로부터 멀어질 뿐만 아니라 아예 서울로부터도 멀어진다. 전세금 폭등 때문에 서민들이 서울에서 위성도시로, 위성도시에서 다시 외곽으로 밀려나고 있다. 1980년대 말과 1990년대 초, 그리고 구제금융 사태 직후인 1998년에 이어 또 다시 불어 닥친 '서민 엑소더스'다(한겨레, 2002.1.21). 서울시는 역시 '특별시'이며, 서민들에게 "서울 *끄트머리에라도 얹혀*" 사는 건 역시 특별한 사람에게나 해당되는 일처럼 여겨진다.

사람은 여러 가지 방법으로 죽을 수 있다. 하지만 상대적 과잉인구의 최하층인 윤락녀가 불에 타죽는 것만큼 이들의 삶의 비참함을 극명하게 보여주는 예도 없을 것이다. 2002년 1월 29일에 군산 개복동의 윤락가에서 화재가 발생해 열세 명이 숨졌다. 개복동은 2000년 9월에 다섯 명이 숨진 화재사고가 난 대명동 윤락가의 바로 옆 동네다.

윤락녀로 불리는 매춘부는 상대적 과잉인구의 최하층을 이룬다. 이는 앞장에서 살펴보았다. 하지만 경제활동인구조사에서 이들은 분명히 '취업자'로 분류된다. 취업과 실업 통계는 합법성이나 불법성, (비)도덕성을 고려하지 않기 때문이다. 또 생각할 수 있는 사실은, 불도 부잣집이나 재벌의 집에서는 잘 나지 않는다는 점이다. 불이 날 가능성을 돈으로 모두 차단하고 봉쇄했기 때문이다 타죽는 것도 돈에 따라 차이가 난다.[1]

---

1. 불나는 것뿐이겠는가. 물난리도 마찬가지다. 매년 물난리를 겪는 지역도 부자동네는 아니다.

군산의 윤락녀들은 자본의 '노예'다. 자본은 '피로회복'을 위하여, 내일도 오늘처럼 즐겁게 노동자들을 착취하기 위하여 또는 직접적인 이윤획득을 위하여 윤락녀를 필요로 한다. 죽은 윤락녀 수만큼 새로운 윤락녀를 보충하는 건 자본에게 별로 어려운 일도 번거로운 일도 아니다.

2. 인간관계의 파괴와 범죄

강요된 나태는 인간관계도 파괴한다. 생활이 고통스럽기 때문에 서로가 서로에게 마음의 상처를 입히고 가정불화가 늘어나며 이혼이 증가하고 가족이 해체된다. 가정불화나 이혼이야 사회계층을 불문하고 다반사로 일어나지만, 이것이 보여주는 참담한 모습은 사회의 최하층에서 더욱 극명하게 나타난다. 경제적인 이유로 강도도 증가하고 자살을 하거나 다른 사람을 죽이기도 한다.

30대 여성노숙자가 2003년 10월에 대구에서, 태어난 지 이틀밖에 안되는 자신의 신생아를 버리고 달아났다. 그 신생아는 발견 당시 이미 숨겨 있었다고 한다(뉴시스, 2003.10.25).

1999년 한국보건사회연구원의 조사를 보면, 전체 노인의 8.2퍼센트가 자식들에게 매를 맞은 경험이 있다고 한다. 자식이 부모를 학대하는 이면에는 실업과 알코올 중독 등이 똬리를 틀고 있다. 매 맞는 부모의 대부분은 끝까지 참는다고 한다. 달리 갈 곳이 없기 때문이다(SBS 그것이 알고

"부는 상층에 축적되지만, 위험은 하층에 축적된다. 그런 만큼 위험은 계급사회를 폐지하지 않고 강화하는 것으로 보인다. 빈곤은 불행하게도 위험을 만연시킨다. 그와 반대로 (수입, 권력, 또는 교육의 면에서) 부자는 위험으로부터 안전과 자유를 사들일 수 있다"(벡, 1997, 75 쪽).

싶다, 2002.3.9). 결국 실업은 인간을 패륜(悖倫)으로 몰아가기도 한다.

그래도 때리는 것은 죽이는 것보다 '나은가?' 이번에는 자신을 꾸짖는다고, 아들 이 아무개(51세) 씨가 아버지(82세)를 찔러 죽였다(YTN뉴스, 2003.11.4). 어미가 자식을 버리니, 자식은 아비를 때리고 죽인다. 가장 기본적인 인간관계가 파괴되고, 인간이 인간임을 포기하는 현상들이 벌어진다.

제3자가 뭐라고 말하기 어려운, 아니 불가능한 경우도 있다. 경남 고성에 사는 한 할머니가 손녀를 죽인 슬픈 사건이다. 이 아무개(78세) 할머니는, 어렵게 사는 작은아들(38세)에게 짐이 된다며, 작은아들의 딸이자 지체장애자인 손녀(10세)에게 극약을 먹였다. 장애로 태어난 손녀는 대소변도 못 가리고 밥까지 떠 먹여야 했기 때문에, 할머니가 보다 못해 '더 살아 무엇 하겠느냐'며 손녀에게 청산염을 먹였다고 한다. 생활고에 시달리는 작은아들이 딸의 병을 고치기 위해 4,000만 원의 빚을 졌으며, 할머니의 큰아들(55세)은 이 빚의 보증을 서주었고, 작은아들이 빚을 갚지 못해 두 아들이 모두 힘들고 괴로워하여, 결국 손녀를 죽인 것이라고 한다(한겨레, 2003.12.4). 달리는 길이 안보였을 할머니의 행동이 우리의 마음과 양심을 한없이 짓누른다.

경제적 문제나 가정문제로 자살과 동반자살, 살인을 택하는 경우도 상대적 과잉인구에서 더 자주 볼 수 있는 현상이다. 가정불화나 부부싸움, '바람' 등의 문제를 상류층에서는 10억이나 20억 원의 '우아한' 위자료로 '품위 있게' 처리하고 이혼으로 '깔끔하게' 해결하여 새 출발할 수 있을 것이다. 그게 사회의 하류층과 최하층에서는 불가능하다. 대개의 경우 자살로 생을 마감하거나 살인으로 사실상 생을 마감한다.

살기 위해 온갖 몸부림을 치다가 스스로 목숨을 끊는, 그러니까 생계문제 때문에 결국 자살로 생을 마감하는 극빈층이 늘어나고 있다. 경찰청 통계로는, 이런 생계형 자살자가 2003년에만 7월말까지 평균 매일 세 명이 있었다고 한다(한겨레, 2003.11.21).

삶에 대한 애착이 강한 상대적 과잉인구는 범죄를 저지르는 방법을 택한다. 은행강도의 경우도 있다. 이러한 행위들은 상류층으로부터 또는 '사회 지도층인사'들로부터 사회의 '도덕적 타락'이라고 지탄받을 게 분명하다.

지탄을 받아도 어쩔 수 없는 경우가 있다. 갈 곳 없고 먹을 것 없을 때다. 이럴 때는 감옥에라도 가야 의식주가 해결된다. 정 아무개(23세) 씨는 주차된 차의 문을 따고 200원(!)을 훔치는 등 상습적으로 절도를 하여, 결국 잡혔고 (원하던) 감옥으로 갔다. 그는 날씨는 추워지는데 갈 곳이 없어 돈을 훔쳤다고 말했다(YTN뉴스, 2003.11.27).

이러한 극단적인 행동은 그들이 '정상적인' 방법으로는 현실을 타개할 수 있는 길이 막혀버렸다는 것을 반증한다. 빈곤과 좌절, 고통과 도덕적 타락의 모습은 이렇듯 상대적 과잉인구의 최하층에서 더욱 적나라하게 드러난다. 상대적 과잉인구는 삶이 그들에게 강요하는 처참한 모습을 가리기에는 돈이 턱없이 부족하다. 반면, 상류계급에서는 그러한 범죄를 저지르지 않아도 될 만큼 충분한 돈을 갖고 있거나 범죄를 저지른다 해도 대개 '돈으로' 해결할 수 있다.

3. 얼어죽고 굶어죽다!

이른바 서울과 경기도의 '쪽방' 밀집지역에는 노인과 만성질환자들이 대부분인 주민들이 고통스러운 삶을 힘겹게 하루하루 이어가고 있다. 차라리 서서히 죽어가고 있다고 표현하는 것이 적절할 것이다.

그런데 청년실업이 장기화되면서 요즘에는 청년층도 '쪽방'으로 몰리고 있다고 한다(문화일보, 2003.10.27). "개집만도 못한" 좁은 공간에 밀집해 살기 때문에, 인간으로서 최소한의 존엄도 누릴 수 없다. 서로가 서로를 망가뜨리고 파괴한다. 지극히 단순한 이유로, 단지 술 마시고 주정을 부려 시끄러웠다는 이유로, 2003년 7월에 권 아무개(36세) 씨는 1급장애자인 정 아무개(50세) 씨를 칼로 찔러 죽였다(동아일보, 2003.7.29).

과부 역시 대개 비참한 삶을 고통스럽게 이어가고 있다. 그들의 자녀도 산업예비군의 후보가 될 가능성이 높다. 빈곤의 대물림이다. 가출청소년들도 장래 상대적 과잉인구의 '0순위' 후보가 될 것이다. 부모나 가족의 폭력이 가출의 원인이라는데, 바로 그 폭력에는 실업과 빈곤이 자리잡고 있다. 돈이 있으면 (또는 많으면) 안 싸워도 될 일을, 돈이 없으면 각박해져 사소한 다툼도 싸움이나 폭력으로 '발전한다'.

몇 가지 요소가 중첩된 상대적 과잉인구의 경우는 삶이 더욱 팍팍하다. 빈곤하여 교육을 받지 못했고, 이혼여성이면서 동시에 뇌성마비 1급장애의 중증 장애인인 최옥란(36세) 씨는 장애인의 이동권 보장과 국민기초생활보장법의 현실화를 위해 투쟁하다가, 노점상과 생계비 수급권, 자녀 양육권 사이에서 처절하게 갈등하다가 수면제 스무 알로 고통스러웠던 삶을 끝냈다(한겨레, 2002.3.29). 이런 사람을 '죽이는' 사회가 바로 우리 사회다.

상대적 과잉인구의 최하층에는 외국인 노동자도 포함된다. 장기 불법체류자 단속을 피해 농성을 하던 중국동포가 길거리에서 얼어죽는 일이 일어났다(한겨레, 2003.12.10). 그리고 상대적 과잉인구의 최하층을 구성하는 여성(과부 또는 이혼여성) 중에서 마침내 굶어죽는, 말 그대로 기가 막힌 사건이 새천년에 일어났다. 그것도 부유층이 몰려 살아 '대구의 강남'으로 불린다는 대구 수성구에서 딸과 단둘이 살아온 이혼여성인 원명숙(41세) 씨가 2002년 2월에 숨진 채 발견되었다. 원씨는 죽기 전까지 한달 6만 원의 아파트 관리비를 내지 못해 3개월 동안 수돗물과 도시가스가 끊긴 상태로 살았고, 그동안 인근 약수터에서 길어온 물만 마시고 연명해온 것으로 추측되었다(한겨레 2002.2.5).

지금이 악랄한 지주의 수탈을 당하는 소작농민이 인구의 대다수를 차지하는 조선말도 아니고, 나라를 빼앗긴 일제 치하에서 공출을 당하는 시대도 아니며, 전쟁으로 온 나라가 잿더미로 변해버린 1950년대도 아닌데, 새 천년인 2002년인데, 그런데 사람이 굶어서 죽다니, 기가 막히고 어이가 없어 벌린 입을 다물 수가 없다.[2] '사람이 먹지 않으면 죽는구나.' 하는 단순 평범한 (잊고 지내던) 진리에 다시 한번 소스라치게 놀랄 뿐이다. 불행하지만, 원씨의 딸도 자라서 산업예비군 후보가 될 가능성이 매우 높다.

상대적 과잉인구의 삶은 어느 것이나 비참하고 더럽고 추하게 보인다. 실업률 증가경향의 법칙은 상대적 과잉인구가 증가할 것이라고 말하고 있다. 그렇다면 자본주의 사회는, 특히 적자생존과 약육강식이 최소한의 경기규칙도 없이 진행되는 한국의 천민자본주의 사회는 비참함과 더러움, 추함이 넘실대는 사회이고 그것이 점점 증가하는 사회다.

---

2. 이 부분에 대한 서술은 김만수, 2003, 423 쪽을 참고했다.

제11장 '상대적 과소인구'의 삶

비참함과 추함, 더러움이 넘실대는 반대편에는 '우아하고 세련되며, 품위 있고 격조 있는' 삶이 있다. 그러한 삶을 사는 이들을 상대적 과잉인구와 대비하기 위해 '상대적 과소인구'로 부르고자 한다. 여기서는 바로 그들의 삶을 살펴볼 것이다.

1. '사회 지도층인사'

상대적 과잉인구와 그 최하층이 보여주는 야만적이고 고통스러운 삶, 질병, 윤락녀의 화재참사, 가정불화와 이혼, 강도와 살인, 자살과 굶어죽음 등은 절대적이고 적나라한 모습을 띤다. 그러한 모습에 접하는 이른바 사회의 지도층인사들이나 상류계급, 정부의 고위관료 등 상대적 과소인구는 그것을 꾸짖는 도덕적이고 점잖은 발언을 한다. '기본'을 지키자며 길거리에 침을 뱉지 말고 담배꽁초를 마구 버리지 말며 교통규칙을 지키자고 계몽운동을 편다. '신난다'.

누구나 부자가 되고 재산이 증가하면 기쁜 일이겠지만 그러한 일은 '사회 지도층인사'라고 불리는 고위 공직자들에게 주로 일어나는 현상인 것 같다. 재산이 늘지 않으면 (아니면 재산의 증가와 동시에) '좋은' 아파트를 특혜로 분양받기도 하는데, 이것도 대개는 '사회 유력인사'들에게나 해당되는 일이다(한겨레, 2002.5.7). 이른바 경기도 분당의 '파크뷰' 아파트 특혜분양사건이다. 재산도 별로 늘지 않는데(?) 아파트 한두 채라도 특혜로 분양 받지 못한다면, 사회 유력인사로서 체면이 서겠는가!

또 다른 한편에서는 그 사회 지도층인사들의 '게이트'가 끝도 없이 이어진다. 2001년과 2002년에는 진승현, 이용호, 정현준, 윤태식, 김성환, 이형택, 최규선 등의 이름이 언론을 도배한 듯하다. 누가 누군지, 어떻게 얽혔는지 하도 복잡해 알 수조차 없다. 그렇다면 한국의 공화국 시리즈에 '게이트공화국'을 추가해도 되지 않을까 생각한다. '정말 신난다'.

2003년 말에는 SK재벌의 100억 원이 '대미'를 장식했다. 이것이 마지막인가 싶었더니, 이어 줄줄이 엮어 밝혀지고 있다. LG재벌은 2002년 11월 초에 한나라당에 150억 원을 트럭째 전달하는 엽기적인 '차떼기'를 감행하였다고 한다(연합뉴스, 2003.12.9). 이어 현대재벌도 2002년 11월 중순에 100억 원을 차량째 한나라당에 전달하였다(한겨레, 2003.12.13). 이에 네티즌들은 트럭만 줘도 소원이 없겠다고 격앙되어(오마이뉴스, 2003.12.10), 한나라당을 '차떼기당'으로 부르고 있다. 삼성은 역시 '삼성답게' 112억

---

1. 사회 지도층인사를 정의하기가 쉽지 않은데, 조은 교수는 사회 지도층인사로서 우선 "기업의 최고경영자, 고위직 공무원, 의사, 변호사, 대학교수 등 전문관리직"을 꼽고 있다(한겨레, 2002.7.22).

원을 '채권 책자'로 만들어 손쉽게 전달하는 기발한 아이디어로, 한나라당에 돈을 전달했다고 한다(연합뉴스, 2003.12.10) 007영화를 보고 있는 것이 아닌가 하는 착각이 들 정도다. 이 사람들, '정말 멋지다'. 이 나라, '끝없이 신난다'. 검찰은 이를 두고 한나라당에서 '돈을 받아갔다기보다 차라리 뜯어갔다.'는 표현이 더 적절하리라고 한다(한겨레, 2003.12.10).

금호재벌과 롯데재벌도 몇 십억 원의 비자금을 만들어, 각각 한나라당과 '노무현 후보 캠프'에 보냈다고 한다(한겨레, 2003.11.11). 앞으로 얼마나 더 밝혀질지 알 수 없는 일이다.

뇌물의 성격상 뇌물을 받는 쪽도 수상하기는 마찬가지다. 2002년 말에 민주당이 후원금 등으로 받은 돈 중에서 몇 백억 원이 중간에 사라지거나 증발했다고 한다(한겨레, 2003.11.15). '증발'했다니? 그 돈 찾기 위해 '하늘'에 구속영장이라도 신청해야 할 판이다!

몇 백억 원이 왔다 갔다 하는 판에, 20여 년 전에 대구 시내의 한 자전거가게에서 자전거를 훔쳤던 30대 남자가 양심의 가책을 느낀다며, 자전거 값 20만 원이 든 봉투를 건네고 사라졌다고 한다(한국일보, 2003.12.10). 이 나라에서 누가 도둑이고 강도이며 사기꾼인지 분명하게 드러나며 대비되는 사건이다.

현재 민심은 인기 연속극 '대장금'에 나오는 '오나라'를 다음과 같이 고쳐 부르고 있다.

잡아라 잡아라 다 잡아라
밝혀라 밝혀라 다 밝혀라
이번이 아니면 못하나니
모두다 잡아서 밝혀보세
에이야 디이야 숨기지 말아라

검은돈 있는한 희망 없네
에이야 디이야 다 밝혀내어서
깨끗한 세상에 살아보세

바꿔라 바꿔라 다 바꿔라
부패한 정치인 다 바꿔라
이번이 아니면 못 바꾸니
무능한 정치인 바꿔보세
에이야 디이야 새사람 찾아라
깨끗한 정치인 찾아보자
에이야 디이야 무관심 말아라
우리가 나서서 바꿔보세

나라와 사회 돌아가는 꼴이 꼭, 나라의 존망이 위태로웠던 100여 년 전에 민요 '파랑새야'를 부르던 때와 흡사하다.

이렇게 돈을 주고받기에 바쁜 재벌과 정치권은 노조에서 파업이라도 한번 하면 '불법'이라는 어휘를 마구 뿌린다. 언론도 덩달아 신나서 달려든다. 멀리 갈 것도 없이 2002년 초 철도노조와 발전노조의 파업만 봐도 알 수 있다. 철도청은 파업에 참가했던 노조원에게 '반성문' 제출을 강요하고 대규모 징계를 병행하면서, '무조건 항복'만을 요구했다(한겨레, 2002.3.9).

2003년 1월에 두산중공업의 노동자 배달호 씨가 분신하였다. 그리고 129일간이나 외로운 투쟁을 벌이던 한진중공업의 김주익 노조위원장이 2003년 10월에 스스로 목숨을 끊었다(한겨레, 2003.10.17). 이로부터 며칠 후에는 이해남 세원테크 노조위원장이 노동탄압에 항의하며 분신하였고 (한겨레, 2003.11.18), 이어 근로복지공단 비정규직 노조 이용석 광주본부

장이 분신하였다(한겨레, 2003.11.3). 정말이지, "얼마나 더 죽어야 하는 걸
까?"

　이러한 탄압만으로 그치는 것도 아니다. 재계도 정부의 '정책'에 발맞추
어 노동자들에게 천문학적 액수의 손해배상소송과 가압류를 '시리즈'로
전개하고 있다. 손해배상소송이나 가압류가 평노조원 개개인의 임금이나
통장은 물론 부동산까지, 게다가 신원보증인의 재산까지 노리고 있어, 노
동탄압이 새 국면에 들어섰음을 알려준다. 과거처럼 무조건 '독재정권'의
경찰력에 기대지 않고 법을 이용해 사용자가 자체적으로 '돈'이라는 노조
압박수단을 개발한 것이다. 노동조합법을 공부하고 노동조합법 제3조를[2]
뒤집어 해석해 적용하는 것을 보면, 사용자측 주변에는 법을 잘 아는 '똑
똑한' 사람이 많거나 그러한 사람을 고용할만한 돈이 많다는 것을 알 수
있다.

　국가권력이 스스로 한 인간을 살해하고 은폐하여 조작한 사실도(수지김
사건) 한참을 지나서야 비로소 밝혀졌다. 또한, 국가가 독점하고 있는 폭
력을 국민에게 강제하고 집행하는 기관인 경찰의 행태는 국민이 가장 '친
근하게' 볼 수 있는 국가의 모습이다. 군산의 개복동 유흥주점 화재사건과
관련해서 경찰관 24명이 업주 등과 유착관계가 있었던 것으로 드러났다.
전주지검 군산지청은 2002년 4월에 뇌물수수 혐의 등으로 전 개복파출소
부소장 임 아무개(45세) 경사 등 세 명을 구속 기소하고, 같은 혐의로 전

2　노동조합법 제3조에는 '사용자는, 이 법에 의한 단체교섭 또는 쟁의행위로 인하여 손해를 입은
　경우에 노동조합 또는 근로자에 대하여 그 배상을 청구할 수 없다.'고 되어있다. 뒤집어 해석
　하면, 거의 늘 '불법'으로 간주되는 쟁의행위에 대해서는 손해배상을 청구할 수 있다는 말이다.
　사용자측은 직권중재제도에 의거해 노사교섭에 성실하게 임하지 않는다. 불성실은 불법이 아
　니지만, 그 불성실이 유발한 쟁의행위는 불법이 된다.

개복파출소 부소장 황 아무개(46세) 경사 등 세 명을 불구속 기소했다고 밝혔다(한겨레, 2002.4.6).

또한 서울 영등포 S백화점 뒷골목에서 윤락업소를 운영하는 포주들은 1998년 4월 경찰관과 친분이 두터운 동업자 김 아무개 씨를 회장으로 선임하여, 10여 명을 계원으로 참여시켜 이른바 '뇌물계'를 만들었다고 한다. 겉으로는 친목도모 및 범죄 예방 등에 기여한다는 목적을 내세웠지만, 실제로는 개별적인 '물주기(금품상납)'에 따른 번거로움과 위험부담을 줄이기 위한 방편이었다. 포주들은 월 80~150만 원씩을 각출, 단속을 담당하는 경찰서 방범과 직원들에게 계별로 매달 100~300만 원, 관할 파출소에는 근무조별로 월 80~150만 원을 2년간 상납했다(한겨레, 2002.4.29).

돈을 받지 않으면 (또는 돈을 받으면서) 서비스를 받는 경우도 있다. 파출소 직원과 외근형사는 물론, 정보형사들까지 안마시술소에 드나들며 뇌물을 받거나 안마와 윤락접대까지 받았다고 한다. 안마시술소 관계자는 이런 일이 '누구나 다 알고 있는 일이지만 생계 때문에 진실을 밝힐 용기를 내지 못한다.'고 말했다(뉴시스, 2003.12.11). 이 또한 이쪽 업계에서는 쭉 있어왔던 관행임을 알 수 있다.

부산지역의 불법 성인오락실은 '조폭'이 운영하고 있으며, 이들은 정기적으로 검찰과 경찰에게 '상납'을 했다고 한다(한겨레, 2003.11.8). 이 상납 관계를 폭로한 검찰직원을 검찰은 오히려 징계하여 좌천시켜버렸다. 그 직원은 폭로 때문에 겪은 고초 때문에 "문제 제기를 한 것을 뼈저리게 후회한다."고 말했다(한겨레, 2003.11.7). 이 말을 '뼈저리게' 뒤집으면, 이 나라에서 정의를 실현하는 일은 '뼈저리게' 후회할 일이 된다. 이 나라 정말 '뼈저리게' 거꾸로 가는 나라다.

불법 성인오락실 단속을 피해 도피중인 한 오락실 업주는, 지금까지 검찰이나 경찰 직원 1인당 3,000~5,000만 원, 심지어 1억 원까지 상납했다고 밝혔다. 또한 오락실을 운영하면서 법을 지키지 어려웠다고 말했다(한겨레, 2003.11.19). 그 업주가 법을 어긴 건가 경찰과 검찰이 법을 어긴 건가? 학교교과서에서 배운 것을 여기에 옮겨놓으면, 경찰과 검찰은 법을 지키기 위해 국민의 세금으로 존재하는 기관이다. 그런데 아닌가 보다. 그렇게 많은 돈을 받는 걸 보니 세금이 모자라나 보다. 세금을 더 거둬야 할 모양이다. 아니면 어디에서 혹시 교과서 '개편작업'을 하고 있는 것일까?

조폭과 경찰, 검찰이 서로 상당히 '사이좋은' 관계임을 알 수 있다. 몇 가지 '바보 같은' 질문이 가능해진다. 이러한 '유착관계'가 군산과 서울, 부산에만 있는 것일까? 포주나 조폭은 경찰이나 검찰에게 돈을 주고 싶어서 주었을까? 그 돈은 대가성이 있을까 없을까? 부산의 '상납비리'에 대해 돈을 받은 경찰이 '직을 걸고' 조사하겠다면, 그게 제대로 조사가 될까 안 될까? 이게 물음일까?

뇌물을 주고받는 데는 직업의 귀천(?)이 없나보다. '선생님'까지 가세했다. 서울 ○고교의 급식을 위탁, 운영해온 ㅅ급식업체 ㄱ사장은 "지난 5년간 이 학교 교직원들에게 1,000여만 원의 금품과 향응 접대를 강요당하고, 급식을 제공하는 대가로 1억 2,000만 원 어치의 학교시설물을 지어달라는 요구를 받았다."고 폭로했다(한겨레, 2003.10.24). 그 업체야 어디까지나 음식이라는 상품을 팔아 이윤을 남겨야 하는 장사꾼이다. 밥과 반찬이 부실해질 것은 불문가지다. 아이들이 식중독에 걸리지 않고 영양실조에 걸리지 않은 것이 기적이다!

우리나라는 거의 모두가 각자의 위치에서, 낮으면 낮은 데로 높으면 높은 데로, 최선을 다해 뇌물을 주고받는, 주고받지 않으면 안 되는 시스템이다. 이 말을 증명하는 사건이 드러났다. 지난 3년간 거의 매일 일수 챙기

듯 뇌물을 받아오던 울산의 6급(!) 공무원 노 아무개(46세) 씨와 8급(!) 공무원 최 아무개 씨 등 일곱 명이 2003년 11월에 뇌물수수 혐의로 구속되었다. 특히 노 아무개 씨는 거의 매일, 하도 많은 사람으로부터 돈을 받아 누가 돈을 주었는지 일일이 기억하지도 못한다고 말했다. 6급이나 8급 공무원이 이 정도 받을 정도라면, 그 위에 있는 직급의 공무원은 어느 정도나 받을까?

이 모든 뇌물의 고리에서 제외되는 사람들은 대개 너무 가난하거나 '힘'이 없어 그에게 무얼 주어봤자 나올 게 없는 경우뿐이다.

2. 재벌의 축재와 경영

상대적 과잉인구가 범죄를 저지르면 복면 쓰고 총 들고 은행으로 들어가거나, 사람을 죽이는 '무식한' 방법을 사용한다. 이에 비하면 상대적 과소인구의 범죄와 축재과정은 합법의 탈을 쓰고 진행되며, 상당히 치밀하고 과학적이다. 적어도 '무식하게' 총 들고 은행으로 들어가지는 않는다.

삼성재벌 3세 이재용의 치부과정은 이제 고전이자 전설이 되었다. 비상장된 회사의 주식을 사두었더니, 그로부터 얼마 지나지 않아 그 회사들이 모두 '우연히' 상장되어 주식시세가 급상승하였고, 이재용은 열 배 이상의 이익을 보았다. 여기서 마련한 자금으로 CB(전환사채)에, 그것도 '알짜기업'으로 알려진 에버랜드와 삼성전자의 CB에 투자한다. CB·우선인수권을 가졌던 삼성전자의 대주주들은 '알아서' 우선인수권을 포기했고, 이 CB를 다시 주식으로 전환하는 과정에서 주식인수가격을 시장가격보다 턱없이 낮은 가격으로 인수하였다. 정말 '탁월하다'. 현재(2003년 12월) 검찰이 이에 대한 조사를 진행 중이다. 그런데 임원 두 명만 배임혐의로 기소했다.

배임(背任)은 임무를 저버렸다는 말인데, 이 사건의 핵심은 배임이라기보다 재산의 불법상속과 경영권의 편법세습이다. 검찰의 말에 따르면, 당사자인 이재용은 혜택을 받은 사람이지, 일을 저지른 사람이 아니기 때문에 조사 대상이 아니란다(한겨레, 2003.12.2). 검찰의 조사결과를 이미 눈앞에 선하게 보여주는 말이다. 7년 전 사건을 이제야 조사하는 것도 범죄를 조사하여 수사한다는 '검찰'과는 한참 거리가 먼 얘기다. 또한 삼성재벌은 2001년 8월 공정거래위원회의 부당내부거래 조사에서는 이를 미리 눈치 채고 불법·부당행위와 관련된 증거자료를 대부분 없애거나 조작하는 '치밀함'도 보여준 바 있다.

'정치'에 전혀 눈을 돌리지 않고 오로지 경제에만 집중하여, 한국의 재벌판도를 완전히 바꾸어놓았으니, 한국의 공화국 시리즈에 하나를 더 추가해야겠다. '삼성공화국'이 바로 그것이다.

재벌백화점은 재래시장의 옷을 상표만 바꿔 세 배나 비싸게 팔아 '충격'을 주고 있다고 한다(SBS 8시뉴스, 2003.12.7). 정작 시민이나 재래시장의 상인들은 늘 그랬는데 갑자기 무슨 호들갑이냐는 투다.

LG재벌의 하나인 LG텔레콤은 인턴사원을 정규직으로 전환해주는 데 200명의 신규 휴대폰 고객을 확보해야 한다는 조건을 내걸었다고 한다. 절반가량은 중도에 포기했고 남은 인턴사원은 죽을힘을 다해 판촉활동을 벌이고 있다. 동창, 친인척 등 모든 관계를 동원해도 목표를 못 채워 돈을 주고 아르바이트생까지 고용한다. 이 회사의 인사개발팀 김명진 부장은 이를 두고 '우수한 영업인재를 뽑기 위한 나름대로의 선발방식'이라고(중앙일보, 2003.12.22) 설명했다니, 이제 우수함은 바로 돈을 의미하고, 취업은 돈을 주고 사는 것이라는 새로운 정의를 내려야 할지도 모르겠다. 그렇다면, 자기 돈을 들여 150명의 고객을 확보하고 결국 탈락한 인턴사원에게는 LG텔레콤이 그 돈을 돌려주는가? 그러니까 그들은 취업자가 아니라, 결국 LG휴대폰을 팔아준 '소비자'로 전락하고, 그 통에 빚만 떠안은 꼴이 되었다. 그런 식으로 계속 인턴사원을 모집해 활용하면 아마 LG휴대폰의 판매량이 '하염없이' 증가할 것이다. 영업인재가 우수한 것이 아니라, 바로 LG텔레콤의 그 영업방식이 지극히 '우수하고 탁월하다'. 역시 '재벌답다'. 그런데 '우연히도' 이 LG재벌은 '차떼기'를 한 바로 그 LG다.

큰 재벌 작은 재벌 가릴 것 없이, 크고 작은 기업들이 거의 모두 몇 천억 원 대의 사기대출, 분식회계, 불법 배당, 횡령, 고의 부도 등 전문적이고 과학적이며 다양한 방법을 모두 동원하여 회삿돈을 사유화하거나 공적 자금의 투입을 유발했다. 지금도 그리 하고 있다. 회삿돈이나 나랏돈이나 모두 '내 돈'이라는 말인데, 이런 예를 들자면 한도 끝도 없다. 신문에는 거의 매일 이런 기사로 뒤덮여 있다.

이런 재벌이, 재벌의 대변인격인 '전국경제인연합회'를 통해 최근 재계에 '윤리경영'을 확산시키는 데 발 벗고 나섰다. 전경련은 기업윤리헌장의 표준모델을 보급하는 한편, 회원 기업들을 상대로 윤리경영 전담부서 설치를 독려해 현재 20퍼센트 수준인 설치율을 2002년 말까지 50퍼센트로 높일 계획이라고 한다(한겨레, 2002.4.29).

'윤리경영'만으로는 부족해서일까? 이른바 '아버지경영'까지 나타났다. '아버지경영'이란 기업경영의 최고책임자(CEO)에게도 가정의 가장과 같은 덕목을 강조하는 것이다. '아버지경영'은 회사가 임직원을 먼저 가족처럼 대함으로써 생산성을 배가시키는 '한국적' 경영기법으로 인식되어 최고경영자들 사이에 점차 확산되고 있다고 한다(한겨레, 2002.1.12).

물론 좋은 일이다. 한편으로는 주식의 편법적 증여로 경영권을 자식에

게 세습시키고 분식회계로 사기를 치면서, 다른 한편으로는 '아버지경영'
으로 그 경영권을 방어하고 보호하고 있다. '아버지경영'은 결국 애사심과
소속감 증대로 인한 생산성 향상을 목표로 하고 있다. '윤리경영'도 경쟁
력 확보와 이윤의 증대가 목표다. 그렇다면 그러한 '아버지경영론자'들이
더 나은 생산성 향상을 가져올 임금인상과 '주5일제'는 왜 반대할까? 남녀
직원을 아들과 딸에 비유하는 '아버지경영'은 그 아들과 딸이 말을 잘 안
듣거나 파업을 하면 어떻게 할까?

'아버지경영'은 1970년대 '새마을운동'과 '공장새마을운동' 시절에 나이
어린 여공들이 저임금과 중노동을 강요당하면서도 CEO를 '아버지' 또는
'할아버지'로 부르도록 했던 기억을 떠올린다. 당시에는 직원들이 CEO의
말을 잘 듣지 않으면 아주 쉽게 '빨갱이'나 '공산주의자'로 낙인찍히고 공
장에서 내쫓겼다. CEO에게 가장의 덕목을 강조하는 '아버지경영'과 회사
를 내 집처럼 아끼라는 '공장새마을운동'은 그 뿌리가 같다. 차이가 있다
면, '아버지경영'이 과거보다 좀더 세련된 경영기법이라는 점이다.

'윤리경영'과 '아버지경영'도 좀 모자라는 감이 드나보다. 한나라당에
'멋지게' 돈을 전달한 삼성에서 '지속가능 보고서'를 내고 '지속 가능한 경
영' 시대를 열었다. 삼성이 하니, 현대도 곧 따라할 모양이다. '지속 가능
한 경영'이란 환경문제, 인권과 노사관계 등의 문제를 고려하며, 건전한
시장경쟁을 통해 사업을 이어나가야 한다는 말이라고 한다(한겨레,
2003.12.15). 내 머리로는 이해가 잘 안된다. '차떼기'를 하면서 무슨 '지속
가능한 경영'을 하겠다는 말인지? 우리나라에서 가장 확실하게 '지속 가능
한 경영'은 아마 정치권에 계속 뇌물을 전달하는 것이 아닐는지?

3. '가진자'들과 그 후예들의 삶

위와 같은 축재과정과 경영방식을 통해 부를 축적한 재벌은 '사회 지도
층인사'들과 더불어 이 사회의 지배계층을 형성하면서 대체로 '우아한' 삶
을 즐긴다. 그들의 부의 축적에는 물론 탈세의 방법도 포함된다. 2001년
내내 언론의 세무조사를 둘러싼 사회적 논쟁을 보면, 재벌의 한 축인 '언
론재벌'이 어떻게 축재했는지 알 수 있다.

그러한 언론재벌 중에 2002년 벽두에는 해방도 57년이나 지난 이제 와
서 때 아닌 '친일파 논쟁'으로 김성수와 방응모가 다시 '도마' 위에 올랐
다. 2002년 2월 28일에 '민족정기를 세우는 의원 모임'이 반민족 행위자
명단을 발표한 것이다.

이러한 사태를 본다고 해서, 현재의 상대적 과소인구는 현재는 재벌이
거나 사회유력인사로 불리는 사람들이면서 조세를 포탈하고 횡령하며 그
들의 조상은 과거에 친일파였다고 일반화할 수는 없을 것이다. 하지만 전
혀 틀린 말도 아니라는 점이 과거를 제대로 청산하지 못한 민족에게 '업
보'처럼 해방이 57년이나 지난 이제 와서 또 다시 거론되고 있다. 언제까
지 거론되어야 할까?

* 한겨레, 2003.3.12

그 업보가 최근에 또 나타났다.
'국가대표' 친일매국노 송병준의
후손 일곱 명이, 현재 미군이 주둔
하고 있는 인천시 부평구의 땅에
대해 소유권 반환소송을 낸 것이
다. 그런데 이 땅은 27개 시민사
회단체로 구성된 인천시민회의가
지난 1996년부터 24시간 릴레이

농성, 토요집회, 미군기지 에워싸기 등을 벌여 미군기지 반환운동을 벌인 땅이다. 그 결과 미군으로부터 2008년까지 이전 약속을 받아냈다(한겨레, 2003.12.25). 시민이 '외세'로부터 되찾으니, 친일파의 후손이 가로챘다? 어찌 보면, 반민족행위자를 처벌하지 못한 이 민족에게 '당연한' 결과일지도 모른다.

현재 한국의 사회계층은 상류층, 중류층, 하류층이 아니라 부유층과 빈곤층으로 이분화되는 현상이 뚜렷하게 나타나고 있고, 부유층 중에서도 이른바 '황금층'은 돈을 '뿌리며' 살고 있다.

아마 그 '황금층' 중의 한 명일 거라고 생각되는 중견 건설업체 대표 홍 아무개 씨가 잠시 나의 눈을 즐겁게(?) 해주었다. 내 눈이, 그가 회사에서 빼돌려 강남구의 한 빌라에 숨겨놓은 75억 원의 현금을 볼 기회를(한겨레, 2003.11.7) 가졌기 때문이다.

그래서 이 나라는 젊은이들에게 회의를 주는 나라다. 이 나라는 이 나라에 사는 사람들에게 이 나라를 증오하고 저주하게 만들며 떠나고 싶게 만드는 나라다.[3]

우리나라의 '가진자'들은 남미의 가진자들과 달리(한겨레, 2000.12.18) 별로 두려워하지도 떨지도 않는다. 우리나라의 가진자들은 떨지 않기 위해서 또는 떨지 않아도 될 만큼 그들의 재산에 대한 경비를 세우고 보호와 감독을 철저히 하고 있기 때문이다. 가진자들은 적어도 그만큼은 가지고

---

3. '2002 한일월드컵'에서 한국이 '4강 신화'를 이루었다고, 많은 국민들이 느닷없이 '이 나라에 태어난 것이, 대한민국이 자랑스럽다.'고 했다. 거의 모두 '대~한민국'을 외쳤다. 적어도 2002년 6월 한 달 동안은 충분히 그럴 만했다. 그럼 7월부터는? 그로부터 약 1년이 지난 2003년 중순에 텔레비전 홈쇼핑의 한 '엽기적인' 이민상품이 불티나듯 동이 나버렸다. '자랑스러운' 이 나라를 놔두고 어디로 가려고 하는 것인가? 자랑스럽지 않았던 것일까?

있다. 그들이 집단적이고 사회적인 저항이 아닌 개인적인 차원의 소매치기나 절도, 강도에 떨 가진자들도 아니고 그 정도도 모르면서 그만큼 가진 것도 아니다.

그 가진자들의 자녀들이 단지 유흥비가 떨어져 편의점에 들어가 강도짓을 저질렀다고 한다(연합뉴스, 2003.12.10). 이들은 어릴 때부터, 아니 젖먹이 때부터 '못가진자'들의 자녀들과 전혀 다르게 자란다. 300만 원짜리 유모차에 타고 다니면서 500만 원짜리 곰인형을 가지고 논다 '유아 명품족'이 생기고 늘어나면서, 소수의 폐쇄적인 회원제 귀족육아클럽도 생겨났고 '어린이 사교클럽'도 열리고 있다. '그들만'의 인맥이 유아 때부터 형성되고 있는 것이다(한겨레, 2002.7.22). 그들에게는 한국사회가 조선사회처럼 신분사회가 아닌 것이 통탄할 노릇일 것이다. 자식에게 500만 원짜리 곰인형을 사주는 부모는 자기 자식이 '딱지'나 갖고 노는 아이들과 함께 어울리는 데 대해 강한 불쾌감을 느낄 것이다. 인간이 평등하다는 사실에 의심을 품어볼 만도 하다. 그런 용납하기 어려운 불쾌감을 미연에 방지하고자 사교클럽을 만들어 놓았으니, 내 자식이 '천한' 것들과 어울리는 '불상사'에 대한 예방도 다 해놓은 셈이다. 우리나라 만세!

어디 어려서뿐이겠는가! 가진자들은 죽어서도 못가진자들과 판이하게 차이가 난다. '생활개혁실천협의회'가 '장사 등에 관한 법률'이 시행된 2001년 초부터 조사 가능한 열일곱 명의 묘지에 대해 현지실사를 한 결과, 한 명을 제외한 전원이 법률이 정한 묘지 면적을 지키지 않았으며, 묘지 1기당 평균 면적이 363㎡(110평)에 달했다고 밝혔다. 특히 330㎡(100평)가 넘는 묘지가 조사대상의 절반인 여덟 곳이었다(한겨레, 2002.4.2). 이런 지도층인사들은 이 나라를, 법이 엄연히 있는데도 법을 어기는 불법사회가 아니라 법을 아예 무시하는 무법사회로 만들어가고 있다. 한마디로 무법

천지다.

그 '가진자'들도 매년 증가하고 있나보다. 2001년 5월 종합소득세 신고자 가운데 소득금액이 1억 원이 넘는 납세자가 3만 명이 넘는 것으로 집계됐다(한겨레, 2002.1.4).[4] 1억 원 이상 소득신고자 수를 우리나라 총 인구수로 나누어보니 약 6/10,000이고, 5억 원 이상의 소득 신고자 수를 같은 방법으로 계산해보니 4/100,000이다. 한국사회를 20대 80의 사회나 10대 90의 사회가 아니라, 1대 1,000이나 1대 10,000의 사회로 불러야 하지 않을까 한다. 가진자들 중에서 재벌총수들은 주식에서도 '떼돈'을 번다. 재벌이 떼돈을 버니 그 2세나 3세도 뒤질 수 없다. 이들은 '보통'의 고소득 납세자와는 비교도 안 된다.

고소득을 내는 '고소득업종'은 신용사회와 신용카드를 별로 좋아하지 않는 것 같다. 박병석 국회의원이 여신전문협회와 함께 법률사무소, 한의원, 귀금속상, 일반병원, 약국 등 5개 업종 56,700여 업소의 2001년 한 해 동안 신용카드 매출실적을 분석한 결과, 업소당 연간 신용카드 매출건수가 1~39건에 불과한 것으로 나타났다고 밝혔다(한겨레, 2002.2.9).

대표적인 고소득업종의 하나인 의사들이 진료비를 가짜로 청구해 거액을 챙겼다고 한다. 대전지역 의원 세 군데의 김 아무개(39세) 씨 등 의사 두 명과 사무장 한 아무개(49세) 씨가 그 '주인공'이다. 검찰은 이 외에도 진료비를 허위로 청구한 다른 의원을 수사하고 있다고 한다(한겨레, 2003.12.26). 이런 일도 국민들은 대부분 알면서 모른 체 하거나, 신문에 주기적으로 나오거나, 가족 중 한 명이 의사이기 때문에 눈감고 있는지 모른다.

---

4. 2001 국세통계연보, 106 쪽 참조.

고소득을 올리기 위해 학창시절부터 피나는 노력을 하고 빠른 두뇌활동을 하다보니, 그들 고소득종사자에게는 다른 사회계층보다 훨씬 더 많은 스트레스가 누적되었나 보다. 스트레스를 해소하기 위해 엑스터시 등 마약을 상습적으로 복용하는 이들도 대개 의사나 회사경영자 등 고소득층이라고 한다(연합뉴스, 2003.11.11).

고소득업종은 업종이 고소득일 뿐이다. 다시 말해 이들 고소득자들(의사, 한의사, 변호사 등) 대다수는 자본의 힘과 권력으로 부를 축적한 상대적 과소인구와 달리, 입시공부로부터 시작하여 자신들의 '피나는' 노력과, 무엇보다 '명석한 두뇌'로 얻은 지식을 통해 그러한 고소득업종에 도달한 사람들이다. 결국 이들은 자신의 노동으로 고소득을 얻은 사람이다. 그런데도 그러한 사람들이 하는 행태는 재벌이나 '사회유력인사'들이 하는 행태를 닮아가고 있고 가급적 닮으려 애쓴다. 또는 그들도 가끔 사회 지도층 인사의 비리나 재벌의 탈세와 횡령에 대해 혀를 차며 이 나라를 혐오하지는 않을까?

왜 그들이 그토록 피나는 노력을 기울였는지, 그 노력의 대가가 일반적으로 무엇인지 한국사회의 현실은 다음의 예를 통해 잘 알려주고 있다.

현재 한국의 '양반층'의 조건을 명료하게 밝히는 문서는, 다름 아닌 결혼정보회사들의 회원 심사기준표다. 신분부터 잘 맞추어주어야 '결혼 상품'을 팔 수 있는 '중매쟁이'야말로 한국사회의 계급구성의 원칙을 아주 잘 터득한 사람들인 것 같다.(중략)

남성의 경우 '학벌'과 '재산'이 엇비슷한 대접(15~25 %)을 받는 것과, '수도권 2류대학'이 아닌 '일류대학'(서울대·고려대·연세대)을 나온 것이 부모재산의 20~30억 원 차이와 맞물리는 것으로 평가되는 것은, '학벌'이라는 패거리에 속하는 것이 얼마나 중요한지를 보여준다. 그러나 과외비용으로 쏟

아 붓는 돈을 생각해보면, '학벌' 소속도 부모의 재산에 의해 결정적 영향을 받는다는 사실을 알 수 있다. 결국, 점수의 대다수를 차지하는 '가정배경', '재산', '학벌'이라는 세 항목은, '돈과 신분의 세습적 획득'이라는 하나의 복합적인 사회적 메커니즘을 이야기하는 셈이다. 물려받은 돈으로 획득한 신분을 확인·향상시키는 것은, '신랑감 평가서'의 핵심적인 항목인 '직업'(25~30 %)이다. 여기에서 의사나 검·판사가 벤처 사장과 같은 정도의 최고 대우를 받는다. 의학이나 법조에 종사하는 것이, 인술을 베풀고 사회정의를 실천하는 것이 아니라 신분과 돈을 세습·획득한다는 것을 의미하는 것이다. 예의·도덕 등 과거의 '낭만'은 여기에 끼어들 수조차 없다. 돈이 신분으로, 신분이 돈으로 쉽게 환원되는, 설명하기 편리한 지배계급의 개념인 것이다.(중략)

배우자·학교·직업의 선택에서 '돈−신분'을 가장 우선시하는 것은 현재의 한국사회가 강요하는 규칙이다. 학문도, 의술도, 공무도 '돈과 신분'의 하위 개념일 뿐이다(한겨레, 2002.3.26).

다소 다른 의미를 갖지만, '칼과 돈의 동맹'은 이미 1960년대부터 나타났다. 현재에는 칼과 돈의 2세 또는 3세간의 동맹이 보이고 있다. 상대적 과소인구, 돈, 권력이 하나의 거대한 '가족'을 형성하고 있다.[5]

'칼과 돈의 동맹'에 비하면 고소득업종이 보여주는 결혼형태는 자신의 노력과 학력과 학벌로 상승하고자 하는 사람들이 보여주는 '눈물겨운' 장면이라고 함이 옳다. 그들은 고소득업종에 도달하기 위하여 각고의 노력을 기울였으며 엄청난 돈을 '투자'하였다. 그리고 마침내 고소득업종에 진입하여 고소득과 그에 상응하는 사회적 지위를 획득한 것이니, 그에 합당한 반대급부(열쇠)를 요구할 '충분한' 자격이 있다. 열쇠 몇 개도 못 얻는

---

5. 서울경제신문 1991 참조.

다면 누가 그토록 많은 돈을 투자하고 오랜 세월을 들여 공부를 하고 유학을 가겠는가? 그러한 사람들의 배우자(가 될 사람)도, 배우자의 부모도 그렇게 하여 획득한 고소득과 편안함에 '무임승차'해서는 안 된다는 '사회적 합의'를 잘 알고 있다. 조건만 맞으면 열쇠는 몇 개라도 기꺼이 내놓을 용의가 있다. 결혼은 성립한다. 결국 한국사회의 현실은 가진자들 사이에서 결혼을 장사이고 비즈니스이며 돈과 신분 획득의 수단으로 만들어버렸다.

결혼에서 인간은 부차적 물건이 되어버렸다. 따라서 결혼은 '상품간의 계약'으로 변했다. 법적으로도 결혼은 계약이다. 계약은 자유의사와 자유의사의 약속이고 결합이므로 다시 계약에 의해 해약될 수 있다. 이 계약의 해약이 이혼이다. 열쇠가 몇 개건, 문제는 이런 형태의 결혼에, 남성과 여성의 생물학적이고 사회적이며 성적인 결합인 결혼에, 인간의 관계에 돈이라는 요소가 개입한다는 것이 아니다. 문제의 핵심은 오히려 상품관계에, 돈 관계에, 돈끼리의 관계에 인간이 개입한다는 점이다. 돈과 돈의 관계에 상품이 '인간'으로서 끼어들려고 한다는 점이다. 이러한 결혼에서 인간은 상품이며 돈이다. 인간이 아니다. 그런데도 인간은, 특히 가진자들은 '결혼에서까지' 인간으로서, 생물학적이고 사회적인 의미의 인간으로서 남아있길 원한다. 욕심이 지나치다.

혹시라도 '일이' 잘못되어, 위에서 말한 모든 불법적, 탈법적 축재과정이 밝혀지고 구속되면? 그들은 대부분 더 큰 범죄는 놔두고 '나만 잡는다.'고 생각할 것이다. 전두환과 노태우가 재임기간에 각각 1조 원씩 '해먹음으로써' 모범을 보여준 바 있다. 우리나라는 부정부패 및 뇌물에 관한 범죄에서 거의 모든 범죄자가 피해자로서 억울함을 느끼는 구조로 이루어져 있다. 재수 없어 당했을 뿐이라고 생각한다. 따라서 그러한 범죄는 반복된다. '게이트'를 보면 안다. '사과상자'와 '쇼핑백'을 봐도 알 수 있다. '차떼기'

가 이 모든 것을 압도했다.

최근에 나는 아주 젊은 재벌의 '후예'들을 본 적이 있다. 그런데 그들은 그 뛰어난 두뇌로 결국 사기와 거짓으로 부를 축적하는 '선배'들을 모방하였다. 1999년 무일푼의 서울대생들이 아이디어 하나로 액면가 5,000원의 주식을 무려 76배로 불려 창업해 유명세를 탔던 벤처기업 아이패스(http://www.iepass.com)의 얘기다. 이 회사의 성공담은 당시 벤처업계의 '신화'였다. 하지만 이 회사는 '서울대 공대, 유명벤처인 이찬진 씨 등이 직접 투자를 했다.'는 갖가지 거짓 홍보를 통해 주가를 띄워 몇 백억 원의 차익을 거둔 전형적인 '사이비 벤처'인 것으로 드러났다(한겨레, 2002.2.5).

현재 일부 '벤처' 주변에는 아이디어 하나로, 또는 몇 명이 모여 주가조작으로, 또는 실세(實勢)와 연결하여 몇 십억 원에서 몇 백억 원을 벌어 숨기고 잠적하며, 발각되면 감옥에서 몇 년 살고, 그동안 주변의 '친구'들이 자금을 관리하고, 감옥에서 나온 뒤 여생을 (가급적 해외에서) 편안하게 살려는 계획을 갖고 있는 젊은 두뇌들이 적지 않다고 한다. 뛰어난 두뇌, 과감한 추진력, 몇 년 감옥에서 고생할 희생정신, 뜨거운 동료애 등 재벌이나 사회 지도층인사의 후예로서 갖추어야 할 '덕목'은 대부분 갖추었다.

다양한 형태로 존재하는 상대적 과소인구와 그 후예들이 몇 십 년 동안 '공들인 교육효과'가 일반국민에게도 나타나고 있고 더욱 강화되고 있다. 우리나라 사람 8할 이상이 '법대로 사는 사람이 손해를 본다.', '능력보다는 편법으로 성공한 사람이 많다.', '돈을 많이 벌어야 존경받는다.'라고 생각하는 것으로 나타났다고 한다(한겨레, 2002.3.27). 전직 대통령들까지 포함해서 재벌과 사회 지도층인사, 고위층들이 몇 십 년간 그토록 줄기차게 온몸으로 증명해 보이며 반복적으로 교육해왔는데 국민이 그 정도도 모른다면야 말이 되지 않을 것이다.[6] 국민에 대한 무시가 도를 지나치고 있다.

* 한겨레, 2003.12.11

이런 한국사회를 증명하듯 '1도2부3빽4돈5법'이라는 희한한 말이 생겨났다. 문제가 생기면 먼저 도망가고, 잡히면 부인하며, 다음으로 빽이나 돈을 써보고, 그래도 안 되면 결국 법대로 해결한다는 말이라고 한다. '쇼핑백'을 받고도 당당하다. 먼저 '돈을 받지 않았다.'고 말한다. 그 다음에 차례대로 '돈 준 사람을 모른다.', '알긴 아는데 만난 적이 없다.', '만나긴 했는데 돈을 받은 적은 없다.', '받긴 했는데 대가성은 없다.', 결국 '모든 것은 검찰에서 밝히겠다.'고 말한다 (한국일보, 2003.10.31). 이런 사람을 어떤 말로 표현해야 적절한지 나는 알지 못한다. 그건 내 능력 밖이기 때문이다.

한쪽에서는 사람이 얼어죽고 굶어죽고 불에 타 죽는데, 다른 한쪽에서는 온갖 게이트와 사기, 뇌물과 '차떼기'가 창궐하면서 '발전'하는 사회를, 나는 '신나는' 사회라고 규정하겠다. 따라서 한국은 '신나는' 사회다. '신나는' 사회에서 하는 사회학은 대개 늘 '즐겁다'.

---

6. '한겨레'는 이를 두고 국민의 "가치관 왜곡이 더욱 심해진 것으로 나타났다."고 말하고 있는데, 이 결과가 국민의 '가치관의 왜곡'인지, 한국사회의 왜곡된 실상이 국민의 의식에 반영된 것인지 혼동하고 있는 듯하다.

맺음말 ─ 대안?

　실업률 증가경향의 '법칙'으로부터 그리고 실업사회로부터, 논리적으로 필연적으로 도출되는 '법칙적' 결론은 없다. 결론은 법칙성 밖에 존재한다. 그러니, 그러한 결론은 다분히 정책적일 수밖에 없다. 정책은 정치적이고 사회적인 차원의 개념이다. 어떠한 정책의 타당성 여부, 정책수립과 시행 사이의 무수한 (시행착오)과정은 특정 정책을 관철시킬 수 있는 사회적 계급의 힘의 역학관계에 의해 결판이 나거나 협상의 산물이 될 것이다. 부드럽게 표현하건 과격하게 표현하건, 그건 싸움(투쟁)의 결과가 된다. 이는 결론이 지극히 정치적일 수 있음을 시사한다.

　따라서 이 책은 지금까지 논의한 것을 바탕으로 해서는 결론을 내릴 수 없다는 '결론'에 도달한다. 결론을 내리는 것이 이 책의 목적이 아니라는 말이다 대부분의 결론은 '이렇게 되어야 한다.' 또는 '저렇게 되어야 한다.'는 문장구조를 갖는다. 그런데 이렇게 또는 저렇게 되기 위해서는 전제가 필요하다. 그 전제가 존재하지 않을 경우에는 또는 현저하게 부족할 경우에는, 아무리 바람직한 결론도 공염불에 불과하다. 먼저 전제를 만들어놓아야 하기 때문이다. 그리고 그것은 바로 투쟁을 해야만 얻어낼 수 있는 것이다. 그런데 그에 관한 주제를 다루려면, 이 책 본래의 주제를 벗어나야 한다.

따라서 아래에서는 지금까지 논의한 것을 바탕으로 (현재의 사회경제체제가 조만간 바뀔 가능성이 보이지 않는다는 가정 하에) 실업률 증가의 속도를 다소나마 늦추기 위해서, 노동자도(그리고 실업자도) 그의 노동생활과 수명이 다할 때까지 최소한의 인간다운 삶을 영위할 수 있도록 하기 위해서, 노동자들의 노동을 다소나마 인간다운 노동으로 바꾸기 위해서, 가능하다면 새로운 일자리를 다소나마 창출하기 위해서 내놓을 수 있는 몇 가지 대안을 제시해보려 한다. 이 대안은 우리가 이미 알고 있거나 대부분 알려졌거나 또는 현재 토론 중인 것들이다. 그러한 대안을 '실업사회'의 관점에서 새롭게 바라보려 한다.

먼저, 법정 및 실질 노동시간을 줄일 것을 제안한다. 현재 '주5일제'가 부분적으로 도입되었고, 앞으로 더 확장될 것으로 보인다. 이는 주당 노동시간을 40시간으로 줄이는 것을 의미한다. 주5일제를 그 본래의 취지대로 실시하려면, 다른 모든 조건을 불변으로 하고 주당 법정 및 실질노동시간을 40시간으로 단축하기만 하면 된다. 이 원칙에 동의하기만 하면, 무수한 수치와 계산을 필요로 하는 쟁점사항들은 쉽게 해결할 수 있다. 그리고 중·장기적으로 보면 앞으로 주당 노동시간을 35시간(5일×7시간), 30시간, 나아가 20시간 정도까지 줄여야 한다고 생각한다.

지난 몇 년간 지속된 노사정위원회의 지루한 공방을 생각해 보면, 용두사미격의 주5일제가 실시되지 않을까 하는 생각이 든다. 특히 경영계가 제시하는 안은[1] 간단한 일을 복잡하게 만들어 문제의 핵심을 혼돈스럽게 보이도록 하는 데 아주 적합하다. 경영계는 세계적 추세인 주5일제를 거스르지는 못하지만, 가능한 한 그 실시 시기를 늦추거나 임금삭감, 기타 복잡한 수치를 제시하면서 주5일제의 기본취지를 무력화하려는 의도를 갖고 있는 것으로 보인다. 경영계는 끝도 없이 논의하고 토론하면서 노동계(민주노총)의 노사정위원회 탈퇴를 유발하거나 시간을 무한정 끌고 있다. 이는 모두를, 특히 노동계를 지치고 탈진시키는 수법이다.

이러한 이유로 주5일제의 시행이 그 본래의 취지대로 이루어질지 회의적일 수밖에 없다. 한국의 자본, 특히 재벌이라 불리는 대자본은 그 태생이 천박할 뿐만 아니라(강만길, 2000) 현재에도 꾸준히 천박한 짓을 하고 있어[2], 한국에서 제대로 작동하는 자본주의와 자유주의를 만들어내기에도 벅차 보인다. 이윤과 사기를 제대로 구분하지 않는 자본의 본성에[3] 한국 자본의 천박성까지 보태져, 주5일제는 시행되더라도 왜곡되고 기형적인

---

1. 이에 대해서는 노사정위원회, 2000과 노사정위원회 근로시간단축특별위원회, 2001 참조.
2. 다른 건 다 빼고 '차떼기'만 봐도 능히 알 수 있다. 앞으로 계속 드러날 텐데, 이런 것도 우리나라에서는 선거가 끝날 때마다 늘 보는 '시리즈물'이다.
3. "자본은 소란과 분쟁을 피하는 겁쟁이다. 이것은 진리이지만 결코 완전한 진리는 아니다. 자연이 진공을 싫어하듯이 자본은 이윤이 없거나 또는 이윤이 매우 적은 것을 싫어한다. 상당한 이윤만 있다면 자본은 과감해진다. 10 %의 이윤이 보장되면 자본은 장소를 가리지 않고 투자된다. 20 %라면 자본은 활기를 띠며, 50 %라면 대담무쌍해지고, 100 %라면 인간의 법을 모두 유린할 준비가 되어 있으며, 300 %라면 단두대의 위험을 무릅쓰고라도 범하지 않을 범죄가 없다. 만약 소란과 분쟁이 이윤을 가져다준다면 자본은 그 어느 것이라도 모두 고무·사주할 것이다. 이에 대한 증거는 밀수와 노예무역이다"(맑스, 1991, 956 쪽). 이 말을 다른 말로 바꾸면, 기업과 마피아는 이윤율에서만 차이를 보일 뿐이라는 말이다. 기업과 조폭, 기업과 마피아는 그리 멀리 떨어진 사이가 아니다. 또한 노예무역이 현대사회의 실상과 동떨어진 현상이라고 생각한다면, 군산에서 화재로 목숨을 잃은 윤락녀나 한국에서 혹사당하는 동남아시아인이나 조선족을 보면 된다. 그리고 미국이 무기(FX 차세대전투기)를 팔아먹기 위해 벌인 짓이나, 미군이 2002년 6월 13일에 궤도차로 여중생 심미선 양과 신효순 양을 깔아뭉개 죽여 버린 짓도 대담무쌍과 법의 유린에서 그리 멀지 않다. 이러한 미국의 행태를 보노라면, 파렴치를 벗어나 굳이 국가와 '조폭'을 구분해야 하는지 의문이 간다.

형태를 띨 것 같은 걱정이 앞선다.

다른 대안으로서 최저임금제가 최소한의 인간다운 삶을 보장하는 방향으로 개정되고 철저하게 시행되기를 희망(?)한다. 최저임금제의 수혜 대상이 일반적으로 고졸자 또는 그 이하의 학력 소지자라고 볼 때, 최저임금제는 이들의 임금과 관련된 문제다. 고졸자 또는 그 이하의 학력 소지자들의 임금이 대졸자의 80퍼센트 또는 그 이상 증가하고,[4] 더욱이 근무연수에 따른 격차도 현재처럼 크게 벌어지지 않기를 희망한다.

노동시간을 단축하고 최저임금제를 시행하는 것은 이 나라를 '사람이 살 만한 사회'로 바꾸기 위한 사회적 연대를 확립하는 것을 의미한다.[5] 이것은 사회적 차원에서 본 대안이다. 여기까지 고생하며 읽었을 독자 개인과 밀접하게 관련되지 않은 일처럼 느껴질 것이다. 따라서 아래에서는 개인적 차원의 대안을 찾아보겠다.

고등학교를 졸업했다. 또는 '실업자 양성소'로 불리는 대학을 졸업했거나 졸업할 때가 되었다. 대학 입학정원이 고등학교 졸업정원보다 적다니 전 학생, 나아가 전 국민의 '대학생화'가 실현된 마당에 고졸과 대졸의 구분도 무의미해졌다. 취업이 안 되니, 영어학원과 '컴퓨러'학원에 다닌다. 학교인생을 마치니, 학원인생이 시작된다. 학원을 다니면서 틈틈이 이력서를 쓰고 용돈은 '알바'로 번다.

---

4. 이에 따른 부수적 효과로서, 고졸(이하)자들의 임금수준이 이 정도만 되면 우리나라 교육문제의 절반은 해결할 수 있지 않을까 생각한다. 천문학적 사교육비의 부담과 '교육이민'을 불러일으키는 한국의 교육문제는 매년 수능시험의 난이도를 조절하거나 입시제도를 뜯어고치는 것보다 고졸(이하)자들의 임금상승으로 해결하는 것이 쉽고 또 바람직하다.
5. 이러한 사회적 연대를 노동자는 물론 실업자에게까지 확대해야 한다는 주장과 근거에 대해서는 사회진보를 위한 민주연대 실업운동정책생산모임 1999 참조. 여기에서는 실업자와 노동자가 서로 대립하는 개념이 아니라 '실업노동자'라는 개념을 통해서 양자의 동질성을 파악해야 한다고 주장하고 있다.

‘대학간판’이 취업을 보장하던 시대도 지나갔다. 믿을 건 ‘고시’밖에 없다. 너나없이 고시에 매달린다. 한국의 공화국 시리즈에 ‘고시공화국’이 추가된다. 아니면 취업전쟁의 소식에 접한 고등학생들은 진작 ‘자유업’으로 눈을 돌린다. 의대, 한의대는 늘 문전성시를 이룬다.

이에 겁을 먹은 중학생들과 그 부모들이 미리부터 대책마련에 나섰다. 교육환경이 좋다는 서울의 강남으로 전학을 하는 것이다. 이름 하여 맹모삼천(孟母三遷)이요 ‘전학대란’(轉學大亂)이란다. 임진왜란도 아니고 병자호란도 아닌데, 한국엔 웬 난리가 이렇게 시리즈로 전개되는지, 나라가 온통 난리법석이다. 취업대란에 입시대란(이건 보통 지옥으로 표현된다), 전학대란까지. 다음엔 무슨 난리가 날지 호기심으로 궁금하기까지 하다.

그 궁금증이 바로 풀렸다. 이제 중학교를 전학하는 것이 아니라, 아예 처음부터 ‘더 좋은’ 중학교에 배정받기 위해 초등학교 6학년 학부모들의 집단민원과 위장전입이 판을 치고 있다고 한다(한겨레, 2003.11.29). 그러니까, ‘좋은’ 대학에 가기 위해서는 중학교부터 좋은 중학교에 가야 한다는 말이다. 이제 다음에는 ‘좋은’ 초등학교에 가기 위해 유치원 ‘졸업반’이 위장전입을 할 차례다. 한국사회의 특성상 아마 머지않아 그렇게 될 것이다. 그렇게 전학과 전입을 하여 어렵게 대학에 들어가 봤자, 고시에 붙거나 의사가 되지 않는다면 대부분 실업자가 될 텐데도 우리의 맹모(孟母)들은 요지부동이다.

전학이야 어디까지나 합법적인 방법이다. 그도 안 되면 맹모들은 불법도 감행한다. 재외국민이든 재내국민이든 대학의 부정입학사건도, 시험지 부정유출사건도 이 나라에서는 대개 매년 겨울마다 반복되는 ‘연속극’이다.

그들이 온갖 방법을 모두 동원하여 필사적으로 들어가려고 하는 대학의 실상은 어떨까? 대학교육의 절반 이상을 비정규직인 강사들이 담당하고 있으니, 그 질이 낮을 건 불문가지다. 그런데 교수들은 무엇을 하는가? 국립대학 병원의 교수들이 해외출장 때 제약회사로부터 몇 백만 원씩 경비를 지원 받았다고 한다. 전북대·충남대 병원의 교수 아홉 명이 1999년 6월부터 2000년 12월까지 영국 등 외국에서 열린 국제학술회의에 참가하면서 제약회사와 의료장비업체로부터 한 명당 125~600만 원씩 모두 3,437만 원을 지원 받았다고 한다(한겨레, 2002.5.4). '아무 것도 모르는' 국민은 제약회사와 의료장비업체가 이윤을 목적으로 하는 기업이 아니고, '자선단체'인 것을 새롭게 알게 되었다. 그 아무 것도 모르는 국민은 교수들이 지원을 받은 반대급부로 제약회사가 약값을 올리고, 의료장비업체는 의료장비를 비싸게 팔아 결국 국민의 의료비부담이 올랐다고 '잘못' 생각할 것이다. 그리고 그러한 일이 일부 국립대학에서 일어나는 일일 뿐, 사립대학에서는 결코 일어나지 않을 것이라고 생각할 것이다.

사실 한국대학의 실상은 '누구나' 안다. 여기까지 힘들여 읽은 독자를 다소나마 즐겁게 하기 위해 인터넷에서 본 아래의 글을 인용하겠다.

제목 : 한국에 온 다섯 과학자
작성자 : tonykong, 등록 : 2002.3.5 15:11
하늘나라에 올라간 일제 시대 독립투사 한 사람이 옥황상제와 대면했다.
"옥황상제님! 우리나라가 해방이 된 지 50년이 지났는데도 일본만큼 발전하지 못한 이유는 제대로 된 과학자가 없기 때문입니다. 그러니 과학자 다섯 명만 대한민국으로 보내주십시오".
옥황상제는 이를 불쌍히 여겼다.
퀴리 부인, 아인슈타인, 에디슨, 뉴턴, 갈릴레오.
이렇게 다섯 명을 보내 주었다.

그리고 몇 년 후에 일이 어떻게 돌아가나 보았더니…

퀴리 부인은 대학을 졸업하고 취직하려고 했는데 얼굴도 평범하고 키도 작고 몸매도 안 된다고 취직이 안돼 집에서 "선이나 봐라"고 구박받고 있었다.

에디슨은 발명을 많이 해서 특허를 신청하려고 했는데 초등학교밖에 안나왔다고 신청서를 안 받아줘 특허신청을 못 내고 있었다. 어쩌다 하나 특허를 받은 것은 대기업이 초등학교 출신 작품이라고 거들떠보지도 않는다.

아인슈타인은 수학만 엄청 잘하고 다른 과목은 제대로 못해서 대학은 문턱에도 못 가보고 놀고 있었다.

그래도 지구는 돈다며 대들기를 좋아했던 갈릴레오는 우리나라의 과학 현실에 대해 입바른 소리를 했지만 연구비 지원이 끊겨서 한강변에서 공공근로를 하고 있었다.

뉴턴은 대학원까지 갔는데 교수들이 졸업논문을 이해 못해 졸업도 못한 채 집에서 놀고 있다가 철원 최전방으로 끌려갔다(이하 생략).[6]

대학교육의 한 주체인 대학생들도 대학의 현실을 잘 알고 있다. 내가 "현재 한국에서 대학이란 무엇이고 무엇이어야 하는지 자신의 견해를 밝히고 논증하라."는 시험문제를 낸 적이 있다. 학생들은 현재 한국의 대학을 간판(공장), 직업훈련소, (대학졸업장을 파는)기업, 출세를 위한 관문, 계급상승수단, 학연생산기지, 족보시스템, 카스트제도 등으로 규정했다.

사족이 길었다. 개인적인 차원에서 찾을 수 있는 대안을 나는 아래의 시(詩)에서 보았다. 아래는 백수의 대부(?)로 여겨지는 이외수의 '백수가' 중 일부다. '백수가'는 백수들의 '성경'이다.

---

6. 인크루트, http://community.incruit.com/bbs/88. 이 글은 작성자가 쓴 것이 아니고, 작성자가 다른 곳에서 '퍼온' 글이다. 작성자는 그 점을 밝혀놓았다. 원 작성자의 상상력의 탁월함에 경의를 표한다.

백수가 아닌 젊음은
젊음이 아니다.
진실로 진실로
나는 그렇게 생각하나니,
아무런 주저 없이
그저 돈이나 벌기 위해
취직부터 하고 보는 젊음이야말로,
얼마나 비정상적이고
몰가치한 삶인가.
물론 세계는 넓고 할 일도 많지만
무릇 한 인간이
평생을 바쳐 할 수 있는 일은
단 한 가지.
단 한 가지에 불과하다.

그것이 직업이다.
자신의 직업, 귀하고 올바른 직업을 찾는 데는
비록 평생을 바친다한들 아까운 일이 아니다.
그대는 그대의 직업을 통해
행복할 수 있어야 한다.
그대의 직업을 통해
그대의 삶,
그대 가족의 삶을 영위해야 함은 물론,
나아가 타인의 삶 역시
이롭게 할 수 있어야 한다.

그대의 직업은
늘 가슴 뛰고,
하면 할수록 보람차고 신나는 것이어야 한다.
그 모든 것이 조화를 이룰 때만이

진정으로 그대는
그대의 직업을 찾았다고 할 수 있다.

그대여.
직업을 찾는다는 것은 이토록 어려운 일이다.
그런데도 불구하고
한 인간이 평생을 바쳐 걸어가야 할 길을
오늘의 젊은이들은
너무나 쉽게,
너무나 간편하게
결정해 버리고 만다.
그들은 스스로를 대견스러워 한다.
일찍 취직을 했을수록,
크고 끗발 좋은 직장에 합격했을수록
그들의 어깨엔 힘이 들어가고
그들의 시각은
마비되어 버린다.
그들에게 세상은
그렇게 그런 것이며,
그들의 삶 역시
그저 그렇고 그런 것이다.

그대는 젊고,
싱싱한 의식을 지니고 있으며,
세상에 마비되지 않은
진지한 시각을 가지고 있다.
세상의 모든 걸 다 가진 것이다.
그리고 다만
직업을 가지지 않았을 뿐이다.
나는 그것을

그대가 무능하기 때문이라 생각하지 않는다.
그대는 지금 그대의 길을 찾고 있는 중이며,
저 널려 있는
천한 직업의 지뢰밭을 통과해
귀하고 귀한
그대의 직업을 찾고 있는 중이다.
그것은 깨어 있는 젊음,
경건한 젊음을 지닌 이로서
지극히 당연하고
당연한 일이다.

그렇다 그대여.
직업엔 분명 귀천이 있다.
물론 빌어먹을 세상은
돈을 많이 버는 직업을 귀한 직업으로
돈을 못 버는 직업을
천한 직업으로 치부해 버리지만
사실을 그렇지 않다.
진실로 천한 직업이란 무엇인가.
그것은 작위 고하를 막론하고
남에게 해를 끼치는 직업,
자신의 이익만을 추구하는 직업이다.
우리는 밤하늘의 별처럼 무수한
천한 직업들을 보아왔다.
사리사욕에 눈먼 정치가들,
뇌물로 돈을 모은 공무원들,
남의 재산을 탐하는 범죄자들,
아랫사람에게 고통을 주는 직장의 간부들을
우리는 무수히 보아왔다.
이는 모두 천한 직업이다.

분명 이들은 직업을 잘못 선택했으며,
직업을 잘못 선택한 이들이야말로
세상을 망치는 주범들이다.

나는 그대가
아무 생각 없이 그들의 꼬봉이 되어
자신도 모르게 세상을 망치는 일에 일조하는 이가 되지 않기를
진심으로 기도한다.
그대는 여지껏
참고 기다려 왔으며,
이제 잠시 후면
반드시 자신의 역량을 걸맞는
귀하고 귀한 직업을 발견할 수 있을 것이다.
그것은 아무리 늦어도
부끄럽지 않는 것.
늦고 늦을수록 그 쓰임이 크고 너그러워
여러 사람을 이롭게 하는…
그런 귀한 직업에 종사하기를
나는 간절히 소망한다.

그대여.
귀한 직업을 가진 삶,
또 그 직업에 평생을 바친 이의 삶은 얼마나 아름다운 것인가.
그리고 그 길을 찾기 위해,
날로 연마하고
묵묵히 기다릴 줄 아는 이의 삶은
얼마나 경건한 것인가.[7]

---

7. 무척 긴 시다. 하지만 이것도 '백수가'에서 일부만 인용한 것이다. '백수가'는 2001년 초부터

개인적 차원에서 보면 위와 같이 하면 된다. 그렇게 하는 것이 아무리 어렵더라도 그렇게 해야 한다. 적어도 그렇게 하려고 끊임없이 노력해야 한다. '지금 흘린 땀방울이 10년 후 나의 명함이 된다.'는 말은 사실이다.

하지만 그것도 끝이 아니라 시작일 뿐이다. 그 시작은 무엇일까? 적지 않은 20~30대의 젊은이들은 취업을 하면, 그래서 연봉 2,000~3,000만 원으로, 또는 5,000~6,000만 원으로 직장생활을 시작하면, 자신이 '20대 80의 사회'에서 80에서 20으로 이동한 것으로 생각하는 것 같다. 그리고 취업을 하기 위한 그들의 노력은 80에서 20으로 이동하려는 안간힘으로 보이기도 한다. 실업률 증가경향의 법칙과 그것이 현실에서 관철되고 있는 실업사회의 모습이 일관되게 진행된다면, 20대 80의 사회도 법칙적으로 유지, 관철, 확대될 것이다. 혹시 어느 실업자에게는 그러한 이동이 일어날 수도 있다. 하지만 사회 전체적으로 보면, 실업자를 포함한 상대적 빈곤층은 이미 사회의 80퍼센트를 차지하고 있고 앞으로도 증가할 것이다.

여기서 나오는 결론은 하나다. 80에서 20으로 가려고 노력하는 것보다, 취업해서 많은 연봉을 받아 80에서 20으로 갔다고 생각하는 것보다, 80이 서로 힘을 합치고 연대해야 한다. 자율에 근거한 개인과 시민의 사회적 연대와 이러한 연대의 세계적 확대가 취업을 하고 나서도 다시 개인의 사회적 행위의 지침이 되어야 한다. 실업이 사회적 사실이고 (자본주의)사회의 현상이라면, 그것의 궁극적 극복은 개인적 노력과 더불어 그 개인들의 사

먼저 인터넷을 통해 수없이 회자되었다. '백수가'는 이외수가 쓴 것이라고만 알려져 있을 뿐이다. 그런데 그 시의 탄생배경이 좀 '신비하다'. 이외수가 말한 것을 베스 편집장 박민규가 정리한 것이라고 전해지고 있다. 이 시와 탄생배경은 모두 이외수의 홈페이지(http://www.oisoo.co.kr)에서 참고했다. 최근에(2003년 11월) 발행된 이외수의 『날다 타조』(9~24 쪽)에는 이 '백수가'가 '그대는 백수다, 백수는 아름답다.'는 제목으로 실려 있다. 책에 실린 글은 거의 산문(?) 수준이고 그 '맛'이 '백수가'보다 덜해, 인터넷에 떠돌던 글을 그대로 인용했다.

회적 연대를 통해서만 가능할 것이기 때문이다. 인권, 장애인, 외국인, 노동, 농민, 아동, 여성, 노인, 빈민, 실업, 환경 등을 위한 시민(운동)단체 중에서 각자 자신의 위치에서 관심 있는 분야의 단체에 가입하여 적극적으로 활동하는 것은 '사회적 연대'의 시작으로서 매우 바람직하다.

참고문헌

강만길 엮음, 2000,『한국자본주의의 역사』, 역사비평사

권성수·김영준, 2000,『계정과목별 회계와 세무』, 조세통람사

김만수, 2003,『리영희 – 살아있는 신화』, 나남출판

김성기, 2000,『현대원가회계』, 경문사

김종화, 1991,『신 계정과목 회계실무 – 손익계산서편』, 세무통신사

김준호, 2002,『경제의 이해』, 미출판 원고

노사정위원회, 2000,『근로시간 단축의 방향과 과제』

노사정위원회 근로시간단축특별위원회, 2001,『근로시간단축특별위원회 활동
　　　　보고』

맑스, K. 1991,『자본론 I』, 비봉출판사, 김수행 옮김

민주노총, 1998a,「정부 실업 통계의 문제점과 실제 실업률 추정」, 1998. 6.

민주노총, 1998b,「민주노총 추정 실제 실업률」, 1998. 9.

민주노총, 1999,「민주노총 추정 실제 실업률(1999년 4월 기준)」, 1999. 5.

민주노총, 2001a,『비정규노동자와 노동조합』

민주노총, 2001b,「2001년 민주노총 표준생계비와 통계로 살펴본 노동자 생
　　　　활 및 조건」

박규홍·허귀진, 1997,『원가회계』, 신영사

벡, 울리히, 1977,『위험사회 – 새로운 근대(성)을 향하여』, 홍성태 옮김, 새물
　　　　결

사회진보를 위한 민주연대 실업운동 정책모임, 1999,『실업자운동, 어떻게 할
　　　　것인가』, 문화과학사

서울경제신문, 1991,『재벌과 가벌 ― 혼맥을 통해 본 한국의 상류사회』, 지식
　　　산업사

선병완·김연수, 1996,『현대재무제표론』, 박영사

안일준·유희경·정영기, 1999,『현대원가회계』, 박영사

이기현·김영태, 1999,『기업회계원리』, 법문사

이외수, 2003,『날다 타조』, 리즈앤북

이은주, 2003,「실업자들의 현실에 대한 사회적 구성」, 2003년도 한국사회학
　　　회 후기사회학대회 발표논문

장상환, 1998,「실업문제와 김대중정부 실업대책」,『산업경제』, 9집, 163~81 쪽

채구묵, 2002,「IMF 경제위기 이후 비정규근로자의 증가원인 분석 및 과제」,
　　　『한국사회학』, 36집 5호, 143~69 쪽

코르도니에, L. 2001,『거지를 동정하지 마라? 경제학의 실업이론 비판』, 조홍
　　　식 옮김, 창작과비평사

국세청, 2001,『2001 국세통계연보』

통계청, 2000,『경제활동인구조사 지침서』

통계청, 2001,『2000 경제활동인구연보』

한국생산성본부, 1977,『'77 한국기업조사총록』

한국생산성본부, 1979~1980, '79~'80『한국기업조사총록』

한국생산성본부, 1981,『'81 한국기업조사록』

한국생산성본부, 1987,『'87 한국기업총람』

한국신용평가, 1988,『'88 한국기업재무총람』,

한국신용평가, 1990~1991, '90~'91『한국기업재무총람』

한국신용평가, 1992~1998, '92~'98『한국기업총람』

한국신용평가정보, 2001,『2002 한경기업총람』, 한경BP

한국은행, 1966, 『'66 기업경영분석』

한국은행, 1968, 『'68 기업원가분석』

한국은행, 1968~1971, '68~'71 『기업경영분석』

한국은행, 1974~2003, '73~2003 『기업경영분석』

總務廳 統計局, 『勞動力調查報告』, 平成13年(2001) 9月分

BLS, 1992, *Handbook of Methods*, U.S. Department of Labor

Hussmanns, R., Mahran, F., Verma, V. 1990, *Survey of economically active population, employment, unemployment and underemployment: An ILO manual on concepts and methods*, Geneva ILO

　* 그 외 참고한 일간지, 텔레비전 방송, 인터넷 사이트 등의 목록은 본문이나 각주에 제시한 출처로 대체한다. 일간지 중에 인터넷을 이용한 경우에는, 그 날짜가 종이신문의 날짜와 하루 정도 다를 수 있다.

부록

희망이 길이다

찾아보기

희망이 길이다

이 책은 실업이 발생하며 증가하는 법칙성과 그것이 인간에게 끼치는 영향을 일반적으로 서술하고 있다. 구체적으로 서술한 부분에서도 주로 객관적인 모습이 담겨있다. 이 책에는 실업으로 (그리고 그것을 시작으로 해서) 고통 받는 사람들의 주관적인 느낌과 생각은 별로 담고 있지 않다.

하지만 본래 원고는 그렇지 않다. 본래 원고의 분량은 이 책의 두 배쯤 된다. 이 원고를 구상하고 완성하는 데 '백수'와 '백조'들의 경험담이 적지 않은 역할을 차지했다. 그들의 참담한 삶을 알고 이해하기 위해, 두 주 동안 한 취업사이트에 올라있는 그들의 체험담 약 14,000개를 읽은 적이 있다. 본래의 원고에는 그 중에서 그들의 참담한 삶, 고통과 좌절, 그리고 희망을 드러내는 글이 인용되어 있다. 본래의 원고로 수업과 강의를 받은 많은 학생들이, 이 원고를 책으로 낼 때 그들의 체험담을 삭제하지 말 것을 강력히 부탁하였다.

또한 현재까지 실업에 관해서는 주로 구조적 차원에서 그 실태를 파악하고 원인을 분석하며 대책을 제시하는 거시적 연구가 대부분을 차지했다. 이은주는, 개인이 실업이라는 주관적 현실을 어떻게 정의하고 해석하며 이해하고 적응하는지, 미시적 차원의 연구가 현재까지 매우 부족하다고 지적하고 있다(이은주, 2003).

이러한 이유로 이 〈부록〉에는 실업률이라는 수치가 결코 담을 수 없는 실업자의 삶을, 실업으로 고통 받는 사람들의 체험담을 분류하고 정리하여 간단한 설명과 함께 싣도록 한다. 아래의 체험담은 모두 인크루트 사이트에서 백수만세 게시판에 있는 글 중에서, 내가 '주옥같은' 글이라고 생각하는 것을 뽑은 것이다. 전적으로 나의 주관적인 판단에 따라 골랐다. 다른 사람은 달리 생각할 수 있을 것이다.

아래의 글은 모두 http://community.incruit.com/bbs/88/ 에 있다. 따라서 일일이 출처를 밝히지 않는다. 현재 많은 '백수' 사이트가 있고 생겨나고 있다. 내가 오로지 하나의 사이트만 보았기 때문에, 아래의 내용이 편협할 것이라고 생각하지는 않는다. 이 부분을 퇴고하기 위해 위 사이트에 다시 들어가 아래의 글을 다시 일일이 원문과 대조해 보았다. 이 과정에서 내가 이미 인용한 글 중에 한두 개가 사라졌음을 확인하게 되었다. 작성자 스스로 지웠는지, 관리자가 지웠는지 알 수 없다. 시대의 기록이라는 의미를 갖는다고 보아, 여기에는 그대로 두기로 했다. 또한 제목이 바뀐 글이 있다는 것도 확인하게 되었다. 제목은 바뀐 제목을 따랐다.

인용을 할 때는, 가능한 한 원문을 살리려고 애썼다. 다만 욕설이나 지나친 채팅용어는 가다듬었다. 잘못된 맞춤법과 띄어쓰기, 명백한 오타도 고쳤다. 문장부호는 줄이거나 고쳤다. 글의 흐름에 따라 문단을 나누거나 합쳤다. 또한 글에서 생략한 부분이 있다. 한두 단어를 생략한 글도 있고, 많은 부분을 생략한 글도 있다. 생략한 부분은 일일이 밝히지 않았다. 글은 대략 다음과 같은 '줄거리'에 따라 배열했다.

백수와 백조는 실업을 통해 말로 표현하기 어려운 고통과 좌절, 절망을 겪는다. 장애인의 경우는 더하다. 눈물로 날을 지새우며, 처절한 사회적 박탈감을 맛본다. 이러한 상황에 처한 사람들은 생활이 주는 '팍팍함'을 견디지 못해 서로 마음에 상처를 주고 입는다. 수도 없이 반복되는 면접에서 겪는 인간 이하의 대접 때문에 면접을 혐오하고 증오한다. 기업에게 이렇게 또는 저렇게 면접을 해달라는 부탁도 보인다. 많은 실업자들이 학력 차별 때문에 고통을 겪는다. 일자리를 위해 절규하는 몸부림도 보인다. 이런 과정에서 그들은 '세상의 이치'를 체험하며, 세상이 얼마나 '무서운지' 경험한다. 한마디로 세상을 알아간다. 눈높이를 낮추라고 하지만, 더 낮출 눈높이도 없다. 적지 않은 백수와 백조가 학력을 낮춰 취업한다. 취업하지 못한다고 모두 자살할 수는 없다. 그래도 사람 사는 세상이다. 서로에게 위로를 주며, 자신도 위로한다. 어떻게든 살아야 하기 때문이다. 자신이 진정으로 하고 싶은 일을 찾아 끊임없이 노력해야 한다고 충고하는 이도 있다. 희망을 잃지 않고 희망을 찾아 노력하는 것만이 길임을 깨닫는다.

(1) 제목: 아! 개 같은 내 인생
　　작성자: hjgi, 등록: 2001.12.13 01:10

옛날에 중학교 땐가 영화 개 같은 내 인생을 친구하고 봤는데, 그땐 별 생각 없이 봤는데, 지금 보니 그 영화제목이 내 인생이 되어버렸다. 정말 미치겠다.

어제는 술 마시고 싶었는데, 친구한테 술 한 잔 사돌라고 전화하려고 했는데, 빌어먹을, 오랜 백수생활로 비참해진 내 자신을 더 이상 친한 친구한테도 보이기 싫어서 전화도 안 하고, 동네 슈퍼에서 소주 2병을 집에 사왔다. 슈퍼주

인도 내가 백수인 걸 알기에 불쌍한 눈빛으로 소주를 팔더라. 정말 비참해지는 것 같았다. 안주 살 돈도 없어서 김치에 소주를 마셨다.

소주 1병을 마시니까 나도 모르게 눈물이 흘렀다. 눈물을 훔쳤다. 힘들어도 강인하게 살아야지 하면서. 그런데 빌어먹을, 한번 나온 눈물이 멈추질 않았다. 다행히 집에 아무도 없는 날이니까 소리 내어 울어도 된다는 생각에 엉엉 소리 내어 울었다. 남자로 태어나서 초등학교 이후로 이렇게 울긴 처음이다.

난 왜 태어나서 부모님 속을 이렇게 애태우고 나 자신도 이렇게 비참해지는가. 항상 집안에선 내가 공부 못하고 내가 부모님 속을 다 썩였다. 이제 힘내라, 열심히 하면 되겠지, 이런 말도 다 필요 없다.

졸업 후 첫 직장이라고, 힘들어도 취직했다고 기뻐하시는 부모님 생각하며 매일 밤새면서 일했다. 그런데 회사사정이 안 좋아 월급도 제대로 못 받고 나왔다. 차마 부모님께 이 얘기하면 속상해 하실까 봐 돈 빌려서 부모님 속옷 사드렸다.

백수생활 하다가 다시 회사 들어갔다. 정말 이번엔 열심히 생활해야지 하면서. 하지만 면접 볼 때부터 반말하던 상사. 어떻게 되었는지 나한테 묻지도 않고 욕부터 하고 고생하고 밤새고 일하고 월급 70만 원이었다. 대졸 나오고 70 받고 생활했다. 정말 그 회사 비전도 없고 내가 하기 싫은 일을 전담으로 시키고 그때부터 쭉 놀았다. 벌써 몇 개월인가? 한참 세어야 하네.

내가 정말 그렇게 성의 없이 살았나? 정말 열심히 살려고 했는데 아직까지 직장을 못 구하고 있으니. 차라리 태어나지 않았으면 이런 비참하고 더럽고 속상한 맘은 없었을 건데. 이제 더 이상 뭘 어떡해야 하나! 2년 동안 너무 힘들게 살아서 머리도 다 빠졌다.

이제 모든 게 다 싫다. 할 짓 없어 이 게시판 매일 들어오는 내 자신도 싫다. 나두 이렇게 욕하고 이렇게 살고 싶지 않다. 그런데 삶이 날 이렇게 만들어버렸다.

(2) 제목: 아~ 저도 낼모레면 30대. 정말 절망입니다. 소띠 여러분

　　작성자: plutus99, 등록: 2001.12.4 22:19

2000년도 졸업. '뭔가 되도 되겠지'라는 생각을 가지고 살아온 2년이라는 세월. 하지만 뭔가 되진 않더군여. 이제 완전히 절망입니다. 30대라니. 취업 한번 못해보고 30대입니다.

가슴이 터질 것 같아여. 저 자신에 대한 대책이 서질 않습니다. 평소에 '난 저렇게 살지 말아야쥐'하던 말이 이제는 제가 그렇게 살고 있나 봅니다. 나 이제한에 걸리고 이제는 더 이상 희망이라는 게 보이질 않는군여. 게을리 한 것도 없는데 나름대로 한다고 했는데 이런 참담한 결과가. '아, 이게 나일까?'라는 한심한 생각이 드는군여.

백수들은 게으르고 성의 없이 살지 않는다. 열심히 살기 위해 노력한다. 그런데도 취업의 기회는 오지 않는다. 서른 살이 될 때까지 취업 한번 못한다. 이유를 알 수도 없고 대책도 보이지 않는다. 절대적인 절망상태에 빠진다.

(3) 제목: 나 같은 사람 또 있을까?

　　작성자: imjsg, 등록: 2001.11.25 00:09

1. 2002년은 28이 되는 능력 없는 남자

3. 삼류대 차석(엄마의 유일한 동네 자랑거리)

9. 28년 동안 안 해본 일 없음(신문배달, 노가다, 서빙, 배달, 공돌이, 총잡이, 편의점, 기타 등등)

12. 추석 지나서 지금까지 원서 접수한 곳만 족히 100군데 가량 됨

13. 이름도 없는 중소기업 면접만 3번 봤는데 모두 낙방

14. 아침 8시에 일어나서 하는 일 - 사람 없는 골목에서 생활정보지 수거

15. 오늘도 여전히 다른 때와 마찬가지로 생활정보지를 빼어 몰래 쇼핑백에 넣고 있는데 누군가 날 지그시 쳐다보고 있었음. 살짝 얼굴을 쳐다보았는데

아! 날 짝사랑하던 대학 후배. 너무 창피해서 미간을 찌그리고 그 자리를 일
단 피했음
16. 집에 들어와 담배를 피는데 눈물이 왜 그렇게 나는지
17. 엄마는 일주일에 한번 집에 들어오시는데 엄마의 머리카락이 오늘 따라
유난히 하얗게 보임

(4) 제목: 하루하루가 정말 힘드네요
    작성자: kgebest, 등록: 2003.9.26 18:02
백수 된 지 벌써 5개월째다. 하루에 2~3군데씩 매일 이력서를 넣어도 내 핸
드폰은 현재 날짜와 시간만 알려줄 뿐이다. 이력서를 보내긴 하는데 회사에
서 읽는지조차 의심스럽다. 이러다 돌겠다.
내 나이 29이다. 미혼여성. 취업하기 너무 힘들다. 하루가 너무 길다. 한 달은
너무 짧다. 한두 번 백수생활 한 건 아니지만, 이번엔 왠지 힘들다. 백수탈출.
왠지 멀게만 느껴진다. 그냥 눈물만 나온다.

(5) 제목: 백조생활 두 달만의 눈물
    작성자: ljm002655, 등록: 2003.1.15 13:50
오늘 아침 백조생활 2달3일만에 첨으로 피시 앞에서 눈물을 흘렸습니다. 이
력서 넣은 곳의 채용마감일이 지나 채용정보란에서 없어진 걸 지켜보는 것
두 이젠 힘겹습니다. 핸드폰의 벨 울리는 걸 기다리는 것두 이젠 너무 힘이
듭니다. '왜 이렇게 살아야 하나.'
하루하루 지날수록 늦어지는 기상시간, 아침에 눈떠 식구들 모두 일하러 나
가고 아무도 없는 텅 빈 방 모서리가 서럽습니다. 혼자 먹는 아점. 지긋지긋
하지만, 밥에 국 말아서 아무렇게나 서서 먹습니다. 또 다시 얼마나 큰 고통
에 오늘 하루를 보내야만 하는 걸까. 3년 가까이 다니던 직장을 그만두고 나
올 때만 해도 '난 잘 할 수 있어!'라구 아주 자신했는데, 그 기상은 온데간데
없습니다.

병환으로 고2 때 돌아가신 울 아버지. 병원비다 사업부도다 해서 집은 부채로 허덕이고 '고졸로 살아도 능력만 있으면 돼'라고 생각한 끝에 대학 진학도 포기하고 사무보조역으로 일을 했더랬습니다. 대졸자하구 고졸자는 큰 차이였는데, 일은 많구 휴일 없이 일하기를 밥 먹듯 하며, 백만 원두 안되는 월급으로 여태껏 열심히 최선을 다하며 살았는데, 이제 와서 그것마저 아쉬워지는 건 왜일까요

매일 밤 엄마가 관절염 통증에 고통의 신음소리를 냅니다. 그래두 오늘 또 엄마는 옷공장에 실밥을 따러 나갔습니다. 오늘도 야근을 하신다는데, 하얗게 새는 엄마의 머리가 너무 안타깝습니다.

(6) 제목: 백수 한달 보름째에 접어들며

　작성자: netpy, 등록: 2003.8.8 09:50

오늘도 어김없이 8시에 기상과 동시에 담배 한대.

집사람 출근시켜주고 집에 돌아와 담배하나 물고 PC 앞에서 분위기 좋은 음악 틀어놓고 인크루트 뒤지기.

옆에서 세탁기 돌아가는 소리가 거슬린다~ㅡ.ㅡ

젠장, 조금 있으면 널어달라구 삑삑거리겠구만.

여느 때처럼 내 조건에 맞는, 아니 내가 할 수 있는 일이 많지 않다는 사실을 또 다시 느낀다.

갑자기 찾아온 회사의 도산과 실업.

청년실업, 남의 애기라고만 생각했는데~ㅡ.ㅡ

나에게도 이미 찾아와 자리를 잡고 떠날 줄 모른다.

그나마 실업급여가 큰 힘이 되어주고 있지만 언제까지 이렇게 버틸 수만은 없다는 걸 실감한다.

열 명 중 넷인가 취업을 포기했다는 기사를 읽었다.

나도 그 중에 한 사람이 된 걸까, 스스로 생각해본다.

이력서를 여기저기 넣어봤지만 단 한 군데서도 연락이 없다.

내가 그렇게 무능했던가. 긴 한숨만 나온다.

처음 회사 부도났을 땐 그래 딱 두 달만 신나게 놀자고 생각했지만 한 달이 넘게 이러다 보니 조금씩 절망에 다가서고 있다.

절망에 조금씩 다가갈수록 나의 존재 또한 희미해져가고 있다.

(7) 제목: 마음이 아프네요

　　作성자: you11235, 등록: 2003.4.26 10:51

올 2월에 졸업하고 현재 취업준비중인 저주받은 99학번입니다.

얼마 전에 청년실업을 비관하여 죽은 사람들에 관한 뉴스 보셨져?

그걸 보고 제 언니는 회사에서 일하면서도 제 걱정이 되더랍니다.ㅠ.ㅠ

그리고 그 다음날 지방에 계신 아빠께서 전화를 하셨져.

다른 볼일 때매 전화하셨는데 요즘 (취업준비) 어떻게 되가냐고.

그냥 원서 내고 있다고 그랬더니

그래, 조바심 내지 말고 천천히 준비하라고.

순간 정말 가슴이 싸~아 하더라구요

겉으론 엄청 강해도 속으로 약하시고 감성적인 분이 저희 아빠거든요. 그 뉴스를 보셨나봐요

덩달아 서울서 직장 잡겠다고 눌러 앉아있는 딸 생각이 나셨겠져.

이젠 어디든 갈 수 있다는 희망찬 생각이 아니라 그래도 면접이라도 오라고 불러주는 게 어디냐 하는 생각까지 하네요

이러면 안되는데.

백수생활 3개월 만에 자신감을 잃은 내버려진 쓰레기가 되버렸네요

(8) 제목: 백수 증후군

　　作성자: hans74, 등록: 2001.5.3 00:29

전 7개월 째 백수입니다. 저와 증상이 비슷하신 분.ㅠ.ㅠ

1. 사람들을 피한다. 특히 가까운 친구와 친척들을 멀리 하는 증상이 나타난다.

2. 피치 못할 사정으로 사람을 만날 시 직업과 취업에 관련된 내용이 나오면 화급히 말의 주제를 돌린다.

3. 아침 햇살이 너무나 싫어진다.

4. 하루 두 끼로 살아간다(아침 겸 점심/저녁 겸 아참).

5. 날씨 무지 좋은 날, 화창한 날 특히 우울증이 심해진다(비 오는 날 무지 좋음).

6. 진정한 친구가 누구인지 곰곰이 생각해 본다.

7. 마지막 남은 자존심 건들면 눈깔 뒤집어진다.

8. 텔레비전 프로를 꿰찬다.

9. 텔레비전에 하얀 개미와 검은 개미가 싸울 때까지 시청한다.

10. 죽음에 대해 곰곰이 생각해 본다.

11. 인생 다 산 것 같다.

12. 집에 낮 시간에 혼자 있을 때 전화코드를 뽑아 놓는다.

13. 집에 어른들 다 계실 시간이 나의 외출시간이다.

14. 가끔 복권을 산다.

15. 사회를 무지 원망한다.

16. 어쩌다 친구가 저녁이나 같이 먹자고 제의하면 누가 돈을 내야 할지 곰곰이 생각한다.

17. 언제부턴가 이곳 백수생활에 매일 들어온다.ㅠ.ㅠ(그치만 이 곳에서 힘을 얻는다^ ^).

18. 공휴일은 더 이상 나에게 무의미하다(빨간 날 되면 스트레스 최고조!!).

19. 외출 안 하고 집안에 방콕하기(방안에 콕 박히기) 이틀은 우습다.

20. 매일 날밤 새고 다음날 오후 3시쯤 일어나는 건 예사다.

21. 쌀 먹어본지 3일이 다 돼간다. 매일 라면으로 살아간다.ㅠ.ㅠ

22. 면도하고 로션 발라본지 언제인지 잘 모르겠다.

23. 인터넷이 세상으로 향하는 유일한 내 통로가 돼버렸다.ㅠ.ㅠ

(9) 제목 : 백수는 뭘 먹고 사는가

　작성자 : jhwgm,　등록 : 2001.12.28 15:49

전 형제가 많아서리

음 담배는 큰형이 사주고여.

비디오 대여비는 작은형이,

술 마실 때는 친구들 불러서 얻어 먹어여.

용돈은 자형한테 타 쓰고여.

이제 나이 들어 눈치 보이네여.

에구.

　우리나라의 경우 장애인은 취업이 사실상 불가능하다. 어떤 의미에서는 우리 모두가 '장애인'인데도 말이다.

(10) 제목 : 비극적인 현실

　작성자 : tesstess73,　등록 : 2003.1.14 11:49

수백 번의 면접에서 떨어졌다. 단지 얼굴이 흉하다는 이유만으로 나를 버린 이 사회가 몹시도 싫다. 내 삶이 너무도 지긋지긋했다. 내가 이 사회에 속할 이유가 아무 것도 없다. 이민을 결심했던 적도 있다. 그게 바로 나의 삶의 대응방식이었다. 미국으로 이민을 가서 막노동을 하면서 그 나라에 기여하고 싶다. 일자리만 제공해 준다면 난 미국인이 되고 싶다. 한국인으로서 무슨 놈의 애국심이 있단 말인가? 나라를 사랑하는 마음? 배부른 소리다. 허식이고 가식이며 위선이다. 내 조국이 날 버렸는데 그런 소리가 나올 리 만무하다. 이 사회에 소속감 없이 난 언제나 왕따였고 이방인이었다. 내가 당한 것만 생각하면 분노가 또 다시 치밀어 오른다.

복지제도가 잘 되어 있는 미국이나 뉴질랜드에서 내가 태어났더라면 이렇게까지 힘들게 살아오지 않았을 것이다. 아마 국가로부터 보호를 받으며 갱생할 수 있는 의지를 키웠을 것이다. 화상환자들은 인간 이하의 대접을 받으며 어둠 속에서 박쥐처럼 살아가고 있다. 자신의 흉한 몰골을 보고 기절한 한 시민에 충격을 받아 10년 동안 집밖을 나오지 못하는 안면부화상 환자의 운명을 우리는 어떻게 설명해야 할 것인가? 다른 사람들이 기절하지 않도록 나오지 말아야겠다는 결심을 하기까지 안면부화상 환자의 가슴이 얼마나 쓰리고 찢어지게 아팠을까? 그것은 나처럼 겪어본 사람만이 이해할 수 있다. 아무나 그 마음을 헤아릴 수 있는 게 아니다.

안면부화상 환자가 용기가 없어서 세상이 무서워서 못나오는 것이 아니라 어쩌면 이 세상이 우리가 못나오도록 막고 있는지도 모르겠다. 한국이라는 나라는 참 더불어 살아가기 힘든 세상이다. 정부가 이 심각한 사회적 문제에 더욱 관심을 갖고 고민을 해줬으면 한다.

20대에서 30대까지, 그리고 40대에서 50대까지, 미혼이든 기혼이든, 남자든 여자든, 고졸이든 대졸이든, 장애인이든 아니든, 이들 모두에게 실업은 말로 표현하기 어려운 고통과 좌절을 안겨준다. 위의 몇 예만으로도 충분히 알 수 있다. 이런 사이트가 생겨 자신의 아픔을 드러내고 다른 이의 아픔을 들으며 서로 마음으로 위로를 받을 수 없다면, 그들의 삶은 아마 훨씬 더 '팍팍할' 것이다. 그들이 세상으로 향하는 유일한 통로가 인터넷뿐이기 때문이다.

이들에게 비치는 아래와 같은 한국사회의 모습은 이들의 상대적 빈곤감과 박탈감을 무한대로 늘려놓는다. 좌절이 커질 수밖에 없다.

(11) 제목: 취업의 벽이 이렇게나 어려울 줄 몰랐습니다
　　작성자: kang4609, 등록: 2000.12.4 12:23
취업하기 위해 이리저리 뛰어다니느라 얼마나 수고가 많습니까. 저 역시 이곳저곳에 이력서를 넣고 면접을 보러 다니는 중입니다. 매일같이 면접 보러 오라고 연락만 오지, 정작 합격이란 말은 없군요 왜 경기가 이렇게 나빠져서

취업하기가 어려운지 우리나라 높으신 분들이 원망스럽군요 졸업하는 사람은 많은데 일자리가 없다니 이게 말입니까 콩입니까. 정말 하루하루가 지겹군요. 여러분들 마음도 저와 같을 거라 생각합니다.

어제 TV를 보다 너무 어이가 없고 화가 나서 미치는 줄 알았습니다. 황금층인가 뭔가 부유층 이야기가 나오더군요. 하루에 몇 천만 원 혹은 몇 억 원을 기분 나는 대로, 하루 술값을 몇 천만 원, 그리고 기집애가 팁으로 몇 십만 원씩 준다는 이야기입니다.

정말 삶에 회의가 느껴지더군요. 한 달에 약 백만 원 정도를 벌려고 이리 뛰고 저리 뛰고 면접만 보고 다니는 저에게는 우리나라가 싫어지더군요. 왜 우리나라는 이 모양 이 꼴인지 미치겠습니다. 허구헌 날 비리나 나오구, 하라는 정치는 하지 않구 돈 모으기에만 열중이구 우리나라가 정말 한심하고 싫어지더군요. 취업을 희망하는 여러분 우리 모두 힘을 내어 나라를 한번 흔들어 봅시다.

(12) 제목 : 결혼은 비즈니스 ??

　　　작성자 : han075, 등록 : 2001.9.4 22:42

'클로즈업 오늘'이란 프로그램을 봤는데 그냥 텔레비전을 날려버리고 싶은 생각이 들게 나오더군요. 사람을 등급별로 분류해서 소개시켜주고. 결혼이 장사라고 생각하는 사람들이 많나 봐요. 나는 이 정도니깐 이 정도의 사람들에서 골라서 결혼하겠다.

현재 백수인 저로서는 허파 뒤집혀집니다. 결혼정보회사의 회원분류표를 보니 완전히 물건분류목록이더구먼. 조건 맞춰서 열쇠 3개 가능. 서울대, 요즘은 외국에 유학 간 애들이 인기라나요. 집안이 받쳐주니깐, 유학을 갈 수 있으니깐. 아마 이 프로그램을 보신 백수, 백조분들도 상당히 열 받으셨죠 결혼이 비즈니스라고 생각하는 사람들. 에구 열 받어. 서글픈 백수의 비애다. 학벌 밀리고 집안 밀리고 경제력에서 밀리고 그래도 난 다른 사람들하고 다른 능력을 가지고 있으니깐. 아등바등 생존해봐야지. 서글프다 현실이.

실업은 실업으로 고통 받는 사람만 힘들게 하는 게 아니다. 당연히 그 주위 사람도 힘들다. 우선 취업이 되지 않아 경제적으로 어렵다. 실업자는 누군가 부양해 주어야 하기 때문이다. 실업으로 고통 받는 가족에게 따뜻한 말을 건네고 위로하는 것도 하루이틀이다. 주위 사람들도 지쳐간다. 그래도 취업의 가망은 안 보인다. 이렇게 되면 사람이 차츰 '모질어지기' 시작한다. 그것은 서로가 서로의 마음에 상처를 주는 것으로 나타난다. 증오가 쌓이며 관계가 단절된다. 실업은 인간관계를 파괴한다.

(13) 제목 : 아직 졸업도 안한 졸예임에도 불구하고
　　　작성자 : burtha, 등록 : 2002.1.31 13:38
집에서는 취업을 안 하고 있다고 뭐라 하는지 아세요? 너 때문에 동네 챙피해서 죽겠답니다.
누가 안 하고 싶어서 안 하나요? 잘 안되니까 그런 거 아닙니까? 남은 안 그래도 속이 타는데, 이런 말을 해대면서 아주 죽으라고 부채질을 합니다.
아직 졸업까지 한달 남았습니다. 평생을 좌우할 직장을 고르는데 6개월, 1년도 못 기다려주는 이런 부모님 때문에 저는 이번 취업난이 더 절망적입니다.

(14) 제목 : 라면두 눈치 보면서 먹어야 하나
　　　작성자 : juys99, 등록 : 2002.4.25 13:04
난 요즘 라면이 너무 먹고 싶다. 라면을 그렇게 좋아하진 않지만 한달 전부터 얼큰한 라면이 먹구 싶다. 울 엄만 내가 먹구 싶다고 말하면 시장 가는 길에 꼭 사다주셨는데 한 달이 지나두 라면은 사오지 않는 것이었다.
난 산책을 하다가 라면이 떠올라서 마트에 들러 라면 다섯 개를 샀다. 각기 맛이 다른 걸로 다 합해도 이천 원 조금 넘었다. 하지만 그건 나의 생각이었다. 나 보구 하나만 사지 왜 다섯 개를 샀냐면서 야단을 치시는데 이해가 안 갔다. 빵은 한번에 만 원 넘게 사면서 왜 라면은 다섯 개를 많다고 하는지. 나

한 개, 울 오빠 한 개, 아빠 한 개씩만 먹어두 벌써 세 개인데 왜 그렇게 소리를 지르는지. 내가 만일 회사두 다니구 잘하는 것두 많구 그랬다면 아마 대우가 달랐겠지.

서글픈 라면이여. 서글픈 내 인생이여.

　본인에게는 매우 심각하겠지만, 그래도 이런 경우는 아직 가볍게 웃으면서 넘어갈 수 있다. 하지만 아래의 예는 좀 다르다. 서로 주고받는 말이 상대에게 비수가 되어 가슴에 꽂힌다. 그럴 경우, 건너서는 안될 다리를 건너게 되기도 한다.

(15) 제목 : 울었습니다

　작성자 : alanism, 등록 : 2001.10.14 02:45

졸업한 지 한두 달. 한가한 토요일에 난 야구를 보고 있었습니다. 아버지가 오시더군요. 날 한심하다는 듯이 쳐다보시더니 넌 매일 그렇게 놀고만 있냐, 내가 아는 누구누구는 졸업하고 잘만 하는데 넌 뭐하냐.

순간 아무 말도 할 수가 없었습니다. 그래도 항변이라도 해야 했기에 내 친구들은 조금이라도 나은 직장 잡겠다고 어학연수 나가고 학원도 다니는데 난 돈도 없어 그런 것도 못해봤다고 뭐가 그리 급해서 날 자꾸 다그치냐고 내가 좋은 직장 갈 때까지 기다려줄 수 없냐고 그렇게 울먹거리며 대들었습니다. 사실 지금 내 실력으론 내가 생각하는 좋은 직장이란 건 어렵습니다. 어려울 때일수록 날 감싸주지 못하고 그렇게 가슴 야리게 다그치시는 아버지가 그냥 원망스러웠습니다. 그래서 맘에도 없는 소리로 그렇게 아버지에게 대들었습니다.

순간 아버지가 깊게 한숨을 쉬십니다. 집안이 어려워 자식이 하고 싶은 공부 못한 게 당신 책임이라고 생각하신 모양입니다. 아버지의 고개 떨군 모습을 보고 있으니 눈에 눈물이 고여 도저히 그냥 있을 수가 없어서 화장실로 갔습니다. 그리고 샤워를 하며 물을 틀어놓고 정말 펑펑 울었습니다. 평생 내 뒷바

라지하느라 고생하신 아버지에게 이 못난 모습이 너무 죄송했습니다. 그래서
펑펑 울었습니다. 우는 소리를 물소리에 떠내려 보내면서 계속 울었습니다.

(16) 제목: 밥 좀 먹나 싶으면

　　작성자: csb1660, 등록: 2001.5.1 20:11

전 백수 1년째 접어든 28살 남자입니다. 전 치과기공과를 졸업하고 적성에
안 맞아서 유통업에 있다가 정리해고된 사람입니다.

어제 아버지랑 대판 했습니다. 그래서 집에 들어가기도 싫네요. 아버지가 저
한테 욕을 하더군요. 목구멍으로 밥이 넘어가냐고. ×새끼 니하고 이제 인연
끊어야겠다고 하더군여.

전 그냥 웃으면서 나왔습니다. 사실 저도 할 말이 있습니다. 저희 집은 시골
에서 부농이었다고 합니다. 그 많던 재산 아버지가 다 말아먹었죠. 그래서
저희 엄니가 무척 고생했습니다. 고등학교 때까지 단칸방에서 책상 하나 없
이 밥상에서 공부했습니다. 물론 저보다 더 어려운 환경에서 일어서시는 분
들도 있겠죠. 제가 아직 인간이 덜 돼서 그런 거니까 이해해 주세요.

작년 겨울에 아버지가 두 달 동안 입원을 하셨죠. 그때 서울에서 오라는 곳
이 있었는데 병간호한다고 못 갔습니다. 지금 생각하면 무척 후회됩니다. 이
래저래 욕먹을 거, 그때 취직이라도 할 걸. 아버지 대소변을 석 달이나 받아
가면서 추운 병실 바닥에서 새우잠을 잤습니다.

제 마음도 모르고 아버지가 저보고 밥 처먹지 말랍니다. 솔직히 집에서 밥
잘 안 먹는데. 그래서 집 나가기로 했습니다. 이제 저 혼자 살아갈랍니다. 아
버지는 집에서 나가라고 하더군요. 나중에 니 신세 안 진다면서. 저도 그러
기로 했습니다. 제 몸 하나 건사 못하겠습니까. 그동안은 그래도 지방에서
자리 잡아야 된다는 생각에 여기까지 왔지만 이젠 훌훌 털고 서울이든 강원
도든 혼자 떠나려고 합니다(솔직히 지방이 구직난이 더 심하지 않나요).

막말로 대학 등록금이나 학비도 제가 노가다 해서 냈고 고등학교 졸업 후에
는 집에 손 벌린 적이 한번도 없으니까요. 백수할 때도 노가다 해서 제 용돈

제가 썼으니까요. 하지만 씁쓸하네요. 제 마음도 모르고. 다음 주 서울에 면접 보러 갑니다. 한동안 고시원에서 지낼 생각입니다. 돈 좀 모이면 서울에서 자리 잡을 생각입니다. 바랐던 건 아니지만 아버지는 제가 1년 동안 백수하면서 한번도 제 얼굴 보면서 힘들지 이 한마디 안 해주셨습니다. 그래도 노가다 해서 번 돈 아버지 입으시라고 비싼 옷 사주었는데.

저는 나중에 결혼해서 자식이 백수로 지내도 욕은 안할 겁니다. 이 새끼 개새끼 이런 욕은 안할 겁니다. 당신이 젊었을 때 열심히 살지 못한 걸 자식한테 화풀이하는 것도 안할랍니다. 이제 저 혼자 열심히 살겠습니다.

정말이지 서로에게 위로와 위안이라도 주고받지 않으면, 따뜻한 마음이나마 나누지 않으면 살기 힘든 세상이다. 그래서 그런 따뜻한 마음이 더욱 감동적으로 다가오는지도 모른다.

(17) 제목 : 읽어보세요, 감동적이더라구요(퍼온 글)

　　 작성자 : mmdcf, 등록 : 2002.11.19 17:42

"내일 우리 회사 생일이야. 점심 식사 되게 잘 나올 테니까 와서 점심 먹고 가."

나는 내심 귀찮았다. 아무리 반찬이 잘 나온다 해도 나와는 별 관계도 없는 곳에 가서 넉살좋게 배식을 받아먹고 휘리릭~ 입 닦고 나갈 수는 없다.

"…뭐 하러 구질구질하게 밥 한 끼 먹자고 거기까지 가. 난 됐어."

"진짜 식단 잘 나올 거라니까. 혼자 대충 먹지 말고 와서 먹고 가."

"싫다니까. 쪽 팔려."

"그럼 나랑 만나서 같이 식당 들어가자."

그렇게 싫다고 했는데도 다음날 점심때가 되자, 전화까지 하며 기어코 오라고 성화다. 시킨 대로 엘리베이터 앞에 가서 머쓱함을 참으며 서 있자, 곧 달려와 나를 잡아끌었다.

"여기로 들어가서 식판 들고 젓가락하고 순가락 챙겨."

밥을 조금 퍼 담고 줄에 끼어 조금씩 나가며 반찬을 받았다. 과연 평소에는 쉽게 볼 수 없는 메뉴들이다. 후식이라고 주는 사과까지 하나 받아, 그녀가 먼저 잡아 놓은 자리에 가 앉았다.

"어?"

"왜?"

"젓가락이 조금 휘었어."

"그러네."

그녀가 자신의 젓가락과 바꾸자는 것을 간신히 말리고 마주 앉아 밥을 먹었다. 밥을 먹다 냅킨을 집으며 사과를 떨어뜨리자, 그녀가 얼른 주워 자신의 것과 바꾸어 놓는다. 나는 다시 사과를 바꾸었다.

"괜찮아."

그녀가 또 사과를 바꿔 놓는다.

"괜찮기는. 떨어지면 맛없잖아."

몇 번의 실랑이 끝에 결국 내가 멀쩡한 사과를 받았다.

"여기, 은행."

내가 갈비에 양념으로 든 은행을 집어먹는 것을 보자, 재빨리 수저를 놀려 자신의 식판에서 은행을 골라 덜어준다.

"됐어."

"고기는 왜 안 먹어?"

"그냥…"

나는 자리가 불편했다. 확실히 식사는 맛있다. 하지만 내가 밥 한 끼 먹자고 앉아 있을 곳은 아니다. 빨리 먹고 나가고 싶은 생각뿐이다. 그녀는 내 식판의 갈비에서 뼈를 발라내어 밥 위에 얹어 주었다.

"먹어."

"아기도 아니고… 괜찮다니까."

내가 밥 위에 갈비를 얹어 먹는 것을 보고서야 자신의 밥을 허겁지겁 먹는다.

"배불러."

내가 수저를 내려놓자 그녀는 가방에서 뭔가 비닐에 싼 것을 꺼냈다.

“그럼 이거 먹어.”

‘배 부르다니까는…’ 생각만 하며 손에 쥐어주는 것을 보니 재료를 푸짐하게 넣은 떡이다.

“아까 여기 오기 전에 얻었거든. 되게 맛있더라. 먹어 봐.”

“으, 응…”

대답만 하고 떡은 가방에 넣었다. 그녀가 식사를 마치기를 기다리며 사과를 먹었다. 올해 들어 처음으로 먹는 사과다. 그녀가 식사를 끝내고 내 식판까지 정리하는 동안, 나도 갈 준비를 했다.

“용돈 없지?”

갑자기 묻는 말에 약간 당황하고 말았다.

“으, 응. 아직은 쓸 만큼 있어. 안 줘도 돼.”

내 말에 지갑을 열었다 닫는 동작에서 빠듯함이 전해져 온다.

“그럼 갈께.”

“응. 집에 일찍 들어오고 갔다 와.”

나는 그녀가 직원들의 물결에 휩쓸려 다시 일터로 사라지는 뒷모습을 배웅했다.

아아… 어머니…

아래의 글은 좀 오래 되었다. 시간이 ‘팽팽’ 돌아가는 정보화시대라 그렇지, 사실 3년밖에 지나지 않은 글이다. 이 글은 네티즌들의 무한한 사랑을 받았다.

(18) 제목 : 어느 아빠와 아들의 일기

　　작성자 : plutus99, 등록 : 2000.10.21 12:31

5월 1일 아들의 일기 : 아빠랑 대공원에 갔다. 와 사람이 디따 많타!! 아마도 다들 실직했나 부다. 애들이 불쌍하다. 지 아빠 실직자인 줄도 모리고 저렇게 잼나게 놀고 있으니 쯧. 난 다행히도 아빠가 근로자날이라고 쉬기 때문에

놀러 왔다. 놀이기구 타는데 소나무 미테서 한 아찌가 소주를 마시고 있다. 저 아찌도 실직자인가 부다. 저 아찌 아이가 안쓰러워 죽겠다.

5월 1일 아빠 일기: 아~ 아들녀석이랑 공원에 갔다. 아들한테는 아빠가 쉰다고 해서 갔다. 노가다에 무시기 근로자의 날이 있으랴. 짜슥. 즐거워하는 모습이 넘 이쁘다. 내일은 공공근로라도 나가야겠다. 오늘 쌀 살 돈까정 다 날릴 것 같다. 그래도 자식을 위해서라믄. 아들이 놀이기구 탈 때 몰래 소주 한 병 들이켰다. 쓰다. 이 맛이 인생인 듯싶다.

5월 1일 아들의 일기: 아빠는 자꾸 안 탄다고 한다. 어지럽다고 하신다. 그게 머가 무섭다고. 난 재미있는데. 오늘 이곳에 있는 놀이기구 다 타야쥐. 하하하 신난다. 놀이기구 타는데 또 한 사람이 술을 마시고 있다. 헉! 나의 아빠다. 나의 아빠. 눈물이 앞을 가린다. 비록 초등학생 3학년이라지만 알건 다 안다. 울 아빠가 실직. 나의 철없던 행동이 와르륵 무너진다. 죄송해요

5월 1일 아빠의 일기: 남은 돈이 별로 없다. 그래도 내색을 안 해야겠다. 썩~ 즐거워하는 모습이 마냥 귀엽다. 내 자신이 처량해 울고 싶다. 그나저나 돈이 없어 더 이상 태워줄 수가 없다. 한두 가지만 타믄 점심도 못먹게 됐다. 어찌해야 할지. 아들한테는 놀이기구 무섭다고 했다. 실은 타고 싶다. 바이킹에 올라가 소리질러 봤으믄. 햐 올마나 잼 있을까나. 아들 몰래 또 한 병 샀다. 별로 안 쓰다. 아까 마신 술이 취했나부다.

5월 1일 아들의 일기: 알아 버렸다. 아빠가 돈이 없는 걸. 초라해 보이는 아빠의 손을 잡고 더 이상 놀이기구를 태워달란 소리를 안 했다. 아빠의 걸음걸이가 무거워 보인다. 내가 돈만 벌 수 있어도 아빠를. 난 눈물이 너무 난다. 그러나 마음으로 울었다 마음으로. 집에 가자고 할까? 그러자. 아빠 아빠. 말이 안나왔다. 아빠의 표정은 그래도 웃으신다. 아빠가 커보였다. 하늘보다 더. 배가 고프다. 하지만 돈이 없는 걸 안다. 집에 가서 물 말아 김치랑 맛있게 먹어야쥐잉? 저기서 무슨 행사한다. 아이들한테 빵을 주네. 난 달려가서 한 개의 빵을 들고 왔다. 그리곤 반을 나누어 아빠 반 나 반 이렇게 먹었다. 맛있다. ^ ^

5월 1일 아빠의 일기: 녀석이 기구타고 이제 힘이 드는 모양이다. 짜슥 다행이다. 집에 갈 돈밖에 남지 않았다. 배가 고플 텐데. 아무 말 하지 않네. 배가 고플 텐데. 아빠가 실업자라 생각 들면 슬프겠지. 어린 가슴에. 녀석. 아들녀석이 갑자기 달려간다. 휙! 또 놀이기구. 돈이 돈이. 빵 한 개를 들고 왔다. 아들녀석이 반을 갈라 나를 준다. 난 배부르니 너나 먹으라고 했다. 그러자 녀석이 투정을 부린다. 아빠랑 먹어야 먹는댄다. 훗 녀석. 눈물이 나는 걸 간신히 참으며 빵을 반 조각에서 또 반을 잘라 아들에게 주고 반에반을 먹었다. 맛있다. 배가 고파서인가. 어서 이 화려한 공원을 빠져나가야겠다.

5월 2일 아들의 일기: 아빠가 그동안 나한테 노시는 걸 안보이실려고 일찍 나가시는 것 같다. 그래서 오늘은 내가 일찍 나가야겠다. 학교에서 일요일날 특별행사를 한다고 했다. 글짓기행사를. 메모로 써놓았다. 그리곤 아침 6시에 집을 나왔다. 춥다. 새벽이라. 초등학생 3학년이 6시에 할 건 진짜 없는 듯했다. 음 오락실 문 여는 9시까정 공원 벤치에서 웅크리고 있으면 될 수 있을 거다.. 9시부터는 오락실에서 개기다 저녁 6시 정도 들어가야겠다. 모처럼 아빠도 발 뻗고 집에서 주무시게 하고 싶다. 으 춥다. 참아야 한다. 난 남자다 남자.

5월 2일 아빠의 일기: 나갈려고 일어나 보니 아들이 없다. 메모가 있다. 학교에서 특별행사가 있다고 한다. 무슨 행사가. 휴 잘됐다. 모처럼 집에서 잠을 자야겠다. 요즘은 할 일도 없다. 미치겠다. 근데 밥상이 차려져있다. 들춰보니 밥 한 공기와 김치. 그리곤 라면 한 봉지가 있다. 라면 옆에 또 다른 메모가 있다. 아빠 국물이 없으니 이거 끓여서 국 대신 밥에 말아 드세여.^ ^ 이 녀석 어제 과자 사먹으라고 준 500원을 라면 샀나부다. 가슴에 밀려오는 눈물. 가슴으로 울어야 한다 가슴으로 절대로 눈에서 울지 않으리라. 잠을 자고 일자리를 알아보러 나가야겠다. 힘을 내야겠다. 나에겐 듬직하고 자랑스러운 아들이 있다. 사랑한다 아들아.

구직자가 길거리에 넘쳐나고 발에 채이다 보니, 그들은 일단 소극적인 성격을 형성하게 된다. 웬만한 손해는 감수하며 산다. 하지만 그것도 정도 문제다. 구직자들은 가물에 콩 나듯 생기는 면접기회에 생사를 걸다시피 한다. 그런데 구인을 하는 사람은 이런 점을 이용해, 면접에서부터 이들을 인간 이하로 대접한다. 그러면서도 당연한 것처럼 행동한다. 그런 곳에서, 만약 취업을 했다고 해도, 인간다운 대접을 받으며 일하는 것 역시 거의 기대하기 어려울 것이다.

(19) 제목 : 특이한 삼성(생명)면접

　　작성자 : icdtl, 등록 : 2000.12.4. 12:40

저는 부산에서 얼마 전 삼성생명 면접을 본 사람입니다. 8명의 전산직원을 구한다고 하더군요. 전 다행히 학원에서 강사가 추천을 해서 면접까지 보게 됐습니다. 면접시간이 다가오고 전 면접을 보기 위해 삼성생명 부산본점으로 들어갔습니다. 으리으리하더군요 건물이. 그리고 엘리베이터를 타고 드뎌 11층 정보시스템실.

"저 면접 보러 왔습니다. 대기실이 어딥니까?"하니까 직원 같아 보이는 분이 "그러세요 저쪽 방으로 들어가 계세요"하더군요. 그래서 문을 열고 들어가니 빈방이었습니다. 그래서 그 직원의 안내대로 대기실의 의자에 앉아 있었죠. 그러니까 한 30분 후 나이가 좀 있어 보이는 과장이라는 사람이 들어왔습니다. 그 과장 나를 보더니 대뜸 "누고?(누구니?)" 그래서 전 오늘 면접 보기로 한 사람입니다. 그러니 "맞나 앉아 봐라!" 어째든 그런 식으로 계속 반말을 하더군요. 그래도 생계가 달려 있는 취업문제라 성질을 낼 수도 없고 참고 있었습니다. 조금 있다가 여직원이 종이컵에 커피를 내주더군요. 그래서 한 모금 마시고 마음을 진정시키고 있었습니다. 그러는 동안 그 과장이라는 사람은 저의 이력서와 자기소개서를 살펴보더군요. 탁자 위에 다리 두 짝을 올리고 담배는 제가 마시던 커피잔 속에 떨어뜨리면서. 여기까지만 했어도 이렇게 글 안올렸습니다.

면접 보던 중에 전화를 받더니만 읽던 이력서와 자기소개서를 탁자 위에 던지고는 통화를 하기를 20여분. 담배 피우면서 히히덕거리던 30대 중반의 과장이라는 녀석, 결국 재떨이로 쓰던 내 커피잔을 발로 엎어버린 겁니다. 그래서 정성스럽게, 구겨질까 조심스레 가지고 왔던 이력서와 자기소개서 주민등록 등본 등 커피와 담뱃재에 다 버리고 말았습니다. 성질이 나서 이가 갈리고 눈알이 뻘겋게 충혈됨을 느꼈습니다.

그래도 참아야겠다고 생각했습니다. 직장을 잃고 집에는 아내와 이제 겨우 한 살 난 딸아이가 맘껏 재롱을 부리며 나만 보고 있는지라 속을 비우고 테이블만 쳐다보고 있으니까 그 과장이라는 녀석 하는 말, "기분 나쁘냐?" 그래서 저랑 한 7~8년 정도 되는 그 사람 보고, 야 니가 사장이냐. 아무리 요즘 직장 구하는 것이 힘들다고 해도 그렇게 대접받으면 제가 데리고 있는 식구들 얼굴이 뭐가 되겠습니까. 당당히 안다니겠다고 말하고 탁자 뒤집어 엎어버리고 나왔습니다. 그러니까 날 미친놈 취급하더군요. 그래서 제가 이 거지 같은 사무실에서 과장이나 해라하고 나와 버렸습니다.

살길이 막막해서 직장을 구하려고 갔더니 이거 이런 취급이나 받아야 하는지 아무리 내가 능력이 없고 돈이 없어도 이런 대접을 받고 살아야 하는지도 의문이 생겼습니다. 기업에 계신 분들 이런 점은 아랑곳하지도 않겠죠? 인재 많다는 이유로. 언젠가는 그런 회사 속이 탈 때가 있을 겁니다.

(20) **제목 : 면접이 지겹습니다**

　　작성자 : k123x, **등록** : 2000.12.1 18:46

전 오늘도 면접을 보고 왔습니다. 서류전형에서 통과했으니, 와서 면접을 보라고 하더군요~ 저는 면접시간을 정확히 지켜주는 곳을 못 봤습니다. 역시나 한참을 기다렸지요. 그리고 면접을 보는데, 저보고 과가 틀려서 적성에 안 맞겠다느니, 전에 있던 사람도 초보를 썼더니 적성에 안 맞아서 힘들었다느니, 또 자기 회사 자랑만 몇십 분을 하더군요. 사원이 몇 명에다가 자기가 무슨 협회 회장이라나? 나~ 참~ 그러니까 딴 데를 알아보라는 식으로 말하는 겁니다. 대놓고. 그러면 면접을 왜 보러 오라고 하는 겁니까~ 이 아까운 시간에 사람 갖고 장난합니까. 아무튼 요즘 아무리 취업하기가 힘들다고 해도 너무 하는 거 같더군요.ㅠ.ㅠ 저는 아까운 시간과 교통비만 버리고 상처만 얻었습니다. 님들은 저와 같은 경우가 없길 바라며. 힘내세요!!~^^

(21) 제목 : 면접을 보았다

　　作성자 : escape78, 등록 : 2001.5.19 02:34

면접관 : 전에 있던 회사들(두 군데)은 왜 그만두셨죠?

답변 : 한 군데는 제가 야간대학과 병행을 하는 바람에 회사생활에 충실하지 못해서 다른 직원들에게 피해를 끼치는 것 같아서 그만두었구요. 한 군데는 회계 쪽은 전혀 모르는데 자꾸 그런 쪽 일을 시켜서 능력이 부족해서 안되겠다고 그만두었습니다.

면접관 : 한마디로 쉬운 일만 하려고 하시는군요? 젊은 사람이 왜 그러나? 사람이 그러면 못쓰지.

답변 : ㅡ.ㅡ;;;

면접관 : 아버지는 뭐 하시죠?

답변 : 중얼중얼중얼.

면접관 : 어디서 일하시죠? 그러니까 주로 계시는 곳.

답변 : 중얼중얼.(별 걸 다 물어본다)

면접관 : 어머니는 왜 집에 계시죠?

답변 : (헉)

면접관 : 오빠는 뭐 해요?

답변 : 서점 사무직에 있는데요

면접관 : 어디 서점이요?

답변 : ××동.

면접관 : 아~ 거기? 근데 서점을 왜 다니나? 요즘 서점 장사가 말이 아니라던

데.

답변 : ㅡ.ㅡ;;;

면접관 : 집안이 단촐(?)하네.

답변 : (단촐의 뜻이 몰까.ㅡ.ㅡ)

면접관 : 고등학교 때 공부는 얼마나 했어요? 상? 중? 하?

답변 : 중입니다.

면접관 : 공부 안 하고 펑펑 놀았구먼.

답변 : (ㅠ.ㅠ)

면접관 : 우리 회사에서 가장 중요한 것은 고객관리인데 그게 좀 힘들지요

답변 : 열심히 하겠습니다.

면접관 : 열심히 한다고 되는 일도 아니고, 잘 할 것 같지도 않은데.

면접보고 나오는데 힘이 쭉 빠지더군요 도대체 왜 기업에서는 면접 보러 온 사람을 글케 죄인 취급하는 건지 알다가도 모를 일입니다. 사람 가지고 말장난하자는 건지. 에구.

구직자들은 '죄인'이다. 면접자가 그들을 그렇게 몰아간다. 그래서 그들은 그렇게 느낀다. 이렇게 '당하기만' 하다 보니 면접방법을 알려주는 사람까지 생겨났다.

(22) 제목 : 취업면접 이렇게 하면 붙는다네요~^ ^

　　　작성자 : chomtb, 등록 : 2001.12.31 23:17

면접관 1 : 영어는 어느 정도 하나요?

구직자 : 영어는 조금 하구요 인터넷으로 공부했습니다.

면접관 2 : 왜 우리 회사에 지원하게 됐죠?

구직자 : 꼭 도전하고 싶은 분야여서 지원하게 되었습니다.

면접관3 : 마지막으로 할 말 있으면 해보세요

구직자 : (면접관을 번쩍 들고 빙글 돌리며) 걱정 마~~ 잘 될 거야.

시대가 세계화시대인지라 영어가 구직자에게 주는 스트레스도 적지 않다. 점수로 나타나는 토익이야 노력해서 공부하면 된다고 해도, 말로 하는 영어는 아직까지 그렇게 쉽지 않다. 그건 그들의 잘못이라기보다 그들이 잘못된 교육을 받았기 때문이다.

(23) 제목: 아~ 미친 노무 세상

　　　작성자: pth25, 등록: 2001.3.15 01:02

어찌된 세상인지 회사라고 간판만 내걸면 돈도 쪼갠 주면서 영어능통이니 일어능통이니 조건 내걸고, 듣도보도 못한 회사에서 토익 800이니 jpt 얼마 받아야 된다느니. 내~ 참 기가 차서 자꾸만 홍분이 되네요

참고로 전 상경계열 학점 3.5 토익 780인데, 이 미친놈들이 회화 안된다고 자르잖아요. 물론 제가 지방대라는 핸디캡이 있지만, 저거들도 듣도보도 못한 지방 3류기업이면서.

그냥 영어로 밥 벌어먹을 놈만 영어 하면 되지, 개나 소나 다 영어 하라고 하니. 오늘 자고 일어나면 당장에 영어회화학원 등록하고 면접 가서 면접관 지네들 얼만 영어 잘하는지 내가 면접을 봐야지. 내보다 못하기만 해봐라.

(24) 제목: 외국계 기업??

　　　작성자: kakito, 등록: 2001.5.3 00:17

한 열흘간 외국계 기업에 입사준비를 했죠. 연봉 1600만.

근디 말이져 이것이 나름대로 외국계 기업이라고 면접 보러 갔더니 정말로 외국인 하나가 앉아 있더군요. 그 옆에 시다바리(이제 시다바리라는 말은 국어대사전에 실려도 될 만큼 한국 공통단어가 됐다는데 맞는 말인지?)로 보이는 우리나라 넘이 하나 자리 잡고 있더군요. 근디 이 외국인이 한국지사 본부장이라는데요, 정말 우습기 짝이 없는 것이 이놈이 우리나라 말을 전혀 못한다는 것이었죠. 그런 관계로 면접장에서 한국어는 아예 못쓰도록 했더군요. 몇 마디 간단한 인사말을 나누다가 말이 막히기 시작하죠. 저는 손짓발

짓 다해가면서 저의 의사를 전달하려고 노력하는데 글쎄 이 노무 시키는 저를 무슨 야만인 보듯 쳐다보더군요.

근데 왜 그 순간 서글픈 마음이 들었을까요? 이 땅에 와서 자기나라 물건 팔아먹으려는 시키는 아무 부담 없는 눈빛으로 앉아 있는데 그 물건 사주는 우리나라 백성인 내가 그 넘에게 죄지은 눈빛을 계속 보내고 있으니.

순식간에 정신이 도라쩌!!

야이 시방새야!! 물건 팔러 왔으면 팔아먹을 나라말은 공부하고 와야지 시방새야! 너두 어지간히 일 못하니까 그 잘사는 나라에서 여기까지 좌천되어 왔겠냐마는 조또 쪽팔리고 역겨워서 니네 회사는 안 갈란다 이 ×××야!!(근데 정말 회계학 전공우수자에 영어회화 능통자가 연봉 1600받고 안 다닙니다.) 제가 웃으면서 상냥하게 이렇게 욕했더니 듣고 있던 한국넘 환장하더군요. 어떻게 통역할지 황당했겠죠. 결국 제 눈치를 살피다가 어떻게 통역해주기를 바라느냐고 묻더군요. 그래서 나는 당신네 회사 다니고 싶은 마음도 없으니 내가 한 말 그대로 전해 달라고 말해쬬. 그리고 그 말이 전해지고 나서 나랑 그 외국넘이랑 3분 가량 피 튀기는 눈싸움을 치른 뒤에 집으로 터벅터벅 돌아왔다는 이야기입니다.

기분 더럽습니다.

이민 가고 싶습니다.

　실업으로, 몇백 번의 이력서 작성으로, 몇 번의 면접과 실패로 젊은이들은 세상을 알아가고 배워간다. 세상의 무서움을 배우게 되고, 자본주의의 본질을 저절로 익혀나간다.

(25) 제목: 백수일기 12월17일 8:35

　작성자: star5757, 등록: 2001.12.17 20:54

　지금까지의 전공 다 필요 없습니다.

　가장 하고 싶었던 일 이제 필요 없습니다.

판매직이나 생산관리라도 좋습니다.

아무거나 일 할랍니다.

이제 이 세상이 얼마나 무섭다는 것을 알게 되었습니다.

저는 착한 놈입니다. 하지만 미련합니다.

세상이 돈이 전부란 것을 나에게 다시 한번 뼈 속까지 나의 마음을 울리고 있습니다.

죽고 싶은 이 마음. 내일이 없기를. 아 슬프다.

(26) 제목: 회사에 입사해서 본 세상~

　　　작성자 : wealthy, 등록 : 2001.12.25　00:21

제가 있는 곳의 회사 사장은 취미가 면접이죠.

(직원들 말에 의하면) 별루 좋지두 않은 회사지만 취업난 때문에 누구 나가면 또 사람 뽑으면 되니까 사람 귀한지 몰라요. 저랑 같이 며칠 전에 입사한 사람 3명 중 두 명이 그만두었죠. 회사에 비전이 없으니까. 남아 있는 사람 중에는 능력 있어 보이는 사람이라서 여기 있기엔 너무 아까운 직원들두 있어요. 백수 탈출한 지 얼마 안되지만 요즘 경영자들 정말 인간미가 없는 사람들인 거 같아요. 요즘 구직자들이 물건으로 보임에 틀림없어요. 덤핑에 팔려가는 물건요. 서글프네요.

(27) 제목: 아니 도대체 이유가 무언가?

　　　작성자 : joephoenix, 등록 : 2000.11.29　01:17

이력서는 줄기차게 넣습니다. 허나 연락은 한번도 오지 않습니다. 이쯤 되니 궁금하군요. 누군가 채용되기는 할 게 아닙니까? 혹 실수(?)라도 연락 한번 올 수 있는데, 어쩌면 단 한번의 연락도 안 오죠? 면접이라도 봐야 뭘 보여 주든지 할 것 아닙니까? 하긴 채용공고란에 신입이란 글자도 보기가 힘듭니다. 며칠 전엔 졸업하고 벤처기업을 차려 사업을 하고 있는(말이 사업이지 망한 회사나 다름없습니다. 투자를 받을 수가 없으니) 한 선배를 만났는데, 그 좋

아하는 소주를, 둘이서, 한 병밖에 마시지 못했습니다. 선배나 저나 가진 돈
이 없었기 때문이죠. 눈물이 나오려고 하더군요. 서로가 자존심이 강한 사람
들이라 '뭐 돈 없으면 마는 거지. 요샌 몸이 약해 술도 안 받는다'며 발걸음
을 돌렸지만 다음날 제 홈페이지에 그 선배가 글을 남긴 것을 보았습니다.
'널 보내고 집으로 오면서 왠지 모를 분노가 치밀어 올랐다. 그처럼 쓸쓸한
네 뒷모습을 처음 봤기 때문이다. 이것이 자본주의인가? 돈은 패기 있는 젊
은이를 저렇듯 쓸쓸하게 만들기도 하는가?' 그까짓 소주 몇 잔 더 마시지 못
해 드는 생각은 아니죠. 솔직히 이러한 생각이 드는 자체가 더 화가 납니다.
그것이 더 자존심 상한단 말입니다.

(28) 제목 : 오늘부로 구직 때려치운다
　　작성자 : baishou, 등록 : 2002.12.31 23:30
면접 보러 갔더니 얼굴에 개기름 좔좔 흐르는 ××가 그러더라. 구인광고에
분명히 사무직이라고 해놓고서는 그 돼지같은 주둥이에서 감히 아웃바운드
영업이라는 소리가 나오더니. 그래, 거기까지는 뭐 그렇다 치자. 그런데 뭐
기본급이 없단다. ××. 기본급이 없으면 사장 ×대로 줘도 된다는 뜻이지.
법정최저임금도 못 받을 각오를 할 만큼 그 일에 끌리지도 않았다. 이것들은
도대체 사원을 모집하려는 건지 노비를 모집하려는 건지 구분이 안 간다. 어
떤 아르바이트 광고는 이런 것도 있다. 아침 8시부터 저녁 8시까지 근무. 한
달 급여 50만 원. 무슨 떼돈을 벌겠다고. 나 집에 땅 있다. 농사도 지을 줄
알고 경운기도 몰 줄 안다. 일년 땅 파면 내 입에 풀칠할 건 나온다.
이 노무 썩어빠진 자본주의 사회. 돈세상을 뒤엎어라!

자본주의에서 돈 없고 일 없는 사람은 물건이며 '노비'다. 이들은 이 세
상이 돈세상이라는 자본주의의 원리를 뼈 속까지 체험한다. 돈(없음)은 젊
은이의 패기를 좌절로 바꾼다. 돈(있음)은 추함을 아름다움으로, 구린내를
향수로, 고통을 편안함으로, 굴종을 권위로 바꾼다. 누가 가르쳐주지 않아

도 경험을 통해 스스로 알아간다.

　그래서 그들은 처절하게 일자리를 구한다. 그렇게 구한 일자리에 무한한 행복을 느낀다. 절규로 들릴 만큼 몸부림친다.

(29)　제목 : 행복이란??
　　　작성자 : sadoseja36,　등록 : 2002.1.15 23:50
　전 오늘 행복합니다.

매장을 뒤집는 그 난리 속에 셀 수 없는 소파와 의자를 나른 뒤에도 너무 힘들다는 말이 연속해서 나와도 정말 이렇게 힘든 일은 첨이라는 말이 나와도 오늘 오늘 오늘은 전 행복합니다.

모든 희망을 잊어버려 이젠 모든 걸 잊고 싶어 삶을 세상을 놓으려고 했지만 어머니 어머니란 단어 하나 때문에 세상을 놓지 못했던 내가 오늘 세상이 아직 나를 필요로 하고 있다는 사실 때문에 너무 행복합니다.

50군데 넘게 넣었던 원서 그리고 4군데의 면접. 삶의 절망 끝에 선 저에게 며칠 전에 시작한 가구배달은 저에게 희망입니다.

"미스타 오 이 가구 나사가 빠졌어. 이 나사 좀 끼워 줘! 그리고 오늘은 더블 침대야. 할 줄 알지? 난 미스타 오만 믿어!!"

세상이 날 필요치 않다고 생각한 저에게 저의 도움이 필요한 사람이 있다는 사실. 전 행복합니다. 작은 곳에서도 전 세상에 필요한 존재니까요 아무리 하찮은 일이지만 제가 세상에 필요한 존재라는 사실을 느끼는 것 그 하나만으로도 전 행복합니다.

그리고 이젠 희망이 있습니다. 얼마 전까진 잊어버렸지만 우린 아직 아직 아직 정말 아직 희망을 잊어버리기엔 너무나 어린 나이잖아요

행복은요? 아주 가까이에 있어요 여러분이 느끼지 못하는 순간 그 순간 아주 짧은 순간에 여러분 곁에 있을 겁니다.

전 믿습니다 여러분을. 그리고 내 자신을. 100퍼센트 제 자신을 믿습니다.

그리고 그리고 여러분 하루하루 삶을 투쟁과 쟁취란 단어로 가득 채우며 살

고 있는 여러분이 행복이란 그 단어를 곧 알 것이라는 사실을 120퍼센트 믿습니다!!

(30) 제목 : 답변 – 갈켜주세요 제발!
　　작성자 : csyskim, 등록 : 2001.12.13 21:05
1. 취업회사의 홈페이지는 필히 열어보시고 회사연혁, 주요제품, 사훈, 연간 매출액, 총자산 규모 정도는 알고 가셔야
2. 전공에 관한 주요용어를 조리 있게 발표하는 것은 기본
3. 경영관련 용어(지식경영, 벤치마킹, 아웃소싱, 핵심역량 등) 의외로 대답 잘 못하더군요
4. 자신의 취미, 특기에 대해 자신 있게 얘기할 수 있고
5. 나름대로 읽어본 양서 제목, 줄거리 요약 발표(1~2분)
6. 존경하는 사람, 이유
7. 깨끗한 인상(단정복장, 두발, 흰색양말 조심, 표정관리 등)
8. 자기소개말 정도는 영어로(또는 제2외국어)
9. 무엇보다 가장 중요한 건 자신을 시장에 내놓은 상품이라 생각하고 팔릴 수 있도록 성의를 다해야 합니다. 상대방 입장에서 어떤 사람을 뽑을 것인가 생각해보는 게 중요하겠죠
채용현장에 있는 사람으로서 취업준비생 여러분께 조금이라도 보탬이 될까 해서 올려보았습니다(오늘 처음 와봤는데 이 정도로 심각한 줄 몰랐습니다)

이 사람(아이디 csyskim)은 회사의 인사담당 부서에서 일하는 사람으로 추측된다. 인크루트라는 취업사이트에는 취업하려는 사람뿐만 아니라 사람을 구하는 회사의 인사담당자들도 방문한다. csyskim은 게시판에 들러, 면접 시 어떻게 해야 하는지 자세히 알려달라는 한 네티즌의 질문에 대해 실업자들에게 조금이라도 도움을 주기 위한 취지로 현장에서 겪은 체험담

을 성심성의껏 알려준 것이다. 따라서 이 사람의 의도는 매우 진지하고 성실하며, 농담이나 장난기가 전혀 섞여 있지 않다는 점은 위의 글을 보아도 쉽게 알 수 있다. 그런 사람이 아주 진지하게 "무엇보다 가장 중요한 건 자신을 시장에 내놓은 상품이라 생각하고 팔릴 수 있도록 성의를 다해야" 한다고 말했다. 노동력이 객관적으로 상품일 뿐 아니라 이러한 사실이 그의 의식에 깊숙이 침투해 있음을 알 수 있다. 그리고 그것이 "무엇보다 가장 중요"하다고 말하고 있다. 현실에서는 그렇게 해야만 (경쟁이 아니라 전쟁인) 노동시장에서 취업을 할 수도 있고 직장에서 살아남을 수 있다는 점을 그는 누구보다 생생하게 전달해주고 있다.

　'취업전쟁'의 시대에 다들 '눈높이'를 낮추라고 말한다. 하지만 이미 대부분의 백수와 백조는 눈높이를 낮출 만큼 낮췄다. 문제는 눈높이가 아니라 일자리다. 일자리가 없다는 것이다.

(31) 제목 : 고졸 사원으로 들어갈려구여~~
　　　작성자 : pifnell, 등록 : 2001.11.11 15:42
　　ㅋㅎㅎㅎ… 자격증 4개에 토익도 쬐끔 하는데여.
　　구래도 쩝 쓸 만하게 할 일이 없더군여.
　　4년째 이것저것 하다가 시간만 보냈는데여.
　　모 공장에 생산직 자리가 났는데여.
　　고졸 월급도 대기업 못지 않더군여.
　　낼 고등학교 생활기록부 떼로 감다. 여러분 추카해 주세여.

　눈높이 말고 또 다른 문제가 있다. 그것은, 어느 일자리든 사람이 일을 할 만한 환경과 조건이 갖추어진 일자리라야 한다는 것이다. 온갖 질병과 직업병이 뻔히 내다보이는 열악하기 그지없는 환경에 임금마저 적다면,

그런 회사나 공장에 누가 일을 하려고 하겠는가? 그런 조건과 환경을 만들어놓고 사람을 구하는 사장은 자기의 아들과 딸은 거기에 데려다놓고 일을 시킬 수 있는가? 사람이 일을 할 수 있는 환경과 조건부터 만들어놓아야 하지 않을까? 사람이 짐승은 아니지 않은가? 치열한 경쟁 때문에, 비용을 절감해야 하기 때문에 어렵다고 말하는 사람이 있을지 모른다. 하지만 그건 엄밀히 말하면 비용 문제가 아니다. 사장(자본가)이 자신의 이윤을 조금 줄이면 해결할 수 있는 문제다. 그렇게 하지 않는다면? 그렇다면, 사장은 종업원의 건강을 빼앗은 대가로 이윤과 부를 쌓아올리고 있는 셈이다. 30년이나 지나 또 다시 '전태일'을 언급해야 하는가?

　정부와 언론은 청년실업을 주로 4년제 대학 졸업자의 실업문제로 보고 있는 듯하다. 전문대 졸업자의 취업률이 4년제 대학의 취업률을 훨씬 앞선다고 대대적으로 보도하고 광고하는 것을 보면 알 수 있다. 하지만 기업이 왜 4년제 대학 졸업자보다 전문대 졸업자를 선호하는지, 진지한 고민은 없어 보인다. 아래의 증언을 들어보면, 전문대의 높은 취업률은 사실과 많이 동떨어져 있음을 알게 된다.

(32)　제목 : 어느 전문대생 백수와 스타크래프트
　　　작성자 : cuntas, 등록 : 2001.9.11　19:42
　　나는 백수다.
　　부산에서 취업률 젤 높다는 그 학교를 졸업했다. 누굴 원망하고 싶진 않다. 대신 취업률 백 프로 어쩌고 함서 지금도 뭇 고딩들을 유혹하는 그 학교가 미울 뿐이다. 취업률 백 프로의 신화를 아는가? 학교 조교나 교수, 학생들의 취업에는 무관심했다. 난 진짜 그럴지는 몰랐다. 그저 알아서 하라는 부니기였다. 여서 잠깐, 왜 전문대 취업률이 높은지 아는가? 나중에 학꼴 가보니 취업률은 백 프로였다. 내 이름 옆에도 생전 보도 못한 회사가 떡 하니 올라서 나도 취업한 걸로 돼 있다. 아시는 분은 알겠지만 전문대의 고취업률은 학교가 취업시키는 것이 아니고 취업률 백 프로를 만든다. 그니까 열 명 중에 두 명 취업시키고 나머지 넘들은 다 편입했다고 아님 취업했다고 그럼(물론 보고용이다) 취업률 백 프로다.

(33) 제목 : 한빛은행 카드사업부에 대해서
　　　작성자 : windofsun, 등록 : 2002.1.3 12:29

한빛은행 카드사업부에서 간만에 남자 사무직을 모집하네요. 물론 정규직은 아니고 대학생 아르바이트와 주부도 가능하다는 것으로 보아 좀 냄새가 나는 것 같아서. 한빛은행 카드사업부나 아니면 다른 카드사업부에서 일을 하신 분이나 알고 계시는 분 있으면 꼭 좀 가르쳐 주세요.

참고로 전 전문대 졸업예정자인데 님들 주변에 전문대 갈려는 학생이 있으면 꼭 좀 말려주세요. 아무리 썩은 대학이라도 4년제를 가라고 해주세요. 전문대 취업률은 과장됐으며 조사를 해보면 공장의 단순노무직이나 주유소, PC방의 아르바이트, 편의점의 아르바이트, 공사판의 노가다꾼으로 취업을 해서 취업률이 높은 것이며 여자들은 월급 60만 원의 경리로 취직을 하여 커피심부름이나 카드회사에서 인/아웃바운드 고객상담이나 하는 처지입니다. 그리고 학교에서는 자기들이 돈 벌려고 취업률이 높다고 과대광고를 하여 신문사나 방송국이나 어디 유명 학원의 원장에게 돈을 주고 취업률이 높다고 보도해 달라고 하는 소문이 무성합니다.

(34) 제목 : 눈물
　　　작성자 : psycej809, 등록 : 2001.12.14 15:42

면접에 합격했단 전화를 받고 집에서 통곡을 했다. 절대 기뻐서가 아니었다. 불안했다. 뭐 하는 회산지도 모르고 무턱대고 될 대로 되라는 마음에 이력서를 넣은 곳이었다.

첫 출근. 왠지 모를 불안은 현실로 다가왔다. 커피를 쉴 새 없이 몇십 잔 탔다. 땀을 삐질삐질 흘리며 바닥을 쓸고 닦았다. 생전 안 해본 걸레질을 했고 안 빠지는 때 뺄려고 기를 써가며 걸레를 아주 오래 빨았다.

미스 김, 김양, 난 이렇게 불렀다. 사무실엔 단 둘이다. 면접 볼 때 본 그 사람. 기가 막혀서. 직원이 150명이라더니.

여기저기 인사를 하러 다녔다. 사장이 고등학교 나온 걸로 하자고 한다. 참 비참하더라. 난 지방에서 둘째 가라면 서러워하는 대학 나왔다. 물론 요즘 지방대학은 대학취급도 안 해준다지만.

가고 싶지 않았다. 구겨진 자존심 때문만은 아니었다. 이건 아니라고 생각했다. 하지만 다음날도 그 다음날도 난 출근을 했다. 딸 취직했다고 자랑하고 다니는 엄마가 너무 안쓰러워서. 엄마 옷 한 벌이라도 해 드리고 그만둬도 그만둬야겠다고 생각했다. 그렇게 5개월을 버텨냈다.

5개월 동안 내 눈물샘은 마를 날이 없었다. 다방레지가 시키는 대로 하라는 소리에 서러워서 울고 유니폼 입고 통장 들고 은행가는 게 넘 싫어서 울고 개나 소나 다 대놓고 말 까는 게 억울해서 울고 친구들이 하는 일이 뭐냐고 물으면 이리저리 말 돌리느라 정신없는 자신이 비참해서 또 울었다. 못났다고 욕하지 말길. 다 혼자서 삼킨 눈물이었으니까.

(35) 제목: 흐르는 세월

　　　작성자: i11960102, 등록: 2001.12.29 00:53

다가오는 2002년도 취직된다는 기약 없이 흘러가겠죠 상반기는 경기가 호전될 기미가 안보이고 중반기는 월드컵 치른다고 거기에 모두 정신 빠져서 취직이 그리 쉽지 않겠죠~ 하반기에는 2001 졸업생 2002 졸업생 2003 예비 졸업생. 취업대란 속에 되는 놈만 취직되겠죠 어찌 하오리까.

'차라리 고졸 학력이 끝이다'라고 생각하고 반 노가다, 아니 완전 노가다라도 할 각오가 돼있다면 일자리도 많겠거니와, 속편할 거 같지만, 되도 아닌 대학 나와서 벌써 2002년을 바라보니 참으로 가슴 미어집니다. 어찌 하오리까!

대학에도 '되도 아닌' 대학이 있다. 대학을 다닐 때는 몰랐겠지만(또는 애써 모르는 척했거나 잊어버리고 있었겠지만) 대학을 졸업하고 나면 대학의 서열화가 엄연히 존재하고 대학의 이름에 따라 취업이 결정된다는 현실을, 특히 '되도 아닌' 대학의 졸업자들은 뼈저리게 느끼게 된다. 그 대학의 졸업장은 자신과 가족의 명예가 아니라, 자신의 인생을 평생 따라다니는 '멍에'가 된다. '노비문서'가 따로 없다. 한국사회에서는 그게 바로 노비문서다.

(36) 제목 : 대기업에게 고함!

　　　작성자 : sarang636, 등록 : 2001.10.31 17:24

대기업 인사관계자 여러분께 고합니다.

요즘처럼 각 기업체에 많은 인재들이 모이는 시기에 한번에 몇 천 명, 몇 만 명의 인재들의 이력서와 자기소개서를 아주 꼼꼼히 정말 꼼꼼히 살피시고 심사숙고(?)하시느라 얼마나 고생이 많으십니까? 정말 입사지원자 중 한 사람으로서, 그리고 국민의 한 사람으로 여러분들을 존경할 뿐입니다.

개인적으로는 지방국립대에 보잘것없는 학점과 영어성적, 자격증으로 여러분들 앞에 나설 수 있는 기회라도 주어졌다는 것만으로도 그저 영광일 따름입니다. 그 긴 자기소개서까지 읽어주신 성의만으로도 전 고개를 숙일 수밖에 없겠죠

그런데, 그런데 말입니다. 입사 경쟁률이 거의 100대 1을 넘는 요즘 다 아시지 않습니까. 그런 시기에 굳이 지원자격을 대졸로만 한정시킬 필요가 있나요? 아예 이렇게 하심이 어떠실지.

－ 대기업 지원자격 －

1순위 : 해외유학파

2순위 : 석·박사

3순위 : 서울 일류대 출신(어학성적 미취득자 응시가능)

4순위: 서울 이·삼류대 그리고 지방대(단, 토익 800 이상, 토플 600 이상)

이렇게 된다면 저같은 어중이떠중이는 아예 그 쪽네 기업 근처도 안 갈 텐데 말임다. 괜히 불쌍한 미취업자들 시간낭비, 돈낭비, 정신적 에너지 낭비시키지 마시고 이렇게 지원자격을 첨부터 제한시키시죠?

물론 잘난 것도 없는 제가 이런 말하는 게 제 얼굴에 침 뱉는 거나 다름없을 수도 있겠죠. 그치만 이 사회가 1 % 엘리트들만을 위한 세상은 아니지 않습니까? 평범한 미취업자들의 상한 마음을 생각하신다면 이런 냉소는 기꺼이 받아도 괜찮을 듯 싶습니다.

그래도 전 좌절하지 않습니다. 오히려 하루하루 깊이 있는 자기성찰과 미래설계의 기회를 톡톡히 맞이하고 있는 셈이니까요. 밑바닥부터라도 성실한 마음가짐으로 일할 생각입니다.

그렇다. 위의 말처럼 어떤 사회도 소수의 엘리트만을 위한 사회는 아니다. 그래서도 안 된다. 학력으로 말하면, 이 사회가 일류대 출신만을 위한 사회이어서는 안 된다는 말이다. 하지만 현실은 그렇지 않다. 그래서 사회의 대다수는 더욱 깊은 좌절을 겪는다.

(37) 제목: 학력이 그 사람의 업무능력과 동일한 판단기준입니까?

　　　작성자: 030300, 등록: 2003.12.8 14:50

학력은 조금 더 배운 것일 뿐 그 사람의 업무능력이나 자질의 판단기준이 되어서는 안됩니다. 그만큼 실력이나 능력이 안 되면 학력은 간판일 뿐 그 사람을 판단하는 기준이 될 수 없습니다. 우리나라 미래가 걱정입니다. 대학에서 배운 게 고작 그겁니까? 벼는 익으면 머리를 숙이는 법이라는 걸 아실 겁니다. 학력 편견하는 한심한 중생들님, 이 나라가 이 모양인 거는 당신들같은 속물 때문에 이렇게 된 겁니다.

한 예로 서울대를 생각해 봅시다. 세계 대학 중에서 몇 위 안에 드는 대학인지 아시는지요? 학력 차별하는 그런 생각하기 전에 이 나라의 현실을 어떻게 자기 분야에서 바꾸어 갈까를 생각해야지 대학에서 배운 게 고작 그런 건가요? 우리나라에서는 고졸 및 전문대졸 및 2류 3류 대학졸업자들은 영원히 학력의 벽을 넘을 수 없습니다. 기회가 안 주어진다는 말이에요 아이디어개발, 능력, 다 좋습니다. 하지만 우리나라는 현실적으로 고졸 및 전문대졸 및 2류 3류 대학졸업자들은 그저 서울대 졸업자들 시다바리나 하는 사람에 불과합니다. 저는 그 사람의 능력이나 자질, 끼 그리고 열정이 우선이라고 생각합니다. 학력은 우리들이 지금 입고 있는 옷과 같습니다 단지 무언가를 조금 더 배운 것에 불과합니다. 목적을 위한 준비일 뿐 껍질뿐인 가치 없는 것입니다. 단지 조금 넓은 안목과 지식을 쌓은 것일 뿐 그것을 올바르게 사용하지 않는 것은 차라리 배우지 못한 것보다 못하며, 공자님 말씀에 소동과 촌부, 늙은 이에게도 배울 것이 있다 하였습니다.

고졸과 전문대졸로 이 사회를 살아가는 것이 얼마나 삶의 치욕이고 고통과 번뇌에 빠져 쓰디쓴 좌절감을 느끼며 살아야 하는지 당신들은 아직 모릅니다.

결국 개인적인 차원에서 보면, 실업문제를 해결할 가능성은 그 개인에게 달려있다. 그리고 그것은 먼저 자신이 진정으로 하고 싶은 일을 찾는 데 있다. 다음에는 그 일에 '미치도록' 매달려 노력하는 데 있다. 바로 이 점을 백수와 백조 선배들이 권하고 있다. 돈 때문에 자신이 원하던 일을 버리는 사람은 언젠가, 그리고 아무리 늦더라도 대개 다시 그 일로 돌아오게 된다.

(38) 제목: 18개월의 백수 드디어 취업. 조그만 도움이라두 됐으면 해요
　　작성자: redsea77, 등록: 2002.1.25 02:11
한참이나 바라보고 있던 이곳에 드디어 제 글을 남기게 되는군요 아뇨, 몇 번인가 신세 한탄한 적이 있는 것 같네요
우선 동지 여러분 힘내시구여. 제 취업담을 소개하고자 합니다. 조금이라도

도움이 되시길. 전 28이구여 한번도 직장 경험이 없습니다. 토익 성적도 물론 없구요. 대구에 있는 4년제 대학 나왔구요

4학년 2학기가 되니 정말 눈물나더군요. 이력서 넣어볼 곳두 없구 넣어두 연락 없구. 휴학했져. 글구 취업 잘 된다던 IT학원(250만 원짜리) 다녔죠 그걸로는 어림없는 소리더군요. 취업 잘 된다던 외국자격증 땄져(돈 아깝더군여). 셤 한번 치는데 10만 원. 헐. 그걸로두 어림없더군요. 졸업하구 놀기 머해서 국비지원 IT 또 들었져. 공돈이라 생각해서. 어림없더군요

그때부터 취업원서 아무 데나 내기 시작했어여. 잡코리아, 인크루트, 스카우트, 하루에 10시간씩. 거의 노동이었져. 아무 데두 연락 없더군요

답답한 마음에 아무 일이라두 하겠다구 친구가 먼저 입사한 제약회사 영업직 지원했죠. 1차 서류 합격하구 2차 면접 1등으루 합격하구 3차 면접 포기했어여. 왜냐구요. 이건 아니다 싶더군요. 제약 영업이란 거 저같은 사람 한 달두 못 버티겠더라구요. 2차 면접이 영업현장 다니면서 같이 보구 느끼구 하는 거였는데. 정말 아니꼽더군요. 글구 약국 앞에서 서성거리는 영업사원. 벌래 보듯 하는 약사. 쩝. 전 도저히 못하겠더군요. 그래서 포기.

두 번째 연락 온 곳은 AIG 생명보험. 여러분두 많이 보셨죠 제가 본 곳은 서울역 근처 대한생명 빌딩 맞은편. 면접 본 사람이 매니저라는 사람인데 회사 자랑을 무쟈게 하더군요. 솔깃했어요. 자기 회사는 영업사원 전부가 4년제대졸 이상이며 모두 봉급이 2000 이상이라더군요. 헐. 외국회사라 4대 보험은 없구 3개월 동안 90만 원 기본급으루 주구 그 뒤부턴 월급이 없다더군요. 하여튼 미국 최대 보험회사. 이 말에 혹 했죠 입사 결정 나구 여기 저기 알아봤죠 정말 좋은 회사더군요. 성공한 사람두 있구 근데 그 성공한 사람이 정말 몇 안된다는 게 문제죠. 다단계같다는 느낌이 들었어요. 매니저들이 사람 뽑구 뽑은 사람이 영업해오구 지쳐서 나가구 또 사람 뽑구. 머 그런 식으루 돌아가는 것 같더군요. 그래서 또 포기.

세 번째는 기술영업. ERP컨설팅 쪽 일이었어요. 정말 운 좋게두 이력서두 내지 않았는데 연락이 왔더군요. 근데 2차 면접 보구 실망감두 크구. 헐. 도저

히 용기가 안나더군요. 또 포기.

흐흐 it계열 쪽으로 세 번의 면접(다 이력서 보구 연락이 왔더군요). 모두 참패. 그 후로 백수생활 6개월. 정말 비참했죠 애인한테 용돈 받아쓰구 새벽 4시 까지 취업사이트 보다 열 받구. 포트리스하구 스타하구 잠들구. 12시에 일어나서 식은 밥 챙겨먹구. 슈퍼 가서 담배 사구. 정말 인간이 할 짓이 아니더군요. 학교에서 배운 거 다 까먹구 학원서 배운 것두 다 까먹구.

그러다 이건 정말 아니다 싶더군요. 맘을 고쳐먹었죠 이렇게 1년만 더 지내면 내 인생 모든 게 끝장날 것 같았죠. 학원이라두 다시 갈까 생각했지만 그건 아니다 싶더군요

그래서 월급 포기. 노동시간 포기. 무작정 들어가야겠다구 그치만 제가 하고 싶은 일만은 포기하지 않았어요. 돈 안 받아두 좋구 일 많이 해두 좋구. 암튼 그 생각루 다시 이력서 넣기 시작했어여. 희망연봉 50만 원. 연락이 오더군요. 고졸이든 나이제한이든 상관 않구 직종만 보구 넣었어요. 그리구 전화 오면 어떤 일 하는지만 물어보구. 다른 건 다 상관없다구 했져.

면접 보면서 희망 연봉 물어보길래 돈 안줘두 상관없다구 했어여. 물론 그렇친 않지만. 흐흐 일만 할 수 있다면 배워서 경력만 싸이면 그게 연봉보다 낫다구 생각했어요. 사장님이 그러시더군요 버틸 수 있겠냐구? 특히나 IT라는 직종 신입은 무쟈게 괄시받져. 전 글케 말했어요. 비싼 학원비 내구 갈 바엔 돈 안받더라두 회사에서 배우겠다구. 글구 회사에 남겠다구.

오늘 합격 통보 받구 월욜부터 전 출근합니다. 정말 그럴 생각입니다. 아직 월급두 모르구 복지나 그딴 건 하나두 모르지만 학원보단 낫겠지 하구. 이빨 깨물구 2년만 버틸 겁니다. 그리구 2년 뒤에 당당하게 경력직으루 다시 도전할려구 합니다.

다행인지 회사분위기가 넘 좋구 업무두 맘에 들구 특히나 사장님과 이사님 과장님들 넘 좋더군요. 열심히 할 겁니다. 절 폐인에서 구해주신 곳이니까. 여기에서 눈높이에 관한 글 많이 보았습니다. 연봉 1500. 헐 저두 안간다구 생각했습니다. 4년대학 1년에 1000만 원씩 처박으면서 공부했는데. 이젠 연

봉 100만 원이라두 갑니다. 지방 3류대. 빵점 토익. 그거 해결할 방법은 경력
밖에 없다구 생각되더군요. 2년 후엔 당당히 2000만 원 부를 겁니다.
여러분 파이팅. 아마 제가 이곳을 찾게 될 때는 2년이라는 경력이 쌓인 뒤가
되길 빌어주십시오. 그럼 그때까지.

이 사람은 모든 것은 포기해도 자기가 하고 싶은 일만은 포기하지 않았
다. 그 일이 진정 자신이 하고 싶은 일일 경우에는 결코 포기해서는 안되
는 것이다. 돈은 대개 열심히 일을 하면 나중에 따라온다. 따라오지 않더
라도 돈만 쫓는 인생은 불행하다. 자신이 하고 싶은 일을 쫓아가야 한다.
그리고 돈은 좀 고약한 것이어서, 돈만 따라가면 돈은 늘 도망간다.

(39) 제목: 나의 꿈을 찾아서?
　　　작성자: KOSNEY, 등록: 2003.05.17 02:50
저는 올해 35살의 건장한 남성입니다. 저는 어렸을 때 꿈이 요리사였고 어느
정도 경험을 가진 후 제 이름으로 된 레스토랑을 갖는 게 꿈이었습니다.
하지만 세상이 이런 꿈을 많이 막더군요. 우리의 어린 시절 부모님의 말씀,
선생님의 말씀은 대학을 가야 성공한다, 과연 성공이란 무얼까요? 결국 저는
고등학교 졸업 후 바로 요리라는 산업현장을 포기하고 세상과 타협을 하였습
니다. 그래도 조금이라도 관련이 있을까 해서 식품공학과를 가게 되었습니다.
그래도 제 머리 속엔 항상 언젠가는 그 길로 가고 싶은 욕망이 가득 찼습니다.
그러한 생각 때문에 학교생활이 재미가 없었습니다. 그러다 군대 입대를 하
였습니다. 군대에서는 평소 저의 꿈인 음식에 접근할 수 있는 취사병 업무를
수행했습니다. 너무나 기뻤습니다. 군 제대할 무렵 저는 고민을 하였습니다.
군대에 취사에 관련된 분야로 못박을 수 있다는 말에 이게 내 인생의 전환점
인가 생각하고 주위의 자문도 구해보았습니다. 하지만 세상은 또 제가 그 길
로 가는 걸 허락하지 않았습니다. 저는 또 저의 꿈을 저버렸습니다.

군대를 제대하고 대학을 졸업하고 세계 굴지의 다국적기업의 식품관련 유통 회사에 근무하게 되었습니다. 그 회사에 입사한 것도 저의 꿈을 실현시킬 수 있는 동기가 되지 않을까 생각해서입니다. 한 3년간 인정을 받으면서 진짜 열심히 일했습니다. 그러다 어느 날 문득 저는 제 자신이 다른 쪽으로 가고 있다고 생각했고 그 격차는 근무하면 할수록 벌어진다고 생각하고 과감히 회사에 사표를 제출하고 요리를 공부하고 경험한 후 창업에 도전하기로 마음먹었습니다.

용기를 내어 사표를 내고 도전했지만 사회는 또 저를 타협의 길로 들어서게 만들었습니다. 요리가 아니라 식품유통의 길로 창업을 하게 되었습니다. 물론 그쪽 분야의 경험도 있었고 노력도 많이 했지만 세상은 냉정했습니다. 사기꾼도 많고 여러 가지 요소로 인해 3년만에 빚만 가득 지고 회사를 정리하고 사귀던 여자친구와도 헤어지게 되었습니다. 저는 세상이 원망스러웠습니다. 물론 제 자신의 능력부족에 대한 좌절감도 심해져만 갔고요

장남으로서 연로하신 부모님에 대한 책임 때문에 다시 직장생활로 돌아가기로 마음먹고 이력서를 몇 군데 넣었습니다. 물론 과거의 경력 때문이지 서류전형은 통과했지만 회사에서는 거의 싼 임금만으로 채용하려고 했습니다. 저는 해결해야할 빚도 많았던 터라 그런 터무니없는 임금으로는 도저히 답이 안나온다 판단하여 제 스스로 입사를 3번이나 거절했습니다. 저는 생각했습니다. 이게 한국의 잘못된 교육현실과 사회현상에서 오는, 겪어야만 하는 위기라고 판단했습니다. 참 우리 국민은 노력한 죄밖에 없는데 현실이 너무 가혹한 거 같습니다.

그래서 저는 충분히 생각하고 고민한 후에 더 늦기 전에 저의 꿈의 길을 가기로 마음먹었습니다. 오전에는 고용보험 실업자에게 국가에서 제공하는 요리학원을 다니고 있고 오후 이후 새벽까지는 식당에서 보조로 근무하고 있습니다. 저는 과거 어느 때보다 행복합니다. 그동안 여러 번 선택의 갈림길에서 선택하지 못한 저의 길을 가고 있기 때문입니다. 물톤 현새 급여는 과거 직장생활에서 받던 급여와 비교하면 절반에도 미치지 않아 진 빚을 갚을

걸 생각하면 답이 안나올 수 있으나, 저에게는 지금 열정과 꿈이 있기에 너무나 행복합니다.

과거를 돌이켜 생각해보면 진리가 있더군요. 우리가 흔히 말하는 성공자들의 공통된 사실을 보면 자기가 열정을 가진 관심분야에서 거의 성공했다는 것이고 오히려 학력은 떨어진다는 사실입니다. 그리고 시작점에서는 남보다 떨어졌지만 몇 년 안에 역전시키고 큰 결과를 만들었다는 사실입니다. 또 그분들의 공통적인 사실은 세상의 눈을 의식하지 않았다는 것입니다. 흔히 우리 주위에는 체면 때문에 자기의 길을 가지 못하는 분들이 많습니다. 이렇게 한국에는 이른바 체면이라는 망국병이 형성되었습니다. 오죽하면 수많은 젊은이가 아까운 목숨을 버리겠습니까?

저는 현재 요리를 배우면서도 이 나이가 늦지는 않았을까 생각해 보았습니다. 같이 요리를 배우시는 분 중에 한 50살 가까이 되신 분이 계신데 그분도 역시 대기업을 다니시다 이게 아니다 판단되어 잘리기 전에 과감히 사표를 내시고 지금 다시 요리 배우는데 열중하시면서 세상 어느 때보다 행복하답니다. 그러면서 제가 부럽답니다. 자신이 저 정도의 나이에 그런 판단을 했다면 더 빨리 여유를 찾았을 텐데 하고요.

항상 우리는 선택의 기로에 서있습니다. 마음먹고 선택하는 순간이 새로운 인생의 시작이며 그 삶이 진정한 삶인 것입니다.

저는 지금 너무 행복합니다. 세상이라는 험한 다리에서 돌도 맞아보았고 여자에게 배신도 당해보았고 가족에게 욕도 엄청 먹어보았으며 친구들이 저를 피하기도 하였습니다. 이제는 잃을 것도 없습니다.

이 절망의 상황에서 저의 꿈을 키워나가고 있는 저는 세상 어느 때보다 행복합니다. 그리고 과거의 친구는 모두 떠났지만 새로운 좋은 친구들을 많이 만나고 있습니다. 오히려 저에겐 새로운 친구들이 과거 제가 오래 알던 어떤 친구보다 소중한 분들입니다. 진정한 고민을 극복하고 자신의 길을 가는 분들이기에. 언젠가 이분들이 세상을 역전시키고 반석 위에 우뚝 섬을 보게 될 것입니다. 인생역전은 로또가 아니라 바로 이러한 분들의 삶이 아닐까요?

지금도 수많은 젊은 분들이 꿈을 잃고 사회의 통념과 체면 속에서 스스로 절망도 해보고 괴로워하면서 단련해가고 계실 겁니다. 젊은 나이에 일찍 그런 경험을 가진다는 것은 진정코 인생의 긴 마라톤에서 어쩌면 축복일지도 모릅니다. 자 축복 받은 분들이여! 이제는 본인의 꿈을 실현시킬 장기전략을 세우고 하나씩 준비해 가십시요. 위기는 새로운 기회인 것입니다.

(40) 제목 : 백수 백조님들, 보수보다는 하고 싶은 일을 찾으세요
　　작성자 : kimzart, 등록 : 2002.11.12 22:16

요새 이 곳에 글 쓰는 게 재미있어져서리.

백수 백조님들께 한 가지만 묻겠습니다. 남의 돈 받고 하는 일 중에서 즐겁고 재밌는 일 있으면 말씀해 보시길. 당연히 없습니다. 남의 돈 먹고 하는 일이 재밌다면 그 놈은 미친놈입니다. 보통 때 재밌게 하던 일이라고 해도 막상 그게 직업이 되고 좋건 싫건 해야 하는 일이 되고 또 남의 돈을 받고 하는 일이 되면 당연히 그 일이 짜증납니다(전 그래서 컴퓨터그래픽을 떨쳤습니다).

그리고 '작은 데라도 들어가서 열심히 일을 배워 보겠다'라고 해놓고 월급이 100만 원도 안된다고 불평하는 건 좀 웃깁니다. 취업해서 초봉이 100만 원이면 적은 건 아닙니다. 뭐 많다고 할 수도 없고. 요즘 세상에 100만 원은 돈 같지도 않은 세상이지만. 그렇게 생각한다면 월급쟁이는 안 해야죠

너 얼마 받고 싶냐라고 물으면 말로는 그냥 주는 대로 받겠다고 하지만 사람 마음이 사실 많이 받고 싶은 건 당연합니다. 얼마쯤 주면 좋을 텐데라는 생각은 누구나 있을 겁니다. 하지만 무슨 일을 하면서 살고 싶냐는 질문에 딱 부러지게 대답할 수 있는 사람은 드물더군요

우선 급한 건 취업하는 게 아니라 자기가 하고 싶은 일이 뭔지 그것부터 알아야 합니다. 대학 졸업했으니 취업해야지라는 단순한 생각으로는 아무 것도 못합니다. 어디 취업해도 사실 모든 게 마음에 안 들고 불만만 쌓이고 오래 못 갑니다.

하고 싶은 일을 찾아서 돈 안 받아도 좋다는 생각으로 덤벼도 써줄까말까입

니다. 사실이 그렇고 냉혹한 현실입니다.

자기의 능력을 검증받고 싶고 또 그에 걸맞는 보수를 받고 싶은 거야 누구나 마찬가지지만 도대체 얼마나 잘 났길래 들어가자마자 남들이 자기 능력을 알아주기를 바란단 말씀이십니까?

일은 평생 해야 합니다. 한두 해 하다 그만둘 일이 아니라 죽을 때까지 해야 하는 게 일이고, 직장생활이건 사업을 하건 결국은 마라톤입니다. 초반에 엄청 잘 달리는 놈보다는 끝까지 꾸준히 달리는 놈이, 더 정확하게는 끝까지 배겨내는 놈이 이기는 겁니다.

지금 내가 무슨 일을 하고 싶은 건지, 또 난 그걸 위해서 어떤 준비를 하고 있는 건지 그것부터 생각을 해 보시길(어떤 일을 하건 외국어는 한두 개쯤 해 놓으면 당연히 좋지요).

아무튼 백수 백조님들은 건강에 신경 쓰시고 ― 젊음이 재산이니까요 자신이 하고 싶은 일을 찾아보시길.

(41) 제목 : 지금 힘든 당신에게

　　　작성자 : pyoys77, 등록 : 2003.7.31 21:12

'입사할 당시 동기가 100명 정도 있었다. 지금 나이 43살. 지금 내 주위에 있는 동기는 7명이 전부다'. 이 말은 얼마 전 유명그룹의 한 간부가 한 말입니다.

대기업을 선호하는 당신들이여. 대기업이 그 위치에 오른 것은 직원들을 그만큼 조직적으로 그리고 치밀한 계산 하에 통제함으로써 투자한 만큼의 가치를 뽑아냈기 때문입니다. 한마디로 대기업 가면 임금은 많은 대신, 이어지는 야근 등 힘든 업무와 스트레스에 시달리게 됩니다.

대기업에 대한 핑크빛 상상을 버리고 현실을 보세요. 당신에게 지금 일자리가 있습니까? 없다면 당신은 목표를 위해서 열심히 노력중입니까? 아니라면 당신은 다시 한번 뒤를 돌아보고 다시 시작해야 할 것입니다.

취업 후 느낀 것은 학창시절이 가장 편했고 행복했다는 것입니다. 2박3일의 휴가에 행복해하고 쥐꼬리같은 월급을 타면서도 내집 마련의 꿈을 위해 그

것을 쪼개서 적금을 들고 매일 아침 1분이라도 더 달콤한 잠을 자기 위해 아침을 굶고 이어지는 지각. 이들이 지금의 직장인이며 현재의 저입니다. 무작정 일자리를 찾기보단 보다 현실적이고 자기만의 개성을 살릴 수 있는 미래가 있는 곳을 신중히 찾아보세요 대기업만이 제일이 아니라는 것을 알게 될 것입니다.

이상 ××××공사의 ???였습니다. 좋은 결과 기도 드릴께여.-.-

서로 맥락은 다르지만, 위의 글은 한결같이 자신이 평생 행복을 느끼고 할 만한 일을 찾아내어 그 일을 이루기 위해 노력하라고 말하고 있다. 우리나라에서는 30대가 되어도, 아니 위의 예에서 보는 것처럼 50대가 되어도 자신이 진정으로 행복을 느낄 만한 일이 무엇인지 알지 못하고 살아간다. 모두 일류대에 가야 한다는 획일화된 학교교육 때문이다. 그리고 그들만을 우대하는 잘못된 사회시스템 때문이다. 물론 이런 사회시스템은 바꾸어야 한다. 여러분 혼자 그리고 당장 바꿀 수 없다면, 언제까지 잘못된 시스템 탓만 하고 있을 수도 없는 노릇이다. 그 시스템은 바로, 자신이 행복을 느끼는 일을 찾아 부단히 노력하여 성공하는 사람들이 바꾼다. 그들의 삶이 바로 그 증명이 되기 때문이다. 그리고 그들이 노력하는 과정에서 생각을 바꾸기 때문이다.

그리고 아무리 힘들더라도 서로 상처를 주고받는 일은 그만두어야 한다.

(42) **제목 : 오늘날 우리는**

작성자 : neodean, 등록 : 2003.3.7 13:08

오늘날 우리는 더 높은 빌딩과 더 넓은 고속도로를 가지고 있지만, 성질은 더 급해지고 시야는 더 좁아졌습니다.

돈은 더 쓰지만 즐거움은 줄었고, 집은 커졌지만 식구는 줄었습니다.

일은 더 대충대충 넘겨도 시간은 늘 모자라고, 지식은 많아졌지만 판단력은 줄었습니다.

약은 더 먹지만, 건강은 더 나빠졌습니다.

가진 것은 몇 배가 되었지만, 가치는 줄었습니다.

말은 많이 하지만, 사랑은 적게 하고 미움은 너무 많이 합니다.

우리는 달에도 갔다 왔지만, 이웃집에 가서 이웃을 만나기는 더 힘들어졌습니다.

외계를 정복했는지는 모르지만, 우리 안의 세계는 잃어버렸습니다.

수입은 늘었지만 사기는 떨어졌고, 자유는 늘었지만 활기는 줄어들었고, 음식은 많지만 영양가는 적습니다.

호사스러운 결혼식이 많지만, 더 비싼 대가를 치르는 이혼도 늘었습니다.

집은 훌륭해졌지만, 더 많은 가정이 깨지고 있습니다.

그래서 오늘 제가 제안하는 것입니다.

특별한 날을 이야기하지 마십시오.

매일매일이 특별한 날이기 때문입니다.

진실을 찾고, 지식을 구하십시오.

있는 그대로 보십시오.

가족들, 친구들과 좀 더 많은 시간을 보내십시오.

당신이 좋아하는 사람들과 좋아하는 음식을 즐기십시오.

당신이 좋아하는 곳을 방문하고 새롭고 신나는 곳을 찾아가십시오.

인생이란 즐거움으로 이루어진 아름다운 순간들의 연속입니다.

인생은 결코 생존의 게임이지만은 않습니다.

내일 할 것이라고 아껴 두었던 무언가를 오늘 사용하도록 하십시오.

당신의 사전에서 '언제가', '앞으로 곧', '돈이 좀 생기면' 같은 표현을 없애 버리십시오.

우리 가족과 친구들에게 자주, 우리가 얼마나 고마워하는지 그리고 사랑하는지 말하세요.

당신의 삶에 그리고 누군가의 삶에 웃음과 기쁨을 보태줄 수 있는 일을 미루지 마세요.

매일, 매시간, 매순간이 특별합니다.

당신이 너무 바빠서, 당신이 사랑하는 누군가에게 단 몇 분을 내지 못한다면, 그래서 '나중에 하지'하고 생각한다면, 그 '나중'은 영원히 오지 않을 수도 있다는 것을 스스로에게 말해 주세요.

그리고 저기 있는 그 누군가는, 지금 바로 당신이 그 사람을 사랑한다는 것을 알아야 하는 상황인지도 모릅니다.

많은 백수와 백조에게, 그리고 모든 사람에게 삶은 그 자체로 목적이다. 무엇을 위한 수단이 아니다. 그러니 살아야 한다. 취업하지 못했다고 해서 모두가 자살할 수 있는 것도 아니고 그래서도 안 된다. '모진' 목숨은 부모님이 주신 것이지, 기업이 준 것이 아니기 때문이다. 진정 자신이 행복을 느낄 수 있는 일을 찾는 것은 결국 삶의 희망을 찾는 일이다. 아무리 생각해 보아도, 가진 것이 아무 것도 없는 사람이 사는 길은 희망밖에 없기 때문이다. 아래에 희망을 찾으려는 '즐거운' 글 두 개를 소개한다.

(43) 제목: 백수의 돈벌이(퍼온 글)

　　작성자: jj2205, 날짜: 2003.9.2 14:09

* 피시방 알바

우리의 일만이천 백수들이 원하는 직 중 하나가 아닐까 생각하오. 게임도 하고 돈도 벌고 꿩 먹고 알 먹고! 뽕도 따고 님도 보고! 도랑 치고 가재 잡고! 마당 쓸고 돈 줍고! 방구 싸고 똥 싸고! 오줌 싸고 시원하고. 오? 이건 좀 아닌 것 같소. 암튼 좋은 돈벌이라오(알바는 피시방 알바까지만 백수의 영역이오. 다른 알바를 한다면 그건 더 이상 백수가 아닌 것 같소만).

* 노가다

일명 노가리! 남자백수들만이 할 수 있는 신이 내린 노동직이라오. 노가다의 가장 좋은 점은 하루만 나가도 된다는 점이오. 돈도 5만 4천 원~6만 원 가량 즉시불로 준다오. 한번 뛰면 생활력 있는 백수라면 능히 몇 개월 버틸 수 있소 또 하나의 장점은 노가다는 랜덤이라는 점이오. 운 나쁘면 폼작업하는 현장으로 끌려가서 허리 뿐지러지게 노가다 뛸 때도 있고, 어느 때는 의자에 편히 앉아 교통정리만 할 때도 있다오. 가장 좋아하는 노가리의 장점은 삼시 세끼에 간식까지 다 준다는 점이오!! 본좌가 가장 좋아하는 직이라오. 노가리 체질인가 보오.

* 돈 빌리기

백수생활 1년을 넘어선 분들 중 친구들한테 빚이 없는 분들이 없을 거라 믿소 말이 좋아 돈 빌리는 거지 그럴싸한 말빨로 빌려노코는 갚질 못하니 친구사이 끊어버리고 돈 빌리는 거나 마찬가지라오. 오호 통재로다. 친구사이에 그깟 몇 만 원이 뭐 대수라고. 충분히 엄청난 대수라고 생각하는 분 몇 있을지 모르오. 시끄럽소

* 일명 삥

백수생활에 진짜 땡전 한푼 없고 라면도 없고 당장 알바 구하기도 쉽지 않고 노가리 나갔더니 일자리 없어서 그냥 돌아온 날이 있소 본좌 어쩔 수 없이 거리를 배회하다 어떤 고딩이 지갑에서 만 원짜리 뒤서녀장을 만지고 있는 걸 보았소 본좌 그런 사람 아니오!! 어허!! 믿어주시오!! 그 길로 달려들어 삥을 뜯었다오. 본좌 이리 살아도 여태까지 살면서 누구한테 맞아본 적이 없소 고딩 때 킥복싱도 해보았고 유도가 2단이오. 쭉 찢어진 눈에 덥수룩이 난 수염. 떡이 된 머리. 추리닝에 쓰레빠. 그 고딩 녀석. 본좌가 동네 양아친 줄 알았던 모양이오. 삼천 원만 빌려달라고 말했는데 돈 다 주더이다.-_-;; 본좌 할 수 없이, 정말 할 수 없이 그 녀석의 성의라 생각하고 받아두었소 뭐 그냥 이런 방법도 있다는 걸 말해주고 싶을 뿐이니 자신 있으신 분 아니면 하지 마시오-_-;; 요즘 고딩 잘못 건들면 칼 맞으오.

* 병팔이

병팔이. 동네 어슬렁어슬렁 돌아다니다 보면 맥주병이나 소주병 등 많이 보

았을 것으로 아오. 발견 즉시 잽싸게 줏으시오. 한아름 모아 가겟방에 팔면 맥주병은 50원, 소주병은 30원씩 쳐준다오. 이거 꽤 짭짤하오.

여기서부터 본좌의 세 가지 독문지존 돈벌이를 알려드릴까 하오. 삼단계로 나눌 수 있으며 그 단계가 높아질수록 심오하며 돈벌이가 엄청나오. 경청하시오.

* 본좌의 독문수법 1

전국의 일만이천 백수의 더욱 안락한 생활을 영위할 수 있도록 본좌가 특별히 독문수법을 공개할까 하오. 일단 자기가 거주하고 있는 곳에 있는 국민학교를 다 파악해야 하오. 다 파악했으면 하루 날 잡아서 원정을 나가시오. 학교 내에 철봉 아래, 뺑뺑이 주위, 그네 밑을 발로 툭툭 차면서 파다보면 동전꽤 모으실 수 있을게요. 본좌 한번 원정 나갔다오면 평균 삼사천 원은 번다오. 중고등학교도 하면 안되냐 묻고 싶소? 본좌의 경험상 중고등학교는 일단 그네와 뺑뺑이가 없는 것으로 알고 있소. 또한 가장 격렬히 노는 건 국민학생이므로 그들의 운동장에서만 얻을 수 있는 수익이오. 주의할 것은 너무 자주 돌면 수확이 없소. 경험상 한달에 한번이 딱이오(본좌 국민학교에서 만원 짜리 지폐 한 장도 줏어본 적이 있소).

*본좌의 독문수법 2

이 수법은 난이도가 있고 위험하며 여름에만 이용할 수 있는 본좌의 독문직중 하나요. 우선 그물을 하나 빌려야 하오(포대자루도 괜찮다오). 그리고 동네로 향하시오. 돌아다니다 보면 거리를 배회하는 누렁이들이 꽤나 있을 것이오. 그물을 힘차게 던지시오. 팔면 수입이 꽤!! 짭짤하오!! 초복 중복 말복 그 사이에 개 값이 엄청나니 그때 파시오. 본좌같은 경우는 아는 개집주인과 친분을 쌓놔서 그 집에 판다오. 잡다가 개한테 물리는 수가 있소. 광견병 걸릴지 모르니 주의하시오.

* 본좌의 독문수법 3

이수법도 본좌의 독문직 중 하나요. 이것은 잘만 노리면 초대박이오. 우선 평소대로 사시오. 이것은 찾아오길 기다려야 하오. 내가 찾아서 하려고 하면 오히려 변을 당하는 수가 있소. 살다보면 분명 사람들과 충돌은 피할 수 없소. 어쩌다 말싸움이 걸리면 무조건 깐죽거리시오(집에서 뒹굴 때 거울이라도 보면서 깐죽거리는 연습을 충분히 해두셔야 하오). 상대방이 참으면 할 수 없는 것이오. 허나 상대방이 분에 못 이겨 한 대라도 치면 그대로 게임 끝난 것이오. 한 대 맞았으면 반격하지 말고 계속 깐죽거려야 하오 또 맞더라도 계속 깐죽거리시오. 절대 반격하지 말고 최대한 맞으시오. 다 돈이오!!! 어느 정도 맞았으면 주변 사람들한테 신고해 달라고 하거나 직접 신고하시오. 진단서 끊고 합의금 챙기시오(이빨 하나 뿌러졌으면 아주 대박이오 팔자 피는 것이라오. 돈 천만 원은 그냥 굴러오니 야메로 치과 하는데 가서 일이십만 원 주면 그럴싸한 가짜이 만들어주오 나머지 구백구십만 원 땡잡은 거요). 본좌 피시방에서 이 짓거리 해서 합의금 440만 원 받은 적 있소
주의사항 – 겁나 맞고 상대방 튀면 내 돈만 깨지는 것이니 맞으면서도 도망 못 가게 견제하시오 이 직업은 엄청난 인내력과 경지에 오른 깡을 요구하니 자신 있으신 분들만 하셔야 할게요

이 글을 읽은 독자가 여기 써있는 대로 하지는 않을 것이다. 나는 그렇게 생각한다. 위의 예처럼 하도록 권하기 위해 이 글을 실은 것이 아님을 독자는 알 것이다. 나는 그렇게 생각한다. 이 글은 오직 백수에게도 '희망'이 있다는 것을 보여주기 위해서 실었을 뿐이다.

(44) 제목 : 지하철 외판 아저씨(퍼온 글)
　　작성자 : 7182533, 등록 : 2001.5.14 03:55
　　#지하철의 희망 – 외판원 아저씨#
　　이 이야기는 지하철에서 본 너무나도 황당한 아저씨 이야기입니다. 물론 실화지요
　　집에 가려고 지하철 1호선을 탔습니다. 인천행이어서 자리가 많더군요 자리에 앉아 있는데 신도림 쯤에서 어떤 아저씨가 가방을 들구 탔습니다. 왠지

분위기가 심상치 않더군요 아저씨는 헛기침을 몇 번 하더니 손잡이를 양손
에 쥐고 가방을 내려놓고는 이야기를 하기 시작했는데, 이제부터 그 아저씨
가 한 말 그대로 씁니다.
'자 여러분 안~녕하쉽니까.'
'제가 이렇게 여러분에게 나선 이유는 가시는 걸음에 좋은 물건 하나 소개해
드리고자 이렇게 나섰습니다.'
'물건 보여 드리겠습니다.'
'자 플라스틱 머리에 솔 달려 있습니다. 이게 무엇일까여?'
'칫~솔입니다.'
'이걸 뭐 할려고 가지고 나왔을까여?'
'팔려고 나왔쉽니다.'
'한 개에 200원씩 다섯 개 묶여 있습니다, 얼마일까여?'
'천~원입니다. 뒷면 돌려보겠습니다'
'영어 써 있습니다. 메이드 인 코리아. 이게 무슨 뜻일까여?'
'수출했다는 겁니다.'
'수출이 잘 될까여?'
'망했쉽~니다.'
'자 그럼 여러분에게 한 개씩 돌려보겠습니다.'
그리고 아저씨는 칫솔을 사람들에게 돌리더군요 사람들은 너무 황당해서
웃지도 않더군요
그런데, 칫솔을 다 돌리고 나서 아저씨는 다시 말을 했슴다.
'자 여러분, 여기서 제가 몇 개나 팔 수 있을까여?'
'여러분도 궁금하시죠?' '저도 궁금합니다.' '잠시 후에 알려 드리겠습니다.'
그래서 저는 과연 칫솔이 몇 개나 팔렸는지 궁금했습니다.
결국 칫솔은 4개가 팔렸구, 아저씨는 또 다시 말을 했는데,
'자 여러분, 칫솔 4개 팔았습니다. 얼마 벌었을까요?'
'팔아 4천 원 벌었쉽니다.'

'제가 실망했을까여? 안 했을까여?'

'예. 쉴~망했쉽니다.'

'그렇다구 제가 여기서 포기하겠쉽니까?'

'다음 칸 갑니다!'

하면서 아저씨는 가방을 들고 유유히 다음 칸으로 가더군요

남아 있는 사람들은 거의 뒤집어졌습니다.

희망, 그 희망을 우리는 잃지 않아야겠습니다.

다음 칸이 있으니까요

우리에게 희망을 전해주는 고전(古典)을 소개하며 이 〈부록〉을 마친다.

희망이란

본래 있다고도 할 수 없고

없다고도 할 수 없다.

그것은 마치 땅 위의 길과 같은 것이다.

본래 땅 위에는 길이 없었다.

걸어가는 사람이 많아지면

그것이 곧 길이 되는 것이다.

                  – 노신(魯迅, 1881~1936년)의 '고향' 중에서 –

찾아보기

ㄱ

가변자본 59~60, 62~9, 71, 73, 76~77, 80~84, 86~94, 97~106, 109~14, 116~9, 121~3, 125~9, 131~3, 135~7, 139~3, 145~7, 149~51, 153, 155~9, 161~4, 169~74, 176~7, 181

가사노동 31, 33

가압류 197

경제성장 22, 64, 158, 161, 165, 173, 178

경제활동 25, 27~8, 31~6, 39, 43~7, 55

경제활동인구 18, 25~32, 34, 39, 42~4, 46~7, 54, 187

고용 19, 22, 27, 30, 38~40, 44~5, 51, 53, 58, 64, 66~9, 77, 100, 102, 104~6, 109, 135, 140, 158, 162, 164~6, 171, 173, 176, 178, 197, 201, 273

고용기회 52, 58, 105~6, 109, 135, 163, 165~6, 179, 182

고정자본 31, 59~60, 63, 66

과도노동 176, 178

구조적 실업 20

구조조정 8, 58, 64, 106, 169

구직활동 26, 29, 35, 37~40, 51, 53

국민계정체계 31

국제노동통계전문가회의 31, 35, 50~1

근로기준법 77

『기업경영분석』 110~2, 140, 156, 158, 163

기업회계 72~3, 76~7, 80, 83~4, 112

ㄴ

노동 32~7, 43, 45~7, 51, 53~5, 58, 60~1, 76, 86~7, 167, 170~1, 173, 175~7, 179, 181, 186, 203, 208, 214~5, 225, 270

노동가능인구 27, 34, 46, 173~5

노동력 20, 60~1, 63, 66, 86, 106, 116~7, 165~6, 170~1, 173, 176, 178~81, 263

노동무능력자 180

노동법 45~6

노동부 18~9

노동생산성 64, 68~70, 174, 180~1

노동시간 36, 41, 50~1, 53, 64, 181, 214, 216, 271

노동시장 19~20, 162, 263

노동의 수량적 유연화 55

노동의 유연화 58

노동인구 34~7, 44, 51, 179

노동자 16, 33, 36, 49, 53~5, 58, 60, 80~1, 84, 86, 88, 90, 104, 121, 125, 135, 140, 164~7, 172~82, 185~6, 188, 191, 196~7, 214, 216

노동쟁의 26, 40

노동조합 177, 196~7

노동탄압 196~7

노사정위원회 214~5

노숙자 43, 180, 186, 188
노점상 45, 191

ㄷ

대기업 8, 71~3, 82, 97~8 101, 109, 153~5,
    168, 179, 219, 263, 267, 274, 276~7
대자본 100, 168~9, 215
대차대조표 72~7, 80~2, 88~90, 93~4

ㅁ

맑스 9, 59~60, 62~3, 86, 91~2, 174, 177,
    180, 215
매매춘 45~6
무급가족종사자 27, 36, 40~1, 44, 55
민주노총 17, 56, 215

ㅂ

백수 19~20, 41, 166, 219~20, 223~4,
    233~42, 244, 247~8, 258~9, 263~4,
    269, 271, 275~6, 279~82
백수가 219, 223~4
백조 20, 166, 233, 235, 238, 244, 263, 269,
    275~6, 279
불변자본 59~60, 62~4, 66~8, 73, 76, 91~3,
    98~9, 101, 103~4, 106, 113~4, 117~9,
    121~3, 127~9, 131~3, 135~7, 139~3,
    146~7, 149~51, 157, 159, 161, 171~3,
    177, 180
불안전취업 8, 16, 30, 49~54, 165, 175, 182

비경제활동 32, 35, 37~8, 53
비경제활동인구 27~9, 34, 38~9, 49, 53,
    160~1
비정규직 8, 16, 36, 49, 53~6, 64, 106, 140,
    165, 176~7, 182, 196, 218
빈곤층 175, 180, 186, 205, 224

ㅅ

사회보장 45, 89, 156
사회적 연대 164, 216, 224~5
사회주의 16
산업발전 64, 158
산업예비군 175~6, 180, 191~2
산업재해 180, 186
상대적 과소인구 193, 200, 204, 208~9, 211
상대적 과잉인구 174~80, 185, 187, 189~93,
    200
생산수단 59~60, 63, 66, 166, 170, 172~3,
    180~1
생산활동 33~4, 84, 92~3, 103
성인노동자 182
성형공화국 62
소기업 8, 67
소자본 65, 100, 169, 179
소자본가 65
손익계산서 72, 77~8, 80~4, 87~91, 93~5,
    111~2
손해배상 197
시설인구 42
신규고용 106, 163
신규실업자 27
신노숙자 186

신용사회 207

신자유주의 8, 16, 58, 168

실업 5, 7~8, 15~8, 20~5, 27~8, 30~1, 34~5, 37~45, 47, 52~3, 57~8, 62, 64, 69, 163, 165, 167, 169, 177, 184~9, 191, 216, 224~5, 233~5, 239, 243, 245, 258

실업노동자 216

실업률 7~8, 17~9, 22~5, 27~30, 41~2, 47, 53~5, 69, 109, 162~5, 169, 177, 184~5, 192, 213~4, 224, 234

실업률 증가경향 163~5, 192, 213, 224

실업문제 58, 264, 269

실업사회 7~9, 11, 16, 183, 213~4, 224

실업자 10, 17~8, 21~2, 24, 26~9, 38~40, 47, 49, 53, 106, 160~1, 164~6, 169, 174~7, 181, 185, 214, 216~7, 224, 234~5, 245, 252, 262, 273

실질노동시간 214

실질임금 64

ㅇ

아동노동 46~7, 182

아버지경영 202~3

유동자본 59~60, 63, 66

유랑자 43, 179

유엔 31, 34, 39, 44~5

윤락녀 179, 187~8, 193, 215

윤리경영 202~3

이주노동자 43

일용직 55, 135, 179

일자리 7, 19, 25~6, 38, 40, 50~1, 58, 164, 174, 186, 214, 235, 242, 244, 252, 261, 263, 266, 276~7, 280

임금노동 36~8, 49, 54, 56, 76, 88, 131

임금노동자 37~8, 49, 54, 56, 88, 131

임시직 39, 53, 55, 87, 135

ㅈ

자본 8, 30, 57~71, 73, 76~7, 83, 88, 91~3, 97, 100~2, 104~6, 109, 116~7, 121, 126~7, 131, 139~40, 153, 155~6, 158, 161~82, 188, 208, 215

자본가 66~67, 76, 81, 166~8, 173, 175, 177, 179, 264,

자본개념 73, 76

자본구성 63~5, 67, 69, 71, 97~101, 103~5, 109, 112~44, 146~61, 163, 171~2

『자본론』 92, 177

자본의 가치구성 63, 170

자본의 기술적 구성 63, 170

자본의 노동생산성 169, 180~1

자본의 유기적 구성 8, 62~4, 66~9, 71, 97, 100~2, 105~6, 109, 116~7, 126~7, 153, 155~6, 161~4, 169~71, 174, 180~1

자본의 집적 168, 180

자본의 집중 100, 167~9

자본의 축적 163, 165, 167~9, 174~5, 181

자본잉여금 74

자본주의 16, 61, 168, 174~6, 179~81, 192, 215, 224, 258, 260

자본집중 168

자본축적 173, 178, 180

자율 224

잠재실업 52~3

장애인 180, 191, 225, 242~3

재무제표 8, 31, 71~3, 84, 89~2, 95, 97, 99
109, 111

재무회계 71, 90~1

재벌 19, 71, 167, 187, 194~6, 200~2, 204,
207~8, 211, 215

정규직 16, 36, 54~6, 64, 177, 182, 201, 265

정리해고 8, 55, 58, 64, 106, 131, 164, 169,
174, 247

제조원가명세서 73, 84~5, 87~90, 92~5, 99,
111

주5일제 41, 203, 214~5

중소기업 65, 101, 109, 153~5, 237

지속 가능한 경영 203

직업병 186, 263

ㅊ

천민자본주의 192

청년실업 10, 18~20, 191, 239~40, 264

총 자본 58, 62~4, 66~9, 92~3, 102, 104~5,
140, 161, 163, 170, 174

최저임금제 216

취업 7~8, 10, 15~6, 18~22, 24~31, 33~9,
41, 43~7, 49~50, 52~4, 58, 60, 62,
68~9, 106~7, 109, 165~7, 173~4,
176~9, 187, 201, 216~7, 224, 233, 235,
237~45, 253, 255~6, 262~7, 269~71,
275~6, 279

취업가능성 38, 107, 109, 127, 161, 163

취업개념 37, 39

취업난 8, 19~20, 23, 58, 61~2, 245, 259

취업대란 16, 22, 163, 217, 266

취업률 18, 182, 264~5,

취업자 26~9, 33, 36~41, 44, 46, 49~50,
54~5, 58, 61, 97, 112, 115, 117, 120~1,
124, 126~7, 130~1, 134~5, 138~9, 141,
144, 148~9, 152, 158, 160~3, 166, 171,
175~8, 181~2, 187, 202

취업전쟁 18, 16, 49, 163~4, 217

취업전쟁 22, 24, 263

ㅌ

통계청 8~9, 17, 19, 22~5, 27~30, 39~42,
44, 46, 54~6, 115, 120, 124, 130, 134,
138, 144, 148, 152, 160

ㅍ

파견노동자 54~5

ㅎ

한국은행 9, 20, 110

A~Z

CB(전환사채) 200

ILO 안내서 30~42, 44~7, 49~52

IMF 8, 18~9, 21~4, 31, 43, 49, 55~6, 58,
100, 106, 125, 127, 135, 158, 161, 176,
180

M&A 168

SNA 31~4, 36~7, 39, 44~5